“轴心时代”君子人格论

"AXIS AGE" GENTLEMAN PERSONALITY THEORY

陈　煜◎著

中国社会科学出版社

图书在版编目（CIP）数据

“轴心时代”君子人格论／陈煜著．—北京：中国社会科学出版社，2016.1（2017.5 重印）

ISBN 978-7-5161-9047-0

Ⅰ．①轴…　Ⅱ．①陈…　Ⅲ．①知识分子-人格-研究-中国-古代
Ⅳ．①B222.05

中国版本图书馆 CIP 数据核字（2016）第 237606 号

出 版 人　赵剑英
责任编辑　任　明
责任校对　王佳玉
责任印制　李寡寡

出　　版　中国社会科学出版社
社　　址　北京鼓楼西大街甲 158 号
邮　　编　100720
网　　址　http：//www.csspw.cn
发 行 部　010-84083685
门 市 部　010-84029450
经　　销　新华书店及其他书店

印刷装订　北京市兴怀印刷厂
版　　次　2016 年 1 月第 1 版
印　　次　2017 年 5 月第 2 次印刷

开　　本　710×1000　1/16
印　　张　12
插　　页　2
字　　数　196 千字
定　　价　58.00 元

凡购买中国社会科学出版社图书，如有质量问题请与本社营销中心联系调换
电话：010-84083683

目　录

第一章

君子人格产生的历史语境

德国哲学家卡尔·雅斯贝尔斯在1949年出版的《历史起源与目标》中提出了一个著名命题，即从公元前800年至公元前200年，尤其是从公元前600年至前300年，是人类文明的“轴心时代”。“轴心时代”发生的地区大概是在北纬30°上下，这段时期是人类精神文明的重大突破时期。古希腊出现了苏格拉底、柏拉图、亚里士多德，古印度出现了释迦牟尼，中国有孔子、老子……这一时代正是中国的春秋战国时代。

春秋时代是王纲逐渐解纽、世袭贵族持续衰落，又是诸侯互相兼并、霸主相继兴起的风云激荡、天翻地覆的时代，对于士人来说真是一个机会频生、奇迹迭出的时代，是士人们渴望取官封邑而且极有可能一举成功的时代。士人君子们莫不刚健有为、弘毅进取、奋发蹈厉，这是这一时期的总体基调，也激发着后世君子自强不息、建功立业。

春秋时代也是夏、商、周三代以来的思想文化开花结果的时代，因此春秋时代又是德性氤氲、诗意盎然的时代，士人君子们重礼崇德、赋诗酬酢，把春秋时代变成了为后代所想慕与敬重的“极优美、极高尚、极细腻雅致的时代。”①

应该说，夏、商、周三代产生的《诗经》《尚书》《易经》《礼经》《春秋》《乐经》“六经”为春秋时代思想勃发提供了深厚的土壤，到了春秋时代，君子思想意气生发，君子人格收放自如，后世君子在汲取百家精神源泉的同时，也对当时君子的人格倾慕不已。不仅是春秋时代的思想家的思想对后代影响深远，而且这一时代形成的君子人格对后代也是潜移默化。

周天子为天下共主已经名存实亡，有实力的国家根据自身利益和战略

---

① 钱穆：《国史大纲》，商务印书馆1994年版，第71页。

考量不断进行联合和分化，中原格局正在发生颠覆性重组，士人思想也出现迷茫，前代流传下来的关键价值观念也被重新阐发。本章选取了在民意、德行、霸政方面多次出现的关键词语进行分析，以揭示君子人格产生的时代背景。

一 "民之所欲，天必从之"

夏、商、周的先民们是相信天意的，听从天意的，到了春秋时代，情况有了逆转，在天意与民意的关系上，春秋时代的君子突出强调的是民意决定了天意。襄公三十一年鲁穆叔、昭公元年郑子羽以及单襄公（《国语·周语中》）均曾称引"民之所欲，天必从之。"（见于《尚书·泰誓上》）这是武王在伐商誓师大会上响遏行云、震古烁今的一句话，它颠覆了殷商以来"上帝""天"高高在上，日监在兹，而庶民匍匐在天威之下的观念，宣扬民心之向背才能决定天的意志。它孕育了人文主义的萌芽，开启了春秋时代重民轻神、以民为本等人文主义思潮。虽然当时周兵是四万五千人，而纣王发兵七十万人，但这七十万人却戏剧性临阵倒戈，数量上的优势顷刻瓦解，周革殷命一蹴而就。如此史诗般的胜利更加彰显了"民之所欲，天必从之"的巨大威力。随着时代的发展，春秋人对这一语词内涵的关注已从西周时代的"保民而王"转换到富民、教民、息民而霸，惠民而仁上。虽然"《尚书》言治之意者，则惟言庶民。《康诰》以下九篇，周之经纶天下之道胥在焉。其书皆以民为言。"① 但西周统治者更多强调的是"保民"。诸如"古先哲王，用康保民"（《尚书·康诰》）、"怀保小民，惠鲜鳏寡"（《尚书·无逸》）、"事神保民""慈保庶民"（《国语·周语上》）等。保民是从统治者出发要保育爱护民众，而富民等则是顺从民意而来。热衷取威定霸的春秋霸主对用民的迫切需要促使士人们上下求索，把夏、商、周三代所有的治民之手段皆为我所用，先后推出了富民、恤民、教民、息民、安民、刑民、惠民，把从民所欲、利用民意推向极致，后世所有治民的手段均可以从中找到源头。在持续不断的探索中，春秋士人思想终于达到了"达则兼济天下""得志，泽加于民"

① 王国维：《殷周制度论》，《王国维文集》，中国文史出版社1997年版，第54、56页。

（《孟子·尽心上》）的境界。春秋时代的士人君子不仅重视德性修身，更注重道德实践。“非知之实难，将在行之。”（昭公十年）春秋君子人格一个突出特征就是关注民生疾苦，顺应民意，以引导民意，利用民意，拯救时世，匡扶天下。当春秋时代的国君们对这些注重民意的实践漫不经心、心不在焉时，一些士人如齐国的陈桓子却下足了功夫，最终赢得了民心。

（一）富民

“富”在《洪范》的五福中，排在“寿”后，列为第二位。但箕子是从贵族角度来谈论家丰财多的，而春秋时代的管仲则是站在士人角度来提出富民治国。

或许是管仲早年穷困潦倒，饥寒交迫，让他深切体会到了黎民之苦，“人之有德慧术知者，恒存乎疢疾。”（《孟子·尽心上》）人有非凡的德行智慧、道术才智，常常是从灾难困苦中得来的。因此他的才能超越高高在上的世卿大族，深刻了解富裕才是百姓的第一需要。于是他旗帜鲜明地提出“凡治国之道，必先富民。民富则易治，民贫则难治也。”（《管子·治国》）从民所欲，让利于民，管仲执政齐国后，呼应百姓好恶，政令顺应民心，成就了“仓廪实而知礼节，衣食足而知荣辱”富国强兵的一世传奇。“管仲既任政相齐，以区区之齐在海滨，通货积财，富国强兵，与俗同好恶。故其称曰：‘仓廪实而知礼节，衣食足而知荣辱，上服度则六亲固。四维不张，国乃灭亡。下令如流水之原，令顺民心。’故论卑而易行。俗之所欲，因而予之；俗之所否，因而去之。”（《史记·管晏列传》）他推行国家控制食盐专卖，盈利的钱用于补贴穷人，惠及贤能，齐国人充满了幸福感。这种用有形的手控制发展经济的轻重缓急也被称为“轻重学”，也是后代政治经济学的常用手段。“设轻重鱼盐之利，以赡贫穷，禄贤能，齐人皆悦。”（《史记·齐太公世家》）经过齐国君臣勠力同心，苦心经营，齐国出现了“无夺农时，百姓富；牺牲不略，则牛羊遂。”（《国语·齐语》）“国以殷富，士气腾饱”国富民强的局面。

管仲不仅有理论，而且实践证明行之有效。他的富民思想和实践对后代影响深远，《韩非子》曾说：当时“藏商、管之法者，家有之。”孟子就说：“圣人治天下，使有菽粟如水火；菽粟如水火，而民焉有不仁者乎？”（《孟子·尽心上》）圣人治理天下，让百姓的粮食像水火一样充足，粮食像水火一样充足，百姓哪有不仁德的呢？荀子则提出“王者富民，霸者富士，仅存之国富大夫，亡国富筐箧，实府库。”（《荀子·王制》）所谓富士、富大夫、富国库皆不足取，只有富民才能实现王业。顺应百姓好恶，方为百姓父母，“民之所好好之，民之所恶恶之，此之谓民之父母”。（《礼记·大学》）到了汉代，这一理想在文景之治时基本实现，“治国之道，富民为始”（《史记·平津侯主父列传》）、“为人臣者，以富乐民为功，以贫苦民为罪。”（贾谊《新书·大政上》）让百姓富裕、让百姓快乐已成判断人臣功过的标准。“民不足而可治者，自古乃今，未之尝闻”（班固《汉书·食货志》）。

（二）恤民

春秋时代灾荒不断，人民饥寒交迫，食不果腹。迫切要求国君有恤民之心，体恤民情。历经颠沛流离、备尝艰难险阻的百里奚比别人更能体会庶民的盼望。僖公十三年冬，晋国连年饥荒，于是向秦国请求购买粮食，秦穆公君臣们进行了讨论。子桑提出“重施而不报，其民必携；携而讨焉，无众必败。”认为秦再给晋国一次恩惠，而晋国不回报的话，晋国就会失去民心，没有民众支持，秦国就有了可乘之机。百里奚则主张：“天灾流行，国家代有。救灾恤邻，道也。行道有福。”天灾流行，总是会在各国交替发生的。救援灾难，体恤邻国，这是正道。按正道去做就会有福禄；丕郑（被秦惠公杀害）之子丕豹则建议乘晋国饥荒时出兵伐晋。虽然百里奚在《左传》里出场仅一次，但寥寥数语却体现了关怀民生、悲天悯人的博爱情怀。经过讨论，秦伯曰：“其君是恶，其民何罪?”秦于是乎输粟于晋，自雍及绛相继，命之曰“泛舟之役”。船队逆流而上，络绎不绝，颇为壮观。僖公十五年，秦伯又饩之粟。秦穆公对晋国百姓可谓体恤备至，“且不说其两次输粟于晋及两次护送晋君入国之大功，晋文公入国为君而成晋国一百余年之霸业，没有秦穆公又如何可能？但也正因为秦穆公看到晋国成就霸业之后太沉不住气了，以致嫉妒心上升为仇恨之心，乃至谋取晋、伐晋，使其当初一切善晋、助晋的作为尽皆付诸东流，真是得不偿失啊!”①

只有体恤百姓，才得赢得百姓的拥护和爱戴。“恤民为德”是韩宣子被确定为韩氏继承人的重要理由。春秋时代世袭贵族中的贤大夫也把恤民

① 方朝晖：《春秋左传人物谱》，齐鲁书社2001年版，第164—165页。

作为获取民心，巩固政权的手段。《左传·襄公二十九年》载，鲁襄公二十九年，郑国发生饥荒，但当年的麦子还未收割，老百姓穷苦不堪。担任上卿的子皮根据父亲子展的遗命，给国内的人分发粮食，每户一钟，郑国没有人挨饿。子皮也因此得到了郑国百姓的拥护。宋国子罕听说这一情况后，说："多做善事，这正是百姓所希望的。"不久宋国也发生了饥荒，子罕便请示宋平公，要求拿出公室的粮食借给百姓，让大夫们也都把粮食借出来。子罕自己的家族借粮食给别人，而且不写借据，不要求别人归还，同时，还以那些缺乏粮食的大夫的名义，借给百姓粮食。宋国人也没有挨饿。叔向因此断定郑国的罕氏（子展、子皮的家族）、宋国的乐氏（子罕的家族）肯定会长盛不衰，他们都能够执掌国家的政权！因为民心都已归向他们了。叔向："郑之罕，宋之乐，其后亡者也。二者其皆得国乎！民之归也。"郑国子皮、宋国子罕因此深得民心，虽然郑国、宋国盛衰荣辱，潮起潮落，子皮、子罕一族却能稳居执政之列而不倒。吴国能够在春秋时代疾风骤雨一样兴起也是因为吴王阖庐"勤恤其民而与之劳逸，是以民不罢劳，死知不旷。"（《左传·哀公元年》子西语）

（三）刑民

"庄公十年，春，齐师伐我，公将战，曹刿请见。"《左传·庄公十年》齐鲁长勺之战，鲁庄公就给刚登上王位的齐桓公一个下马威。庄公提出的衣食分人、牺牲玉帛都未获得曹刿首肯，直到庄公说："小大之狱，虽不能察，必以情。"对曰："忠之属也，可以一战。战则请从。"正是用实情察狱，关涉百姓切身利益，打动了曹刿。罪与罚以实情来研判，是百姓渴望社会公平公正正义的诉求。"此宜无罪，女反收之；彼宜有罪，女覆说之。"（《诗经·大雅·瞻卬》）执法者拘捕无罪之人、开脱有罪之人的现象时有发生，如果"刑罚不中，则民无所措手足"（《论语·子路》）。

刑罚产生很早，夏、商、周都有刑罚，"夏有乱政而作《禹刑》，商有乱政而作《汤刑》，周有乱政而作九刑。"（叔向语《左传·昭公六年》）《尚书·立政》："式敬尔由狱，以长我王国。"《尚书·吕刑》提出制民要靠刑罚，"折民惟刑"。并载有五刑：墨、劓、刖、宫、大辟。（墨是在额上刺青；劓是割鼻；刖是砍脚，即后来的刖刑；宫刑是割掉男子生殖器或把女犯人禁锢起来；大辟是斩首的死刑）虽然刑罚残酷无情，让人不寒而栗，但三代以来实践却遵循一个原则：“与其杀不辜，宁失不经。”襄公二六年，声子提出善于治理国家，一定会赏赐公平，刑罚不滥用。但是这个度不好把握时候，夏书的原则是宁可偏宽，也不能错杀无辜，制造冤案。“善为国者，赏不僭而邢不滥。赏僭，则惧及淫人；刑滥，则惧及善人。若不幸而过，宁僭无滥。与其失善，宁其利淫。故夏书曰：‘与其杀不辜，宁失不经’惧失善也。”

子曰：“片言可以折狱者，其由也与！子路无宿诺。”（《论语·颜渊》）通过单方面的片面之词就来判断狱讼，以子路之心直口快，疾恶如仇，快刀斩乱麻，还真难以让人放心。《周礼·小司寇》：“以五声听狱讼，求民情。一曰辞听，二曰色听，三曰气听，四曰耳听，五曰目听。”用五听，察言观色，觉察微妙，以决疑狱。李离或许是中国历史上实行问责制的第一人，他听察把关不慎，以致下吏枉杀犯人。于是他主动引咎自杀，承担了枉杀无辜的责任。“李离者，晋文公之理也。过听杀人，自拘当死。”文公曰：“官有贵贱，罚有轻重。下吏有过，非子之罪也。”“李离辞不受令，伏剑而死。”（《史记·循吏列传》）

孔子为后人非议和诟病的是曾主张“父为子隐，子为父隐。”（《论语·子路》）孟子也曾有假设瞽瞍杀人而舜如何选择的推论。桃应问曰：“舜为天子，皋陶为士，瞽瞍杀人，则如之何?”孟子曰：“执之而已矣。”（《孟子·尽心上》）孟子纸上谈兵论及父亲犯法时，主张人情先于法，用温情脉脉来冲淡现实生活中法不容情、忠与孝不可兼得的残酷。应该说，如果遇到父亲犯罪，是对执法者最大的考验。楚国的石奢就赶上这样的事。“石奢者，楚昭王相也。坚直廉正，无所阿避。行县，道有杀人者，相追之，乃其父也。纵其父而还自系焉。遂不受令，自刎而死。”（《史记·循吏列传》）忠与孝如一把刀的两刃摆在石奢面前，虽然楚王有意赦免，但石奢“坚直廉正”的人格绝不允许自己不忠不孝、苟且偷生。

与秦穆公用三良殉葬、季平子“始用人于亳社”截然不同，士人高度重视人的生命和价值，“杀一无罪，非仁也。”（《孟子·尽心上》）。虽然晋文公、楚昭王均赦免他们，但他们自己并未宽恕自己，李离过杀而伏剑，石奢纵父而自刎，司马迁认为他们是“奉职循理，亦可以为治。”更是因为君子人格的道德自律让他们做出了艰难的抉择。

（四）教民

晋文公流亡在外十九年，“险阻艰难，备尝之矣，民之情伪，尽知之矣。”（僖公二十八年）即位之后，恨不能立即报仇雪恨，称霸诸侯。只有对重耳赤胆忠心的舅氏狐偃才敢抑制重耳的急躁冒进情绪，他告诉重耳欲霸中原首先要教民“知义、知信、知礼”，一步一步做完这些功课，才能称霸天下。子犯首先说，民不知义，于是晋文公尊崇周襄王以示义。晋文公又想用兵，子犯说，民不知信，于是攻伐原国以示信。晋文公说可乎？子犯说，民不知礼。于是举行阅兵，令民知礼。

晋文公教民三年，教导百姓知义、知信、知礼，一战而霸，也激起孔子教民的万丈雄心。子曰：“苟有用我者，期月而已可也，三年有成。”（《论语·子路》）如果有人要起用我，一个整月就见成效，三年能成功。但要金戈铁马，横扫千军，年限就需要延长，七年还差不多，“善人教民七年，亦可以即戎矣。”（《论语·子路》）孟子亦对教民情有独钟、津津乐道。“善政，不如善教之得民也。”“善教得民心。”（《孟子·尽心上》）同样，孟子也认为七年训导的时间比较可行，“诸侯有行文王之政者，七年之内，必为政于天下矣。”（《孟子·离娄上》）如果反其道而行之，“不教民而用之，谓之殃民。”（《孟子·告子下》）

（五）息民

“康王息民。”（昭公二十年）“故成康之际，天下安宁，刑错四十余年不用。”（《史记·周本纪》）周朝成康之际，社会安定、百姓和睦。被誉为成康之治。因为康王知道让百姓休养生息。“民亦劳止，汔可小息。惠此京师，以绥四国。”（《大雅·民劳》）人民已经很疲劳了，可否歇口气呢？惠爱京师人民，才可以安抚天下四方。

晋国人民休养生息的渴望在晋悼公时才终于得到了实现。襄公九年，晋侯归，谋所以息民。魏绛建议晋侯加大施舍力度，对平民施以恩惠，减少他们的劳役，并将储蓄的资财贷给需要的人。于是从国君开始，国家很少有囤积居奇的人，人们将积蓄借给需要救助的人。国家没有不流通的积蓄，资财都散在民间，也没有穷困的人，人们物资从不缺少，国君也不独占利益，凡是有利可图的地方都和百姓一起获利，也没有贪求平民的财富。行之期年国乃有节，三驾而楚不能与争。由于百姓得到休养生息，所以后来晋国能够连续三次兴师，襄公十年师于牛首，十一年师于向，秋天又观兵于郑东门，而郑国经受不住这般轮番恫吓，终于归附。魏绛当时在晋国仅是官职较小的司马，襄公三年，晋侯之弟扬干乱行于曲梁，魏绛戮其仆。晋侯大怒，羊舌赤、张老竭力辩护，魏绛又冒死谏言，晋悼公幡然悔悟，反躬自省，并出人意料破格提拔魏绛使佐新军，成为六卿之一。魏绛为晋国政坛带来了新思维，他根据当时诸侯新服，晋国霸业未固的形势，提出“我德则睦，否则携贰”以德待诸侯的观点，并力主“和戎有五利焉”，促成了中国历史上首次和戎。当时在春秋诸国区域以外，还有不少游牧部族纵横出没，他们“乘城郭诸邦之内外多事而肆其侵扰。”①中原诸国与戎狄进行了持续数十年的战争，不仅戎狄实力大损，中原诸国也疲惫不堪，双方均需转变敌对观念，化干戈为和平，休养生息。魏绛和戎开启了诸夏与戎狄的和平共处，为当时人民带来了喘息的机会，使无数生灵免于涂炭，堪称功德无量。“百年徒有伊川叹，五利宁无魏绛功。”（唐·吴融《金桥墩感事》）晋国霸业也因此在悼公时代达到顶点，悼公曾感慨万千地对魏绛说：“子教寡人和诸戎狄，以正诸华。八年之中，九合诸侯，如乐之和，无所不谐，请与乐之。”魏绛此时并没有被胜利冲昏头脑，依然保持谦虚谨慎态度：“八年之中，九合诸侯，诸侯无慝，君之灵也，二三子之劳也，臣何力之有焉?”并谏君以德、义、礼、信、仁以守邦国，希望君臣居安思危：“《书》曰：‘居安思危。’思则有备，有备无患。敢以此规。”从张老的推荐可见魏绛的君子人格：“悼公使张老为卿，辞曰：‘臣不如魏绛。夫绛之智，能治大官；其仁，可以利公室不忘；其勇，不疚于刑；其学，不废其先人之职；若在卿位，外内必平’。”（《国语·晋语七》）魏绛之智之仁之勇之学，堪当大任。

相反，楚灵王自即位后，就一刻不停息地侵略扩张，伐吴（昭公四年），灭赖（昭公四年），服晋（昭公五年），辱鲁（昭公七年），继而灭陈（昭公八年），灭蔡（昭公十一年），在国内则大兴土木，兴师动众。“昔者楚灵王作顷宫，三年未息也，又为章华之台，五年又不息也，乾溪之役，八年，百姓之力不足而息也。灵王死于乾溪，而民不与归。”（《晏子春秋·内篇谏下》）民众实在是折腾不起了，灵王后来众叛亲离，变成孤家寡人，“王亲独行，屏营彷徨于山林之中。”（《国语·吴语》）“灵不顾于民，一国弃之，如遗迹焉。”（《国语·楚语下》，斗且廷语）百姓忧虑灵王的无穷无尽欲望无法满足，于是纷纷归顺叛军。“民患王之无厌也，故从乱如归。”（昭公十三年）《孟子·尽心上》做了经典的总结：

① 钱穆：《国史大纲》，商务印书馆1994年版，第57页。

"以逸道使民，虽劳不怨；以生道杀人，虽死不忿。"为了百姓安逸而让百姓从事劳役，即使再辛苦百姓也无怨言；为了百姓生存而牺牲百姓，百姓即使死了也没有怨言。

（六）安民

《尚书·皋陶谟》曾提出："安民则惠，黎民怀之"。季札是左丘明所推崇的圣贤人物，他深知百姓渴望安定、厌倦战争的心理，所以他生平第一次带兵打仗就草草收兵。虽然他这一次作战没有春秋社会其他任何一场战争出名，但他这一次作战却又比任何一场战争有价值，因为他提出并彰显了一个理念："安民"。哀公十年，楚子期伐陈，吴延州来季子救陈。谓子期曰："二君不务德，而力争诸侯，民何罪焉？我请退，以为子名，务德而安民。"乃还。

在春秋诸国的王子们对王位你争我夺、拼杀流血之时，季札反其道而行之的让国行为给春秋时代吹来一股清新的风，彰显了君子人格远比王位富贵更重千钧。在季札之前的曹子臧让国之辞是这样的"'前志有之曰：圣达节，次守节，下失节。'为君非吾节也，虽不能圣，敢失守乎？"（成公十五年）圣人达于天命，若认为历数在己，则当秉承天命，当仁不让；若自知不合高位，则得而不取，与而不受。下愚之人则见利忘义，犯上作乱。有了曹子臧的榜样，季札更加明确了自己的理想志向："君子曰：'能守节'，君，义嗣也，谁敢奸君？有国，非吾节也。札虽不才，愿附于子臧，以无失节。"成为一名君子就是季札的人生目标，此外他别无所求。季札作为仁者，希望的就是和平安乐，而不是战争杀戮。

可惜的是吴国并没有把季札的安民理念当真，反而是变本加厉地穷兵黩武。其兴也忽然，其亡也倏然，因此引起后人探究的兴趣。"吴日敝于兵，暴骨如莽，而未见其德焉。"（哀公元年，陈大夫逢滑语）魏文侯问里克曰："吴之所以亡者，何也？"里克对曰："数战而数胜。"文侯曰："（数战）数胜，国之福也。其独亡，何也？"里克对曰："数战则民疲，数胜则主骄；骄则恣，恣则极（物，疲则怨，怨则极虑）。上下俱极，吴之亡犹晚矣！此夫差所以自丧于干遂。"（《韩诗外传卷十》）

"国虽大，好战必亡。"（《司马法·仁本第一》）"数战则民劳，久师则兴弊。"（《战国策·燕策一》）穷兵黩武的结果必然是使国破家亡。"宋殇公立，十年十一战，民不堪命。"弄得民不聊生，终于众叛亲离，死于非命。

（七）惠民

“惟天惠民。”（《尚书·泰誓中》）“民心无常，惟惠是怀。”（《尚书·蔡仲之命》）子贡曰：“如有博施于民而能济众，何如？可谓仁乎?”子曰：“何事于仁！必也圣乎!”（《论语·雍也》）孔子高度评价广泛施恩于民众而又能接济民众的人，认为能这样做的人岂止是仁人，简直可称为圣人。博施于民，普济众生之所以被孔子高度评价，是因为其体现了推己及人，惠及他人的博爱精神。春秋时代，博施于民，很少有人能做到，因为这样做是割肉让利于民，自私自利、高高在上的贵族怎么可能这样做呢？能做到厚施于民的也只有齐国的陈桓子。陈桓子曾透露出欲效仿齐桓公惠施于民，从而获得民众支持和拥护的壮志雄心，当然背后是他个人的抱负与野心。他说：“《诗》云：‘陈锡载周。’能施也。桓公是以霸。”

无独有偶，晋国的师旷给齐景公指点的惠民思路与陈桓子殊途同归，春秋时代的瞽师技艺世代相传，他们是口传历史的主体，“讽诵诗、世、奠系，鼓琴瑟。”（《周礼·春官宗伯》）他们熟悉诸侯、卿大夫的世系和历史掌故，是春秋时代不容忽视充满智慧的群体。师旷是晋悼公、平公的晋乐大师，日伺国君左右，作为口传历史的代表人物，他虽然双眼墨墨，却能洞察时代的真正需求。齐景公之晋，从平公饮。师旷侍坐。景公问政于师旷，曰：“太师将奚以教寡人?”师旷曰：“君必惠民而已”。中坐，酒酣。将出，又复问政于师旷，曰：“太师奚以教寡人?”曰：“君必惠民而已矣。”景公出之舍，师旷送之，又问政于师旷。师旷曰：“君必惠民而矣。”“景公归，思，未醒，而得师旷之所谓—公子尾、公子夏者，景公之二弟也，甚得其民，家富贵而民说之，拟于公室，此危吾位者也。”（《韩非子·外储说右上》）但景公并未完全察觉谁更用心拉拢民心，子尾、子夏只是“捕蝉”的“螳螂”，真正能威胁到王权的“黄雀”是陈桓子的一族，而陈氏的主要手段就是惠民。

文王以惠施而得天下，齐桓公以惠施而称霸。我们在关注齐桓公的时候，更多的是看到了其身后管仲、鲍叔牙的身影，忽略了还有一个君子也出现在齐桓公的身边，他就是陈桓子的先祖陈完陈敬仲，陈完作为陈国公子避难来到了齐国，其才能得到齐桓公的重视，要封他为卿。陈完谦虚又诚恳地拒绝了，羁旅之臣能够得到收留已经感激不尽，还能参与政事，已经得到太多了，不敢有更高的奢望。他引用《诗经》的话说，已经有车可乘，还想再得到弓箭去田猎，这样不知满足，难道不怕朋友怪罪吗？桓公认为他有理有据，就改聘为“工正”，管理各种工匠。有一次，齐桓公在陈完家喝酒玩乐，看看天色渐晚，就想晚上点火继续在陈完家一醉方休。陈完就提出“臣卜其昼，未卜其夜，不敢。”古代君臣宴飨，礼不过三爵，但卜其昼，不卜其夜。这样就没有让齐桓公饮酒过度，乱了规矩。因此得到《左传》上升到仁义高度的赞扬：“君子曰，酒以成礼，不继以淫，义也，以君成礼，弗纳于淫，仁也。”陈完始终保持清醒头脑，戒骄戒躁，不贪恋权，不过分享乐，知进退，而对齐桓公惠施称霸业绩则牢记于心。这样的君子家风一代代传承，终于让陈氏家族在战国时代统治了齐国。

卜昼卜夜还体现了陈氏能够明辨是非，敢于担当的品格，这样家族人格历经两代人传承到了陈文子，陈文子一方面与政坛各个家族保持了密切联系，另一方面在大是大非面前能明辨是非，敢于做出正确抉择。当时齐国崔杼与齐庄公在攻打晋国上产生分歧，崔杼向陈文子透露了废主另立的想法，对于这样大逆不道的想法，文子判断是：“崔子将死乎！谓君甚，而又过之，不得其死。”在崔杼色迷心窍想追求棠姜时，陈文子曾进行劝谏，崔杼不予理会；在崔杼胆大包天弑君后，陈文子毅然决然与之决裂，逃离齐国。在《论语·公冶长》孔子师生讨论陈文子一事，陈文子“弃而违之”，到了一个国家，发现执政者怎么和崔杼差不多，就离开了；到了另外一个国家，发现执政者还是和崔杼差不多，就又离开了。孔子评价陈文子是“清矣”。他耻于与乱臣贼子为伍，旗帜鲜明地反对弑君犯上作乱的行为，绝不与乱臣同流合污，可以算作是高洁了。而这也正是异姓之卿的本色：“君有过，则谏；反复之而不听，则去。”（《孟子·万章下》）

陈文子这样做的另外一个原因可能是看到了崔杼即将众叛亲离。果然崔杼骄横跋扈，最终引火烧身，下场很惨。消灭崔氏的庆封也是飞扬跋扈，嗜酒好猎，不理政事，引发众怒。但这次陈文子没有选择逃避，他和儿子陈桓子讨论动乱将至，我们能得到什么？陈桓子回答是“得庆氏之木百车于庄。”摧毁庆氏势力壮大自己的家族。于是陈氏、鲍氏、高氏、栾氏联合消灭了庆氏。陈文子亲自护送齐景公进宫，让此次政变师出有名；护君有功，让陈氏家族深得齐景公信任。

说到春秋后期的齐国，人们常常会想到晏子，是因为晏子的思想力，但我们常常忽略站在晏子身旁的陈氏父子，如襄公二十二年，晏平仲退告陈文子曰：“君人执信，臣人执共，忠信笃敬，上下同之”；昭公六年，郑罕虎如齐，晏子骤见之，陈桓子问其故，对曰：“能用善人，民之主也”。陈文子和陈桓子充分认识到了晏子的价值，善于把晏子的思想化为行动，执行力很强。

与别人相比，陈桓子有两个突出特点：一是处变不惊。在四个家族联合消灭庆氏的过程中，陈桓子一直在庆封身边潜伏，及时向四个家族通报情报，在庆封出访时，四个家族采取了行动。陈桓子则把江上的行船烧毁，拖住了庆封。

二是从善如流。齐景公对于晏子的建议并没有充分重视，陈桓子对晏子的建议则是不折不扣地落实。昭公十年，虽然晏子不赞成陈、鲍氏与栾、高氏之争，但是当陈、鲍之族战胜栾、高之族后。晏子却给陈桓子出谋划策，晏子谓桓子曰：“必致诸公，让，德之主也，让之谓懿德。”于是陈桓子把胜利果实让给被栾、高氏排斥的一些贵族，公子王孙中没有爵禄的，把自己的食邑私分给他们，对那些贫穷孤寡的国人，私下分粮给他们。异性贵族陈桓子通过这样一些拉拢公族手段，在齐国政坛确立了左右逢源屹立不倒的地位，不仅收拢了人心，分化了旧贵族，而且壮大了自己的势力。

陈桓子不仅向公族、贵族让利，还创造性地向百姓让利，以此收买人心。桓子向民征收赋税，使用小斗，把粮食贷给民众，用大斗借出，小斗收进。齐国原来的是升、豆、区、釜、钟，从升到釜是四进位制，十釜为一钟。田氏另外制成一套家量，从升到釜改为五进位制，釜到钟仍按十进位不变，但钟却大得多了。这样一来，其间的剥削便大为减轻。①

晏子也由此发现陈桓子的志向和野心，他忠心耿耿、忧心忡忡地向景公指出了陈桓子的发展势头。昭公二十六年，齐侯与晏子坐于路寝。公叹曰：“美哉室！其谁有此乎！”晏子曰：“敢问何谓也？”公曰：“吾以为在德。”对曰：“如君之言，其陈氏乎！”（《左传·昭公二十六年》）陈桓子大斗出小斗收的这一做法后来被主张君主专制的韩非子贬为“民萌”：“为人臣者散公财以说民人，行小惠以取百姓，使朝廷市井皆劝誉己，以塞其主成其所欲，此之谓‘民萌’。”（《韩非子·八奸》）

---

① 郭沫若：《中国史稿》，人民出版社 1977 年版，第 343 页。

虽然有晏子提醒，但却未见齐景公采取什么针对性措施，因为此时的陈桓子除了乐善好施，看不出来有什么野心。而且陈桓子与齐景公、晏子的关系非常融洽。《晏子春秋·内篇杂下》里，有一次，陈桓子陪齐景公饮酒，看见晏子衣着朴素，就请求景公罚晏子酒，理由是隐瞒了国君的赏赐，晏子一番慷慨陈词，齐景公最后是罚了陈桓子喝酒。晏子归还齐景公的赏赐也是通过陈桓子转交的，陈桓子对谁都好，对百姓更好，晏子发现了这样的历史发展趋势变化，但齐景公不听劝，晏子徒呼奈何，无力回天。

齐景公此时更多的是感慨物是人非，人生苦短。“齐景升牛山，涕泗纷交流。”（《阮籍咏怀·第三十二》）景公登牛山而悲，涕泣横流，显得矫情。李白《古风》之二三：“景公一何愚？牛山泪相续。”主张“无作牛山悲，恻怆泪沾臆。”（李白《君子有所思行》）。齐景公纠结于杞人忧天的慨叹，而不关心黎民疾苦。《论语·季氏》：“齐景公有马千驷，死之日民无德而称焉；伯夷叔齐，饿于首阳之下，民到于今而称之。”根本原因还在于齐景公对民众有一种天生的冷漠和隔膜。“景公之时，霖雨十有七日。公饮酒，日夜相继。”他嗜酒而不恤天灾，不知道体恤黎民疾苦，“景公出游于寒途，睹死胔，默然不问。”（《晏子春秋·内篇谏上第十九》）

昭公三年，晏子与叔向讨论齐国形势时，指出民心向着陈桓子的，这将决定着历史的走向。叔向曰：“齐其何如？”晏子曰：“此季世也，吾弗知，齐其为陈氏矣。公弃其民而归于陈氏。”

晏子为此痛心疾首：“民氓饥寒冻馁，死胔相望，而君不问，失君道矣。”陈国大夫逢滑曾引“国之兴也，视民如伤，是其福也；其亡也，以民为土芥，是其祸也。”（哀公元年）视民如土芥，必然被百姓也如土芥一样抛弃。西晋的陆机也鄙视了齐景公，作《齐讴行》：“鄙哉牛山叹，未及至人情。”

“圣人常无心，以百姓心为心。”（《老子·第四十九章》）圣人没有私心，能够以百姓心为心，与百姓同呼吸、共命运。孔子也认为君子人格最终要体现在关心百姓，让百姓安乐上。子路问君子，子曰：“‘修己以敬。’曰：‘如斯而已乎？’曰：‘修己以安人。’曰‘如斯而已乎？’曰：‘修己以安百姓。修己以安百姓，尧舜其犹病诸！’”（《论语·宪问》）

管仲富国强兵、百里奚救灾恤邻、狐偃教民知信、曹刿察狱以情、魏绛息民复霸、季札务德安民、陈桓子厚施于民，关注民生，顺应民意是春秋君子们关注的焦点，他们的人格也在其中得到升华。但我们也要清醒地注意到富民、息民、教民或三年，或七年（“吴阖庐教七年”《墨子·非攻中》），最长是十年（勾践十年生聚），即使仅过一年，君主们就急不可耐，蠢蠢欲动要用民。富民、恤民、教民、刑民、息民、惠民都是御民、整民、牧民的手段，而没有成为目的，只有季札的安民没有那么功利。“予临兆民，懔乎若朽索之驭六马”（《尚书·五子之歌》）；管仲主张“牧民”；曹刿说“夫礼，所以整民也”；晏子“礼者，所以御民也。”（《晏子春秋·内篇谏下第二十五》）即使是孔子，亦赞同对民宽猛相济，昭公二十年，在评论郑子产时，仲尼曰：“善哉！政宽则民慢，慢则纠之以猛。猛则民残，残则施之以宽。宽以济猛，猛以济宽，政是以和。”这是春秋君子们的历史局限，作为后人倒不必苛求他们了。

二 “皇天无亲，惟德是辅”

夏朝人对君王与民众的关系已有辩证的认识，“夏书有之曰：‘众非元后，何戴？后非众，无与守邦。’”（《国语·周语上》，内史过引）众多的庶人不都是夏王嫡系，凭什么拥戴您？夏王如果失去了民众，就没有人为夏朝坚守。“夏书曰：皋陶迈种德，德乃降，黎民怀之。”（庄公八年，鲁庄公引）皋陶广泛布施德行，百姓一直怀念他。对于德行要春风化雨，人们才会感恩戴德。

春秋人从西周人那里继承的则是“皇天无亲，惟德是辅。”（僖公五年，宫之奇引）“天道无亲，唯德是授。”（《国语·晋语六》，范文子引）《尚书》总结小邦周取代大邑商的经验是商朝相信鬼神，不重视德政，西周世代尊崇文王，重视德政：“夫商道尚鬼，乃至窃神祇之牺牲。卿士浊乱于上，而法令隳废于下，举国上下惟奸宄敌雠之是务，固不待孟津之会，牧野之誓，而其亡已决矣。而周自大王以后，世载其德。自西土邦君，御事小子，皆克用文王教。至于庶民，亦聪听祖考之彝训。是殷周之兴亡，乃有德与无德之兴亡。”[①] 周公提出“唯命不于常。”（《尚书·康

① 王国维：《殷周制度论》，《王国维文集》，中国文史出版社1997年版，第54、56页。

诰》）天命不固定眷顾一族，《诗经·文王》也明言“天命靡常”，而天命的转移唯德是依。许倬云先生认为天“依据人类行为来判决天命谁属，这是中国文化演化过程中一个极重要的突破。”“这是一个重大的突破，可说是开辟鸿濛，将史前的文化带入文明；自此以后生命才有意义，人生才有善恶好坏的标准、才有超越的道德的判断。”[①] 经过夏、商、周三代的德性追求和积淀，春秋时代水到渠成地成为德性氤氲的时代，德性是生长在先秦元典的信仰和规范，它弥漫于春秋气象和精神，渗透在春秋士人的心灵和人格。让贤已成为春秋君子之德的典型特征；针对公卿世袭，任人唯亲的惯例，“内举不避亲，外举不避仇”正在撬动世袭的“坚冰”；面对贿赂这一洪水猛兽，士人别无选择，只有坚守不行贿的立场；俭是士人保族宜家的依凭；虽然千乘之国不讲信义，但信却越来越成为士人君子的特征；春秋时代，君主们对于德之修行，远不及士人重视，经过数十年的积累，士人之德达到和超越了君主的水准，也因此出现了后来的三家分晋等现象。

明主贵有德，“其惟王位在德元。”（《尚书·召诰》）居王位者必须有德，王者应是德之楷模。“不厚其栋，不能任重。重莫如国，栋莫如德。”（《国语·鲁语上》）没有比国家更重要的了，作为国家栋梁则没有比德行更重要的了。让我们先从考察先王之德开始。

（一）尧、舜、禹、汤之德

尧、舜、禹三代“禅让”被传为美谈，但无法确证，盖为儒家所增饰者也。具体到尧之德，年代久远，因后人高山仰止，景行景止的崇拜而模糊不清。子曰：“大哉尧之为君也！巍巍乎！唯天为大，唯尧则之。荡荡乎！民无能名焉。巍巍乎！其有成功也。焕乎，其有文章。”（《论语·泰伯》）赞美尧帝能够效法天道无为，像上天一样自然运化，像大地一样宽广无边，人们无法用语言来赞扬他。

孔子认为舜帝之德主要体现为无为而治，举贤、用贤。舜帝像尧帝一样，顺应自然，无为而治，“无为而治者，其舜也与？夫何为哉，恭己正南而已矣。”（《论语·卫灵公》）这是一种治国的理想状态，舜帝恭敬地顺应自然之道就可以了。具体地讲，他能够任贤使能，放手让贤能之人做

---

① 许倬云：《历史分光镜》，上海文艺出版社 1998 年版，第 173、380 页。

事，“舜有五人而天下治。”（《论语·泰伯》）举荐“八恺”“八元”等治理民事，放逐“四凶”。“舜臣尧，举八恺，八元，去四凶，舜有大功二十而为天子。”（文公十八年，季文子语）两个说法尽管所列举的举荐数字不相同，但是举贤授能还是一致被称道的。

大禹功绩是治水，《尚书·吕刑》：“禹平水土，主名山川”，“洪水茫茫，禹敷下土方”（《诗经·商颂·长发》），“丰水东注，维禹之绩”（《诗经·大雅·文王有声》）。除了治水之外，还节俭朴素，关心百姓疾苦，让孔子佩服得无可挑剔。子曰：“禹，吾无间然矣。菲饮食，而致孝乎鬼神；恶衣服，而致美乎黻冕；卑宫室，而尽力乎沟洫。禹，吾无间然矣。”（《论语·泰伯》）大禹这个人，我是挑不出毛病的了。自己吃得很节省，对鬼神祭祀得很丰盛；平时自己衣着褴褛，祭服却很华美；宫室简陋低矮，却尽心尽力地为百姓疏通沟渠。对于大禹，我实在是挑不出毛病来。

“谚曰：‘兽恶其网，民恶其上。’”（《国语·周语中》）汤之德被后人称道的首先是对施及禽兽的仁慈。《史记·殷本纪》：“汤出，见野张网四面，祝曰：‘自天下四方皆入吾网。’汤曰：‘嘻，尽之矣！’乃去其三面，祝曰：‘欲左，左，欲右，右。不用命，乃入吾网。’诸侯闻之，曰：‘汤德至矣，及禽兽。’”商汤出猎，见野外四面张网，商汤认为这样禽兽就被一网打尽了。命令撤去三面的网，商汤网开一面，显示商汤的宽仁厚德。于是就有刘禹锡《元和癸巳岁仲秋，诏发江陵偏师问罪蛮缴后，命宣慰释兵归降凯旋之辰率尔成咏寄荆南严司空》：“网罗三面解，章奏九门通。”杜牧《李甘诗》：“其冬二凶败，涣汗开汤罟。”

（二）文王之德

《尚书·君奭》：“天不可信，我道惟宁王德延。”不能完全相信和依靠天，我西周的基业是凭借文王之德来延续的。“在周人的文化情感里，文王占有特殊的地位，之所以如此，是因为周自文王起才真正开始了统一华夏的王业。”[①] 姚小鸥先生说：“周人之德，先武后文，即取得天下之前和天下未定时，以武为主，以文辅之。取得天下以后，尤其是其名分已定

---

① 赵敏俐：《先秦君子风范—中华民族文化人格的历史探源》，东方出版社 1999 年版，第207 页。

但实力有所衰弱的中后期，则大讲‘文’德了。”①

那么，文王之德体现在哪些方面呢?《尚书・康诰》:“惟乃丕显考文王，克明德慎罚。”强调的是保民慎罚。《尚书・无逸》记载的是:“文王卑服，即康功田功。徽柔懿恭，怀保小民，惠鲜鳏寡。自朝至于日中昃，不遑暇食，用咸和万民。”文王穿着百姓一样的衣服，从事劳作，恭敬仁爱，心怀百姓，照顾鳏寡孤独之人，常常从早忙到中午甚至傍晚，没有空闲吃饭，所以得到百姓拥护。突出的是不遑暇食，礼贤下士，关心鳏寡。于是“有命自天，命此文王”。“周书曰:‘不敢侮鳏寡。’所以明德也。”(韩厥语《成公八年》) 孟子给文王进行了概括性的梳理和总结，《孟子・梁惠王下》:“昔者文王之治岐也，耕者九一，仕者世禄，关市讥而不征，泽梁无禁，罪人不孥。老而无妻曰鳏，老而无夫曰寡，老而无子曰独，幼而无父曰孤。此四者，天下之穷民而无告者。文王发政施仁，必先斯四者。诗云:‘哿矣富人，哀此茕独。’”综上所述，关心、重视、抚恤鳏寡孤独等弱势群体应是文王之德的集中体现。春秋时代，晋悼公也曾“逮鳏寡，振废淹，养老幼，恤孤疾，年过七十，公亲见之，称曰王父，敢不承。”(《国语・晋语七》) 越王勾践“疾者吾问之，死者吾葬之，老其老，慈其幼，长其幼，问其病。”他们与文王的区别在于文王抚恤鳏寡孤独是目的，对悼公、越王来说则是手段，悼公是为了复霸，勾践是为了报仇。

其实，最能体现文王之德也许就是这样一件小事。“周文王使人扣池，得死人之骸。吏以闻文王，文王曰:‘更葬之。’吏曰:‘此无主矣’。文王曰:‘有天下者，天下之主也；有一国者，一国之主也。今我非其主也?’遂令吏以衣棺更葬之。天下闻之，皆曰:‘文王贤矣，泽及枯骨，又况于人乎?’”(《吕氏春秋・异用》) 这虽然是一件小事，却体现了文王对无名尸骨深切的人文关怀，如果没有博大的胸怀和强烈的责任感绝不可能做到，文王之德的确达到前无古人、后无来者的高度。“人亦有言，德輶如毛，民鲜克举之”(《诗经・烝民》) 德行虽轻如鸿毛，很容易做到，但是却很少有人去做。非不能也，乃不为也。此事是否是《礼记・祭义》:“文王之祭也，事死者如事生。”(《礼记・中庸》:“事死如事生，事亡如事存”) 演化而来，不得而知，但不管如何，在人们心中已经认可

---

① 姚小鸥:《诗经三颂与先秦礼乐文化》，北京广播学院出版社2000年版，第80页。

了这样的历史化的故事。

（三）霸主之德

一代霸主齐桓公不计管仲射钩之恨，反而重用管仲，成为春秋士人要求君主宽以待人的最有力的依据，并产生了示范效应。

晋文公对寺人披、竖头须的任用，虽是小事，却展现晋文公宽大包容的襟怀，从善如流的态度。僖公五年，（晋献）公使寺人披伐蒲，（重耳）逾垣而走，披斩其祛。衣袂被斩令重耳狼狈不堪，重耳回国后，斩祛之恨，尚未消除，寺人披就请见。因为晋惠公的余党吕、郤氏欲放火烧公宫杀重耳，寺人披于是前来报信。晋文公避而不见，并让人责备他，当时是国君的命令，但是你执行得也太迅猛了吧：“虽有君命，何其速也。夫祛犹在，女其行乎。”寺人披就提起齐桓公的故事：“齐桓公置射钩，而使管仲相。君若易之，何辱命焉？行者甚众，岂唯刑臣？”公见之，以难告。在齐桓公对管仲包容和重用的比照下，晋文公也不想相形见绌，让齐桓公专美于前。

竖头须是重耳手下保管财物的人，重耳出亡时，他把财物卷走，后来又将这些财物用于救纳文公返国之事，重耳入主晋国后，竖头须请求接见。但“公辞焉以沐”。文公辞以沐是暗示“古者有谚曰：‘为政犹沐也，虽有弃发，必为之’。”（《韩非子·六反》）治理国家好比洗头，即使会掉一些头发，也一定要洗头。竖头须却提出洗头就要低头，所以心会反复。当时晋国人心未稳，如果国君对匹夫记仇，那么心怀忌惮的人就更多了，就会影响到晋国的稳定，于是晋文公马上接见了他。

唐太宗对齐桓、晋文用贤之事颇为激赏，并从中获益良多。太常卿韦挺尝上疏陈得失，太宗赐书曰：“昔齐境之难，夷吾有射钩之罪，蒲城之役，勃鞮为斩袂之仇，而小白不以为疑，重耳待之若旧。岂非各吠非主，志在无二。”（《贞观政要·求谏》）太宗又曾对魏征说：“卿重罪于中钩，我任卿逾于管仲，近代君臣相得，宁有似我于卿者乎？”表现了作为一代英主其超越古人，海纳百川，博大包容的胸襟气度。

对战争与和平的理解则是楚庄王的独特贡献。邲之战，楚国大败晋军，威震列国。潘党建议庄王：“臣闻克敌，必示子孙，以无忘武功。”楚子曰：“非尔所知也。夫文，止戈为武。”化干戈为玉帛才是战争所要追求的目的。

吴王阖庐视民如子，辛苦同之。“昔阖庐食不二味，居不重席，……在国，天有菑疠，亲巡孤寡而共其乏困；在军，熟食者分而敢食。其所尝者，卒乘与焉。”他照顾孤寡，与士兵同甘共苦，任贤使能，重用伍员及孙武等贤臣，成就了一代霸业。勾践卧薪尝胆，尊贤任能，广揽人才，体恤鳏寡孤独，藏富于民，“十年不收于国，民俱有三年之食”。（《史记·越王勾践世家》）勾践因此深得民心，逐年削弱吴国势力，并于哀公二十一年，攻陷吴国，进而称霸中原。

（四）君子之德

与文王等注重“立德”相比，春秋霸主们务德是权宜之计，他们“务德”的一手软，“力争”的一手硬，霸主们更愿意耀武扬威，而不是和风细雨。“刻意求霸而不是真心造福也。”①

春秋时代，出现了一个德性修养下移的趋势，国君们没有特别重视立德，反而是士人君子们更注重修德惠人，这也是各国国君被弑层出不穷的一个主要原因。概括起来，君子之德体现在以下六个方面。

1. 让贤：德莫若让

“圣人贵让。”（《国语·周语中》，单襄公语）昭公十年，晏子谓桓子曰：“让，德之主也。让之谓懿德。”让是美德，在众多公共品德中，利他让贤是最为人所称颂，“动莫若敬，居莫若俭，德莫若让，事莫若咨。”（叔向引“史佚之言”《国语·周语下》）举止上恭敬最好，持家上节俭最好，品德上让人最好，遇到事情要多向别人咨询请教。

考察春秋霸主的功业，背后竟然不约而同地发生了士人让贤。让贤“和一般的进贤举贤相比，自然也就更为难能可贵了。因为这不但需要有知人的智慧，还要有甘居人下的胸怀和重义轻利的品格”。② 让贤是“君子无所争”（《论语·八佾》）、“君子矜而不争”的最高体现。百里奚颠沛流离数十年，不择国而栖，不择官而仕，备尝艰难困苦。百里奚入仕经历体现了春秋士人在霸政出现之前所必然拥有的跌宕起伏命运，他曾欲事齐君无知，齐襄公暴虐无道，幸有蹇叔提醒，得脱齐难；他又到周王朝，

① 方朝晖：《春秋左传人物谱》，齐鲁书社2001年版，第141页。

② 赵敏俐：《先秦君子风范——中华民族文化人格的历史探源》，东方出版社1999年版，第202页。

欲干禄王子颓，王子颓哀乐失时，歌舞不倦，终被郑伯所杀。他再到虞国，晋国假道伐虢，“宫之奇谏，百里奚不谏，知虞公不可谏而去。”（《孟子·万章下》）直到遇上了秦穆公，当时，百里奚已经七十余岁，秦穆公要授以国政，但百里奚却出人意料地要让贤于蹇叔。他已经不再汲汲于个人功名利禄，而是关心秦国兴旺发达，他更乐于成人之美，真正做到了虚怀若谷，显示了君子人格的成熟。“穆公释其囚，与语国事。谢曰：‘臣亡国之臣，何足问！’穆公曰：‘虞君不用子，故亡，非子罪也。’固问，语三日，穆公大说，授之国政，号曰五羖大夫。百里奚让曰：‘臣不及臣友蹇叔，蹇叔贤而莫世知。……于是穆公使人厚币迎蹇叔，以为上大夫。’”（《史记·秦本纪》）孔子对秦穆公重用百里奚称赞有加：“秦，国虽小，其志大；处虽辟，行中正。身举五羖，爵之大夫，起累绁之中，与语三日，授之以政。以此取之，虽王可也，其霸小矣。”（《史记·孔子世家》）但对百里奚让贤未置一词，却对臧文仲不让贤提出了批评。鲁国大夫臧文仲在世时见识不凡，“鲁有先大夫曰臧文仲，既没，其言立。”虽然臧文仲在当时有很多哲理名言流传于世，但是仲尼曰：“臧文仲其不仁者有三，不知者三，下展禽，废六关，妾织薄。”子曰：“臧文仲，其窃位者与？知柳下惠之贤，而不与立也。”（《论语·卫灵公》）知道柳下惠贤能却不知让贤，成为臧文仲的硬伤。

僖公二十七年，搜于被庐，作三军，谋元帅，结果赵衰三让。这种让贤传统在晋悼公时又得到继承和发扬。襄公十三年，晋侯搜于绵上以治兵。使赵武将上军，韩起佐之；栾黡将下军，魏绛佐之。新军无师，晋侯难其人，使其什吏率其卒乘官属，以从于下军，礼也。晋国之民是以大和，诸侯遂睦。于是出现“晋君方明，四军无阙，八卿和睦”的局面。左丘明对此给予几乎是最长也最高的评价。君子曰：“让，礼之主也。范宣子让，其下皆让，栾黡为汏，弗敢违也。晋国以平，数世赖之，刑善也夫！一人刑善，百姓休和，可不务乎！……世之治也，君子尚能而让其下，小人农力以事其上，是以上下有礼，而谗慝黜远，由不争也，谓之懿德。及其乱也，君子称其功以加小人，小人伐其技以冯君子，是以上下无礼，乱虐并生，由争善也，谓之昏德。国家之敝，恒必由之。”当是时，晋国形成尚能让贤的氛围，范宣子让贤形成了骨牌效应，栾黡骄横，也不敢放肆。众人皆让，自然和睦兴旺。“国之将兴也，君子自以为不足。其亡也，若有余。”（《国语·晋语九》）国家要兴盛时，是因为士人君子能够发现不足，国家衰败时，则是因为士人君子骄傲自满。正所谓“国有贤良之士众，则国家之治厚；贤良之士寡，则国家之治薄。”（《墨子·尚贤上》）

同样，楚国的强盛也与让贤有关。孟子一句“孙叔敖举于海。”（《孟子·告子下》）说明孙叔敖成为令尹必有曲折的故事。其父原是楚国司马，被楚将斗越椒杀害。孙叔敖扶其母回家乡隐居。《吕氏春秋》认为是沈尹茎让贤于孙叔敖。“沈尹茎游于郢五年，荆王欲以为令尹，沈尹茎辞曰：‘期思之鄙人有孙叔敖者，圣人也。王必用之，臣不若也。’荆王于是使人以王舆迎叔敖，以为令尹，十二年而庄王霸。”（《吕氏春秋·赞能》）

司马迁认为是虞丘进荐孙叔敖。《史记·循吏列传》：“孙叔敖者，楚之处士也。虞丘相进之于楚庄王，以自代也。三月为楚相，施教导民，上下和合，世俗盛美，政缓禁止，吏无奸邪，盗贼不起。”关于让贤孙叔敖的故事，文人们更愿意相信是樊姬起了莫大的作用。（见《新序·杂事一》）“当时不有樊姬问，令尹何由进叔敖。”（周昙《春秋战国门·樊姬》）

郑国在春秋后期摆脱了进退两难，也因为让贤。襄公三十年，郑子皮授子产政。杜注：“伯有死，子皮知政，以子产贤，故让之。”子皮让贤，让子产能够执政郑国。

齐有鲍叔牙让管仲、秦有百里奚让蹇叔、楚有虞丘让孙叔敖、晋先有赵衰三让，后有范宣子让贤，这种尚能让贤、君臣和谐成为齐、楚、晋、秦称霸的一个重要因素。人们赞美让贤，但春秋人并没有深究是什么原因促使让贤，这也正是让贤虽获得赞扬却未能长久持续下去的一个重要原因。是什么原因促使士人让贤？我认为是“诚”，这种有自知之明的诚实促使士人让贤，百里奚说“臣不及臣友蹇叔，蹇叔贤而莫世知”；鲍叔牙说“臣不及管夷吾者有五”。多么坦诚！没有一种诚实勇气，勇于承认自己不如人又如何能让贤？然而，诚实作为一种美德并未引起春秋人的重视。陈来先生经过统计，得出的结论是春秋时代可以说是一个德行的时代。德目以仁、信、忠、孝、义、勇、让、智八项最多。[①] 他还把中国古代德性论的全体区分为四种类型：“性情之德：齐、圣、广、渊、宽、

① 陈来：《古代思想文化的世界》，三联书店 2002 年版，第 269 页。

肃、明、允；道德之德：仁、义、勇、让、固、信、礼；伦理之德：孝、慈、悌、敬、爱、友、忠；理智之德：智、咨、询、度、诹、谋。”也许由于诚是普遍的伦理道德因而未列入春秋士人谈论的日程。但“诚”作为德也被人偶尔提及。如《尚书·太甲》：“伊尹申诰于王曰：‘呜呼！惟天无亲，克敬惟亲。民罔常怀，怀于有仁。鬼神无常享，享于克诚。’”古文商书的思想多属周代，说明此时已有了“诚”。再如，文公十八年，季文子曾说“齐、圣、广、渊、明、允、笃、诚，天下之民谓之八恺。”在这里“诚”被列在末位。至子思则高举“诚者，天之道也；诚之者，人之道也。”（《礼记·中庸》）孟子“诚者，天之道也；思诚者，人之道也。”思孟学派又把“诚”拔高到本体论高度，也不利于“诚”的发展。还是荀子比较客观公允：“夫诚者，君子之守也，而政事之本也。”“君子养心莫善于诚，致诚则无他事矣。”（《荀子·不苟》）

2. 荐贤：内举不避亲，外举不避仇

《礼记·曲礼》：“大夫七十而致事。”郑玄注：“致其所掌之事于君而告老。”卿大夫任职年满七十岁便要告老退休，其职位多由其子接替，但祁奚却异乎寻常地打破了惯例。襄公三年，祁奚请老，晋侯问嗣焉。称解狐，其雠也，将立之而卒。又问焉，对曰：“午也可。”于是羊舌职死矣，晋侯曰：“孰可以代之？”对曰：“赤也可。”于是使祁午为中军尉，羊舌赤佐之。君子谓祁奚于是能举善矣。祁奚举荐解狐并不是为了泯灭恩仇，而是出于公心，是君子不计个人恩怨胸怀宽广的体现，叔向引《诗经·大雅·抑》“有觉德行，四国顺之。”赞扬祁奚“夫子，觉者也”。是德行正直的人。君子不是耿耿于怀旧日恩怨，“不念旧恶，怨是用希。”（《论语·公冶长》）而能正确对待仇人的长处。“私雠不及公，好不废过，恶不去善，义之经也。”（哀公五年）

祁奚举贤的优良传统在晋国得到继承和发扬。昭公二十八年，魏献子举魏戊、命贾辛，得到孔子高度评价：“仲尼闻魏子之举也，以为义，曰：‘近不失亲，远不失举。可谓义矣。’又闻其命贾辛也，以为忠。诗曰：‘永配多年，自求多福，’忠也。魏子之举也义，其命也忠，其长后于晋国乎！”孔子对魏子的赞扬表明孔子也未能超越历史的局限。仲弓为季氏宰，问“政。”子曰：“先有司，赦小过，举贤才。”曰：“焉知贤才而举之？”曰：“举尔所知，尔所不知，人其舍诸！”（《论语·子路》）当时士人了解别人的范围有限，除了亲属就是仇敌，因此做到近不失亲、远不失举已属难能可贵。当然，把举贤推而及人，不论亲疏才是历史的进步。《礼记·礼运》：“选贤与能，讲信修睦，故人不独亲其亲，不独子其子。”

3. 不贪：官之失德，宠赂章也

“鲁侯国至小，庙鼎犹纳郜。”[①] 说的是宋华父督杀孔父而取其妻，殇公大怒，华父督很是恐惧，索性又弑殇公。齐侯、陈侯、郑伯、鲁侯在稷开会讨论如何平宋乱，本应杀贼臣以定宋国，让乱臣贼子惧，谁想宋赂鲁以郜大鼎，齐、陈、郑皆有赂，于是四国“为赂故，立华氏也”。周礼之邦的鲁国竟然也贪货纵贼，实在令人不齿。此前虽然发生了两次小贿小赂，但这次却是春秋时代一次重大贿赂事件，标志着社会风气的巨大转折。“国家之败，由官邪也。官之失德，宠赂章也。郜鼎在庙，章孰甚焉?”（桓公二年）国家衰败，是由于官吏的歪风邪气；官吏品德丧失，是因为宠臣公然贪污行贿。

春秋时期，“大夫多贪，求欲无厌。”（襄公三十一年）即使“主以不贿闻于诸侯”魏献子在梗阳人赂献的女乐面前，也禁不住要动摇。然而，子罕却提出了君子“不贪为宝”的理念。襄公十五年，“宋人或得玉献诸子罕，子罕弗受。献玉者曰：‘以示玉人，玉人以为宝也。故敢献之。’子罕曰：‘我以不贪为宝，尔以玉为宝，若以与我，皆丧宝也，不若人有其宝。’”子罕让人感动的是对君子洁身自好的珍视，君子有所为有所不为，君子也应自我约束，这正是对君子自我价值的肯定。

在贿赂并行的春秋时代，君子强调保持节操，拒绝行贿和受贿。其中尤以鲁叔孙豹父子大义凛然，坚守不行贿立场毫不动摇。昭公元年，诸国会盟于虢，寻求弭兵，鲁叔孙豹参加会盟。季武子却乘机伐莒，夺取了郓地，莒人于是控告鲁国破坏盟誓，叔孙豹因此被软禁，楚人提出“寻盟未退，而鲁伐莒，渎齐盟，请戮其使。”于是“晋乐桓子欲求货于叔孙，而为之请，使请带焉，弗与”。乐桓子不便直言索贿，以求带为暗示，叔孙豹认为：“诸侯之会，卫社稷也。我以货免，鲁必受师。”恐怕诸国不戮其使，必伐其国，所以叔孙豹宁可自己被杀，也不愿鲁国受难。就佯装不懂，将计就计，召使者，裂裳帛而与之，曰：“带其褊矣。”撕下裙帛以为带送给对方。赵孟闻之，曰：“临患不忘国，忠也；思难不越官，信

① （唐）韩愈：《韩愈诗选注》，汤贵仁选注，上海古籍出版社1984年版，第88页。

也；图国忘死，贞也；谋主三者，义也。有是四者，又可戮乎?”面对灾祸不忘国家，是忠心；面对困难仍不放弃做官的职守，是诚信；为了国家而置个人生死于度外，是坚贞。以忠、信、贞作为谋事依据，就是义。于是“固请诸楚，楚人许之，乃免叔孙”。

昭公二十三年，叔孙豹之子再一次上演了拒绝行贿的故事，虽然人物、索贿物品有所改变，一以贯之的却是拒绝行贿的立场不变。邾人诉鲁于晋，叔孙豹之子叔孙婼如晋，晋人执之。“……范献子求货于叔孙，使请冠焉。取其冠法，而与之两冠，曰：‘尽矣。’”范献子以求冠为托词以索贿，叔孙婼于是告诉他做冠模法，又送给他二冠，佯装不解其意，而婉拒行贿。申丰带着贿品来到晋国欲行贿，叔孙留住他不许他外出行贿。与叔孙同在箕地居住的吏人想要叔孙的看门之狗，叔孙未给，等到要回鲁国时，叔孙杀了看门狗请吏人吃狗肉，说明叔孙不是不近人情，而是在原则上不退让。叔孙所居宾馆，每日都修葺一新，体现了叔孙必胜的信念和斗志昂扬的精神状态。

襄公二年，楚公子申为右司马，多受小国之赂。楚人杀之，故书曰：“楚杀其大夫公子申。”公子申也许是春秋时代第一位因受赂而被处死的人，但公子申被杀并未能使楚大夫索贿的行为有所收敛。楚子常索贿终于引发了灭国之灾。定公三年，楚令尹子常向蔡昭侯要裘和佩，向唐成公索肃爽马，未遂，就把他们在楚软禁三年，直至索贿成功。蔡侯不堪受辱，如晋而请伐楚，未料到天下乌鸦一般黑，“晋荀寅求货于蔡侯，弗得。”荀寅恼羞成怒，力劝范献子不出兵。于是“乃辞蔡侯”，“晋于是乎失诸侯。”定公四年，蔡侯以其子乾为质向吴求兵，唐侯也派兵相助，三国联军与楚军在柏举对决之后，五战五捷，最后直捣郢都。

反对贿赂应当提倡廉洁，但春秋人对贿赂并未有明确的道德要求。战国时代，廉才取代“不贪”而受到广泛重视。“可以取，可以无取，取伤廉。”（《孟子·离娄下》）可以拿，也可以不拿，拿了就伤害廉洁。“所谓‘廉者’，必生死之命也，轻恬资财也。”（《韩非子·解老》）《晏子春秋·内篇杂下第六》：“廉者，政之本也。”

4. 俭：俭，德之共也；侈，恶之大也

法国思想家孟德斯鸠从人口数量和土地产量分析了中国倡导节俭的原因：“妇女生育力强，人口繁衍迅速，所以土地无论怎样垦殖，只可勉强维持居民的生活。因此在中国，奢侈是有害的，并且和任何共和国一样，必须有勤劳和俭约的精神。"① 其实在春秋时代，节俭作为美德的目的是安身立命，保族宜家。

《唐风·山有枢》："……子有酒食，何不日鼓瑟？且以喜乐，且以永日。宛其死矣，他人入室。"正是这种及时行乐的思想促使一些春秋贵族奢侈享受，醉生梦死。虽然春秋人已从周革殷命中认识到酗酒的危害，但一些世袭贵族仍然嗜酒如命，放浪形骸。齐庆封就与卢蒲嫳"易内而饮酒"。互相交换妻妾，饮酒作乐，自然难逃家破族亡的命运。"金玉满堂，莫之能守。富贵而骄，自遗其咎。"（《老子·九章》）

《尚书·太甲上》："慎乃俭德，惟怀永图。""君子以俭德辟难。不可以荣以禄。"（《周易·否卦·象辞》）这是春秋士人节俭的内在动因。一次韩宣子正在为自己的清贫而愁眉不展，叔向却反而向他道贺，叔向列举栾武子和郤献子两个正反事例奉劝了韩宣子，宣子拜稽首焉，曰："起也将亡，赖子存之。非起也敢专承之，其自桓叔以下嘉吾子之赐。"（《国语·晋语八》）保持节俭、戒骄戒躁应该是韩氏在晋国逐渐崛起的一个重要原因。

在鲁国，季文子、孟献子节俭，叔孙宣子、东门子家奢侈，他们的命运也因此截然不同。定王八年，刘康公到鲁国聘问，向鲁国大夫赠送礼物。回来后，王问鲁大夫孰贤？对曰："季、孟其长处鲁乎！叔孙、东门其亡乎！若家不亡，身必不免。"刘康公认为，现在季孙、仲孙家族比较俭朴，他们财用足够，因而家族能得到庇护。叔孙、东门家族则非常奢侈，太奢侈就无法体认贫困，这样贫困的人得不到抚恤，祸患必然会降临，这样发展下去一定会危及自身。何况作为人臣而太过奢侈，国家不胜负担，必然走向败亡。他们这样不可能连续三朝都享有俸禄。如果他们死得早可能还好，假若他们活得长又干坏事，一定会加速败亡。不久，东门氏来告乱，子家奔齐。后来，鲁叔孙宣伯亦奔齐。（《国语·周语中》）襄公五年，季文子卒。君子是以知季文子之忠于公室也一相三君矣，而无私积，可不谓忠乎？但苗贲皇却指出他们的俭别有用心："是出主之爵禄以附下也。""以成节，以絜私名。"（《韩非子·外储说左下》）季氏一族借助文子节俭的名声，"世增其业，不废旧绩"。鲁君失国之时，则"政在季氏"。

① ［法］孟德斯鸠：《论法的精神》，张雁深译，商务印书馆 1987 年版，第 102—103 页。

春秋时代，真正贯彻了俭之德的是孙叔敖，他的节俭直到《史记》才被发掘出来。古人有言：“其父析薪，其子弗克负荷。”（昭公十年）父亲打柴，儿子却不能将柴背回家，意指后代无法继承父辈衣钵。令尹孙叔敖去世后，其子无立锥之地，贫困负薪自谋生计。后来他找到优孟，优孟穿戴上孙叔敖衣冠，楚庄王以为孙叔敖再生，欲拜其为相。优孟告诉庄王：“楚相孙敖持廉至死，方今妻子穷困，负薪而食，不足为也。”于是庄王谢优孟，乃召孙叔敖子，封之寝丘四百户，以奉其祀。（《史记·滑稽列传》）

公元前522年，执政26年的郑国名相子产逝世，他一生廉洁奉公，家中没有留下多少积蓄为他办丧事，儿子和家人只能用背筐背土到新郑西南陉山顶上埋葬他。郑百姓得知后，主动捐出自家的珠宝玉器，希望帮助他的家人办理丧事。但子产的儿子坚决不肯接受，百姓只好把捐献出的金银财宝，都抛到子产封邑的这条河水中，以纪念这位值得人们永远景仰的人。历久弥新的真金白银把清澈河水辉映成金色，从此这条河就被称为金水河，这就是现在郑州市的金水河。

“俭，德之共也，侈，恶之大也。”（庄公二十四年）节俭是美德中最好的美德，奢侈则是罪恶中最大的罪恶。“我有三宝，持而保之：一曰慈，二曰俭，三曰不敢为天下先。”（《老子·第六十七章》）不仅个人要以俭持家，国家同样要勤俭节约，艰苦奋斗。《韩非子·十过》：“昔者戎王使由余聘于秦，穆公问之曰：‘寡人尝闻道而未得目见之也，愿闻古之明主得国失国何常以。’由余对曰：‘臣尝闻得之矣，常以俭得之，以奢失之。’”由此引出唐代诗人李商隐《咏史》：“历览前贤国与家，成由勤俭败由奢。”

5. 信：千乘之国，不若一士之信

哀公十四年，小邾射以句绎来奔，曰：“使季路要我，吾无盟矣。”使子路，子路辞。尽管子路因小邾射是窃地叛臣而婉拒其盟。但此事却说明了春秋时代一个特有现象：千乘之国朝晋暮楚，唯强是从，不守信。《春秋》所叙242年中列国军事凡483次，朝觐盟会凡450次。[①] 之所以盟会众多，是因为“盟者，不相信也”，（《谷梁传》僖公五年）“诗云：‘君子屡盟，乱是用长。’无信也。”（桓公二年）士人君子因此越来越把

① 范文澜：《中国通史简编》，人民出版社1978年版，第179页。

诚信视为自己必需的操守。

子曰："君子义以为质，礼以行之，孙以出之，信以成之。"（《论语·卫灵公》）"信以行义，义以成命。"（成公八年）士人在面临守信与否的抉择，最后要视信是否合乎义。定公十四年，卫侯为夫人南子征召宋朝来相会，受到野人的嘲笑，太子深以为耻，就告诉戏阳速看他脸色行事，借机杀掉南子，戏阳速习惯性地答应一声"诺"。"乃朝夫人，夫人见太子，太子三顾，速不进。夫人见其色，啼而走。太子出奔。太子告人曰：'戏阳速祸余。'戏阳速告人曰：'太子则祸余。太子无道，使余杀其母，余不许，将戕于余。若杀夫人，将以余说。余是故许而弗为，以纾余死，谚曰：'民保于信，我以信义也。''"戏阳速作为家臣如果不答应太子，自己就会被杀害；自己如果杀了夫人，也会被陷害有口难辩。虽说"民保于信"。但戏阳速最终选择信于义，不信其言。

春秋时代，君子之信胜于国家之信已成为春秋时代的一个特征。有一则齐国求鲁鼎的故事在《韩非子·说林下》《吕氏春秋·审己》里流传，鼎由谗鼎换成岑鼎，人物由乐正子春换成柳下惠，但故事框架不变，中心思想就是表现士人重信。"齐攻鲁，求岑鼎，鲁公载他鼎往，齐侯弗信而反之，为非，使人告鲁君曰：'柳下惠以为是，因请受之。'鲁君请于柳下季，柳下季答曰：'君之赂以欲岑鼎也，以免国也。臣亦有国于此。破臣之国以免君，此臣之所难也。'"（《吕氏春秋·审己》）"臣亦有国"指的即是诚信。诚信的柳下惠受到后来士人推崇，对齐宣王不屑一顾的颜斶就比较了齐王与柳下惠的轻重："昔者，秦攻齐，令曰：'敢有去柳下季垄五十步而樵采者，死不赦！'令曰：'有能得齐王头者，封万户侯，赐金千镒。'由是观之，生王之头，曾不若死士之垄也。"（《战国策·齐策四》）①

戏阳速作为太子的手下，面对太子的不义要求，只能先承诺下来。只有不依附他人的人才能独立做出自己的选择。春秋时代，既有甘心为吴公子光肝脑涂地、刺杀王僚的专诸，也有不为威胁或利禄所动而能保持自己独立人格的熊宜僚。哀公十六年，楚白公欲作乱，（石乞）曰："市南有熊宜僚者，若得之，可以当五百人矣。"乃从白公而见之，与之言，说。

① 柳下季：春秋时鲁国大夫展禽，字季，因食邑柳下，故称柳下季。谥惠，故又称柳下惠。

告之故，辞。承之以剑，不动。胜曰：“不为利谄，不为威惕，不泄人言以求媚者，去之。”熊宜僚义不作乱，信不泄密，受到庄子的赞许。《庄子·徐无鬼》：“市南宜僚弄丸而两家之难解。”（司马云：“宜僚，楚勇士也，善弄丸。”）在利剑威逼面前，他弄丸如故，不偏不倚，并告诉白公：“吾亦不泄子。”展现了春秋时代布衣君子刚直不阿、威武不能屈的独立人格。

6. 大义灭亲

昭公二十二年，发生了一件奇异的事情，《左传》《国语》均有记载，（周）宾孟适郊，见雄鸡自断其尾。问之，侍者曰：“自惮其牺也。”雄鸡自断其尾是为了免做祭品，而石碏大义灭亲，则是为了保族宜家。公子州吁有宠而好兵，石碏曾提醒卫侯注意州吁的可疑动向，但卫侯不听，石碏儿子石厚与州吁整日在一起游荡，“禁之不可。”后来州吁终于弑君，局势发展已非石碏所能控制，他只好使出了调虎离山之计。由于州吁未能获得民众支持，石厚问计于石碏。石碏建议他们通过陈桓公去请求周王的支持。州吁和石厚就依计来到陈国。石碏使告于陈曰：“卫国褊小，老夫耄矣，无能为也。此二人者，实弑寡君，敢即图之。”陈国把二人抓住，然后请卫人去处置，于是“九月，卫人使右宰丑莅杀州吁于濮。石碏使其宰獳羊肩莅杀石厚于陈。”君子曰：“石碏，纯臣也。恶州吁而厚与焉。‘大义灭亲’，其是之谓乎！”石碏的大义灭亲并未能遏止乱臣贼子弑君的趋势，却使石氏家族在卫国长期受到尊重。

在春秋时代，能够高度重视君子之德的是晋国赵氏一家，辅佐晋文公的赵衰多次让贤，以致晋文公都出来称赞他三让：“赵衰三让。其所让，皆社稷之卫也。废让，是废德也。”赵衰让贤让赵氏在晋国政坛积累了深厚的人脉。能臣赵盾面对昏君依然忠心耿耿劝谏，“夫宣子尽谏于襄灵，以谏取恶，不惮死进，可不谓忠乎！”（《国语·晋语六》）

赵武赵文子年少遭遇祸难，跟随母亲庄姬到了王宫。后来因孝顺之德做了公族大夫，因恭敬之德升为正卿，因武功之德又晋升为上军将，因温顺之德成就了美名。

“其政闷闷，其民淳淳；其政察察，其民缺缺。”（《老子·第五十八章》）赵武不是雷厉风行，南征北战，而是审时度势，致力于化解干戈，“胜残去杀”，（《论语·子路》）因此受到诸侯国的欢迎。襄公二十五年，赵武主政后他厌倦战争，力主和平。赵文子为政，令薄诸侯之币，而重其礼。他告诉穆叔心中的理想："武也知楚令尹，若敬行其礼，道之以文辞，以靖诸侯，兵可以弭。"展现了热爱和平，不愿生灵涂炭的仁者情怀。襄公二十七年，经过宋向戌穿针引线，晋、楚同意举行弭兵大会。晋国、楚国、齐国、秦国、鲁国、卫国、陈国、蔡国、郑国、许国、宋国、曹国、邾国、滕国14国在宋国的西门之外结盟，史称"弭兵"盟会，在大会上，楚人暗藏杀机，并与晋争先，叔向劝赵武务德勿争先促成了和平会盟。从此至定公四年，春秋时代迎来祥和安宁的四十多年，正是在这期间，士人赋诗言志达到了高潮。赵武"服齐、狄，宁东夏，平秦乱，城淳于，师徒不顿，国家不罢，民无谤讟，诸侯无怨。"（昭公元年，祁午语）

赵衰之让、赵盾之忠、赵武之德让晋国士人引为榜样称颂不已，也让赵氏家族在晋国能够前仆后继长盛不衰。

三 "取乱侮亡，兼弱也"

"取乱侮亡，兼弱也"是春秋时代流行的兼并规则。宣公十二年，晋随武子曰："仲虺有言曰，'取乱侮亡'，兼弱也"；襄公十四年，晋侯问卫故于中行献子。对曰："仲虺有言曰：'亡者侮之，乱者取之。'推亡，固存，国之道也。君其定位以待时乎"？襄公三十年，郑子皮曰："《仲虺之志》云：'乱者取之，亡者侮之。'推亡固存，国之利也"。仲虺是商汤左相，"仲虺居薛，以为汤左相。"（定公元年）他强调一国混乱时就该夺取它，当一国衰败就该欺负它，这是审国家之利，也是为国之道。陈来先生认为"这完全是一种从兵学（军事战争）发展出来的军国思想，而其流行和受重视，应与当时追求'霸业'和兼并风气有关。这是一种现实性很强的理性策略，但其中完全不考虑由'礼'的因素所制约的国家关系与秩序的规范，成为一种以国家功利主义为中心的实用理性。[①]'取乱侮亡'就是悬临在春秋诸国（晋、楚、齐、秦大国除外）头上的一柄达摩克利斯之剑，而这些国家士人君子的人格就体现在与这'风刀霜剑'

① 陈来：《古代思想文化的世界：春秋时代的宗教伦理与社会思想》，三联书店2002年版，第77页。

抗争中能否坚持'苟利国家生死以，岂因祸福避趋之'"上。

春秋霸主们在取乱侮亡、取威定霸过程中，不仅对小国颐指气使，而且干涉小国内政，扶持傀儡政权，小国如若不从，大国甚至要执其君来达到操纵其内政的目的。如僖公二十八年晋执卫侯，抓住之后晋侯还不解气，必欲置之死地而后快，于是"晋侯使医衍鸩卫侯，宁俞货医，使薄其鸩，不死"。（僖公三十年）在这样威逼之下，卫孔达宁死而不屈，明知是螳臂当车依然要冲上去，文公元年，卫孔达率师伐晋，"君子以为古"。虽然以小对大，以弱对强，不自量力，但却合于古义。后被盟国陈侯"请成于晋，执孔达以说"。文公四年，晋人亦钦佩孔达宁死不屈的人格，"春，晋人归孔达于卫。以为卫之良也，故免之。"宣公十二年，宋伐陈，孔达率兵救援。第二年，晋以卫之救陈来问罪，并告诉卫国："罪无所归，将加而师。"孔达下定决心牺牲自己以解卫国之难："苟利社稷，请以我说，罪我之由。我则为政，而亢大国之讨，将以谁任？我则死之!"宣公十四年春，孔达缢而死，卫人以说于晋而免。

（一）取乱侮亡的运用

春秋初期的一百年间，王纲废弛，诸侯们忙于吞并小国，积蓄力量。郑庄公为王卿士，以王命伐宋，败北戎、败息师、败宋师，大败周、虢、卫、蔡、陈五国联军，救齐再败北戎，最后齐、卫、郑、宋盟于恶曹，几成霸主。但郑庄公灭许并不自信，而是有所忌惮，"天而既厌周德矣，吾其能与许争乎？"但楚国却肆无忌惮地侵略兼并。楚伐随，随曰："我无罪。"楚曰："我蛮夷也，今诸侯皆为叛，相侵或相杀。"（《史记·楚世家》）据顾栋高《春秋大事表》所载，楚并国四十二、晋十八、齐十、鲁九、宋六，其他不具举。

齐桓公即位后，消灭小国已开始注重理由。"饰玩好，使出周游于四方，鬻之诸侯，以观其上下之所贵好，择其淫乱者而先征之。"即位数年，东南多有淫乱者，莱、莒、徐夷、吴、越，一战帅服三十一国。（《国语·齐语》）

"凡侯伯救患、分灾、讨罪，礼也。"齐桓公称霸之后首先是存亡国，僖公元年，齐桓公迁邢于夷仪。二年，封卫于楚丘，邢迁如归，卫国忘亡。讨罪是在僖公四年，伐陈，讨不忠也。曾经有一个"取乱侮亡"的机会摆在桓公面前，郑太子华欲在郑为内应，桓公欲乘隙而入，但管仲却说："且夫合诸侯以崇德也，会而列奸，何以示后嗣？"于是"齐侯辞焉，子华由是得罪于郑"。桓公以礼与信属诸侯，反而感动了郑伯，这一年的冬天，郑伯主动请盟于齐。遗憾的是齐桓公"还没有明白地确立霸主制度，也没有延续到第二代"。许倬云先生认为："真正霸主制度，由晋文公建立。"[①] 晋国的霸权经历八世，由文公至平公，维持了至少八十一年之久。晋国不仅指手画脚，甚至直接干涉小国内政。南方的楚国，也有其附属，齐、秦也有自己的势力范围，为次级霸主。霸主制度的建立不仅给小国带来沉重的贡赋负担，也给小国带来无尽的烦恼。

最能体现"取乱侮亡"原则的是楚庄王伐陈。宣公十年，夏征舒忍受不住陈灵公与孔宁、仪行父三人的戏弄侮辱，"公出，自其厩射而杀之。"宣公十一年冬，楚子为陈夏氏乱故伐陈，谓"陈人无动，将讨于少西氏。遂入陈，杀夏征舒，轘诸栗门。因县陈，陈侯在晋"。楚庄王并向申叔时夸耀说："夏征舒为不道弑其君，寡人以诸侯讨而戮之，诸侯、县公皆庆寡人……"

吴闿生指出："并兼之祸始于春秋，晋、楚为甚。"[②] "每小国之灭，必疏其所以失国之罪。虽关劝惩，而从无一言责楚之蚕食，亦文章之微旨也。"[③] 应该说，《左传》更关注的是国家衰败的内因。"夫人必自侮，然后人侮之；家必自毁，而后人毁之；国必自伐，而后人伐之。"（《孟子·离娄上》）概括春秋小国衰败以致灭国的原因主要是没有睦邻修德，具体有以下五点。

1. 不度德量力

"内不量力，外恃诸侯，则国削之患也。"（《韩非子·十过》）隐公十一年，郑息言语不和。息侯就兴兵讨伐郑，在边境郑伯与之大战，息师大败而还。君子总结了息国将亡的五个原因："不度德，不量力，不亲亲，不徵辞，不察有罪。犯五不韪而以伐人，不亦宜乎？"不考虑自己德行，自己的国力，不考虑两国间友谊，不探究言语不和的缘由，不判定是非曲直，就贸然进攻，失败是必然的。

2. 国小无礼

"行僻自用，无礼诸侯，则亡身之至也。"（《韩非子·十过之三》）

---

① 许倬云：《历史分光镜》，上海文艺出版社 1998 年版，第 173、380 页。

② 吴闿生、白兆麟点注：《左传微》，黄山书社 1995 年版，第 128 页。

③ 同上书，第 135 页。

重耳出奔，齐、楚、秦大国均以礼待之，偏是卫、郑、曹等小国“不礼”。曹共公不听僖负羁之谏，更有甚者，曹共公还“闻其骈胁，欲观其裸。浴，薄而观之”。听说重耳的肋骨排比很密，似乎并成一整块，就好奇地在帘子外偷窥重耳裸浴，实在是无礼之至。曹共公的窥视终于引来了大祸。重耳“得志于诸侯而诛无礼”，曹国首当其冲。“故曹，小国也，而迫于晋、楚之间，其君之危犹累卵也，而以无礼莅之，此所以绝世也。故曰：国小无礼，不用谏臣，则绝世之势也。”（《韩非子·十过》）

3. “亲仁善邻，国之宝也”

往岁，郑伯曾经要和陈国讲和，但陈桓公不答应。五父谏曰：“亲仁善邻，国之宝也。君其许郑！”亲近仁义，和邻居友好相处，是国家的宝贵财富。但陈侯目光短浅，不听劝谏，认为郑国不会强大到哪里去，而且和宋、卫关系也不好。隐公六年，郑伯侵陈，大获。

4. “德之不建，民之无援”

梁国的梁伯扩充了疆土，建筑了很多城邑，却没有那么多人口迁往那里，造成了一些空城废墟。长期劳役使“民罢而弗堪”，梁伯就宣称“某寇将至”来恐吓民众。他为了让百姓在宫外挖深沟，又故技重演：“秦将袭我。”他没想到“民惧而溃，秦遂取梁”。僖公十九年冬，百姓被吓跑了，真正的虎狼之国秦国趁机消灭了梁国。

5. 无信无义

僖公十年春，狄灭温，苏子无信也。这是由于苏子不讲信义。当初，温国的苏子背叛周襄王而投奔狄人，又不能和狄人和谐相处，狄人进攻他，周襄王不去救援，所以温国被灭亡了。

僖公十二年春，黄人恃诸侯之睦于齐也，不共楚职，曰：“自郢及我九百里，焉能害我？”夏，楚灭黄。春天的时候，黄依恃和诸侯及齐国关系和睦，不向楚国朝贡，而且认为楚国距离自己太远，楚国拿自己没办法。结果，夏天的时候，楚国掩杀过来，消灭了黄国。春秋无义战，楚国正愁没有借口，黄国正好给了楚国一个理由。

（二）邾国的生存之道

鲁与邾是邻国，鲁人常有枕榻之侧岂容邾人鼾睡的心理，经常侵扰邾国。但鲁国与邾国相比，数位鲁国国君累加起来也不如一个邾文公对民众有感召力，鲁侯离民众是越来越远，直到出奔他国。概括地说，邾国生存之道有四。

1. 利民之道

盘庚迁都理由之一是“先王不怀厥攸作，视民利用迁。”（《尚书·盘庚上》）迁都是为了百姓的利益，“施实德于民。”（《尚书·盘庚上》）春秋时代能够与盘庚媲美的是邾文公，他在利民还是利己上做出了明确的抉择。文公十三年，邾文公卜迁于绎。史曰：“利于民而不利于君。”邾子曰：“苟利于民，孤子利也。天生民而树之君，以利之也。民既利矣，孤必与焉。”五月，邾文公卒，君子曰：“知命。”当利民和利己产生冲突的时候，邾文公在利民和利己之间做出了正确的抉择，“国不务大而务得民心。”（《大戴礼记·保傅》）春秋时代能够如此认识君民关系的国君实属凤毛麟角，深得民心的邾文公多次参与诸侯盟会，并伐灭了须句，振兴了邾国，赢得了民心。

2. 蜂虿有毒

“小国之事大国也，德，则其人也；不德，则其鹿也。铤而走险，急何能择。”（文公十七年，郑子家语）大国对小国以德相待，则小国以人道来相处，反之，小国就像被逼急了的小鹿一样铤而走险。小国被逼走投无路，就会放手一搏。僖公二十二年，邾国人为了争夺须句这个地盘而出兵。鲁国鲁僖公轻视邾国，没有进行任何防备。臧文仲曾劝谏：“君其无谓邾小，蜂虿有毒，而况国乎！”结果僖公没听进去，这一年八月，双方决战于升陉。鲁国大败。邾军缴获了僖公的头盔，把它挂在鱼门上。因为犯了轻敌的大忌，鲁国落得颜面尽失。“祸莫大于轻敌，轻敌几丧吾宝。”（《老子·六十九章》）

3. 理正辞顺

“文不犯顺，武不违敌。”（僖公三十三年，阳处父语）何为“顺”？樊仲山父有一个解说。周宣王时，宣王立鲁武公的少子为太子，樊仲山父谏曰：“夫下事上，少事长，所以为顺也。今天子立诸侯而建其少，是教逆也。”（《国语·周语上》）顺在这里就是要符合伦理顺序，逆袭则会带来祸乱。襄公二十三年，臧武仲曾助季武舍长立少，孔子评论：“作不顺而施不恕也。”违背王位传嫡，废长别立就是于礼“不顺”。文公十四年，邾文公元妃齐姜，生定公，二妃晋姬，生捷菑。文公死后，邾人立定公，捷菑奔晋。邾国将被齐国的羽翼照拂，于是晋国赵盾以诸侯之师八百乘纳捷菑于邾。（“千乘”与“八百乘”数目大致相近，八百乘或为出征最盛之车。见童书业《春秋左传研究》）大兵压境，结果郳人就一句辞谢：“齐出貜且长。”宣子曰：“辞顺，而弗从，不祥。”乃还。齐姜生的貜年长当立，这样的行为合乎伦理，让赵盾也不能不听从。与此相反，宋人弑昭公，赵盾认为是大逆不道“反天地而逆民则也，天必诛焉”。乃使旁告于诸侯，治兵振旅，鸣钟鼓，以至于宋。（《国语·晋语五》）

4. 结好大国

昭公二十三年，鲁国侵略郳国，郳人诉于晋，晋人来讨。晋人使叔孙婼与郳大夫对质，叔孙婼奋起抗议，“韩宣子使郳人聚其众，将以叔孙与之”。晋大夫对郳国如此偏袒，一定是郳国在背后做足了功夫。晋国衰落后，中原诸国对吴国的称霸还在犹豫观望，郳国却毫不迟疑投靠吴国。哀公七年，（鲁季康子）伐郳，郳茅夷鸿以束帛乘韦自请救于吴，曰：“郳非敢自受也，惧君威之不立。……且鲁赋八百乘，君之贰世；郳赋六百，乘君之私也。以私奉贰，唯君图之。”吴子从之，伐鲁。

可惜的是郳国对贤人君子等人才似乎重视不够，没有出现杰出的贤人执政，以致后来逐渐衰败。

同样是小国，也一直被晋国、楚国反复欺凌，但是郑国在子产执政之后，内部推行变革，外部结交晋、楚，在处理国内国外的事务上表现出高出一筹的战略视野，郑国也展现了不同以往的精神风貌，令大国再也不敢小觑郑国。

襄公三十一年，十二月的时候，卫国贤大夫北宫文子陪着卫襄公到楚国聘问。路过郑国，惊讶地发现一个重要问题，就是郑国变得有礼了，大国也不会来讨伐了。当时是印段劳于棐林，如聘礼而以劳辞。文子入聘。子羽为行人，冯简子与子大叔逆客。事毕而出，言于卫侯曰：“郑有礼，其数世之福也，其无大国之讨乎！”因为“子产之从政也，择能而使之。”这是“北宫文子所谓有礼也”的原因，每个大夫的特长都得到充分发挥，接待客人彬彬有礼，各个环节滴水不漏，有礼的背后体现的是执政团队的有力，大国再也不敢肆意侵袭郑国了。

子产成为博物君子，诸侯之良，深受晋国国君和楚国国君敬重。昭公元年，晋平公有病，郑伯派子产去到晋国聘问，同时探视病情。叔向询问子产说：“寡君的疾病，卜人说‘是实沈、台骀在作怪’，太史不知道它们，谨敢请问这是什么神灵？”子产从远古传说娓娓道来，然后指出，台骀就是汾水之神了。但是这两位神灵与晋君之病无关。他话锋一转，提出国君的妻妾不能都同姓，这样子孙不能昌盛。现在君王的宫里有四个姬姓侍妾，恐怕就是这个缘得病了。既能讲出渊源，又能切中要害，而且劝喻委婉，其实暗示的是晋平公纵欲过度。让叔向十分钦佩："肸还没有听说过呢，但所说都很对。"晋侯闻子产之言，曰："博物君子也。"昭公七年，晋平公又病了，韩宣子私下问子产："寡君卧病不起已经三个月了。现在忽然梦见一只黄熊进入寝门，请问这是什么恶鬼？"子产首先指出凭着君王的英明，还有您做正卿，哪里会有恶鬼呢？说到黄熊，从前尧在羽山杀死了鲧之后，他的精灵变成黄熊，钻进羽渊里，三代都祭祀他。现在晋国做盟主，或许是没有祭祀他吧！韩宣子就赶紧去祭祀鲧。没想到晋平公的病竟然逐渐痊愈了，他特意把莒国的两个方鼎赏赐给子产。晋平公应该还是自己不节制所致，精神萎靡总犯疑心，疑神疑鬼，子产把黄熊判定为鲧，去掉了他的疑心病，自然就好了。

昭公四年，楚灵王想要会盟诸侯，但是又信心不足，就不断追问子产："晋其许我诸侯乎？"对曰："许君。"王曰："诸侯其来乎？"对曰："必来。"王曰："然则吾所求者，无不可乎？"对曰："求逞于人，不可；与人同欲，尽济。"楚灵王想知道晋国会允许诸侯归服我国吗？子产认为会的，因为平公贪图安逸，志向不在于诸侯。他的大夫们各有所求，不能帮助国君。那么诸侯会来吗？子产认为会来。遵守以前的盟约，讨得君王的欢心，也不用害怕晋国，为什么不来？不来的国家，大约是鲁、卫、曹、邾几个国家吧！其余的国家，是君王的威力所能达到的，谁敢不来呢？听子产这么一分析，楚灵王有点儿得意忘形："那么我所要得到的都没问题了吧？"子产不卑不亢地说："在别人那里只想求取自己的快意，肯定行不通。和别人想法想到一起，就能成功。"在盟会礼仪准备上，宋国向戌和子产分别提供了公侯会合诸侯的礼仪六项，伯爵、子爵、男爵会见公爵的礼仪六项，盟会上，楚灵王让椒举侍从在身后，以便及时纠正礼仪的错误，但直到盟会结束，他没有做任何纠正。楚灵王问他什么缘由，椒举回答说："礼仪，我没有见到的就有六项，我又怎么能去纠正？"这些礼仪学习还来不及，还不具备资格指指点点。子产跟向戌私下交流的则是："我不担心楚国了。楚王骄狂又不听劝谏，不会超过十年。"

第二章

君子人格产生的基础

春秋士人君子人格是在城邦提供的政治经济文化环境中形成的，离开城邦，君子人格无从谈起。诗书礼乐不仅是士人知识修养，而且培养了士人的君子人格。春秋士人理性摆脱了神性的迷茫，为君子人格的形成奠定了理性基础。

一　城邦

春秋时代成为城邦社会的一个重要原因是城邦建筑技术的成熟。虽然传说“鲧作城郭”（《世本·作篇》）无法确证，但李济先生说：“夯土，作为基础和墙的建筑技术不是殷商时期发明的。中国的近代考古证明，夯土建筑技术在商迁都到安阳以前很久就已经存在了。”① 虽然建城需要组织和集中大量的劳动力，但对春秋人来说却是轻车熟路，因为春秋时代的城邦规模都不算太大，据战国时人说，古时（春秋时代及之前）“城虽大，无过三百丈者，人虽众，无过三千家者”。（《战国策·赵策三》）国都里基本是宫室宗庙、朝廷官衙及招待外宾的旅馆等，还有工肆及商市等。《左传·宣公十一年》详细记载了建城的过程：“（楚）令尹蒍艾猎城沂，使封人虑事，以授司徒。量功命日，分财用，平板干，称畚筑，程土物，议远迩，略基址，具糇粮，度有司。事三旬而成，不衍于素。”即封人规划，司徒掌役，测算工程和时间，分配经费和用具，勘查城基走向、地形，用板、杆夯墙，备办役夫食粮，考察建城官吏称职与否，结果三十天建成，没有超过原来的预计。昭公三十二年，士弥牟营成周，计丈数，

---

① 李济：《安阳》，中国社会科学出版社 1990 年版，129 页。

揣高卑，度厚薄，仞沟洫，物土方，议远迩，量事期，计徒庸，虑材用，书糇粮，以令役于诸侯。士弥牟主持设计成周城墙的工程方案，计算出长度，估算出高低，度量着厚薄，测量沟渠的深度，考察用土的数量，商量运输的远近，预算完工的日期，计算人工，考虑花费和建材，记下预计需要的粮食，按照情况分配劳役和工程地段，记下来交给诸侯大夫，最后归总交到刘子那里，韩简子监工，以此作为既定方案。定公元年，城三旬而毕，乃归诸侯之戍。增筑城墙的工程三十天就完工了。

"在考古学家发掘的残墙上，可以清楚地看到代表殷人建筑技术的夯土方法。这种方法在直到不久以前的中国全部历史上都曾使用，它非常简单而又有相当高的效率：在一个长方形木框里装上土，再用一种专门的杵夯实。然后撤去木框，在已夯好的一层土上再夯新一层，如此循环进行，层层叠垒。直到必要高度，使建筑物好像砖砌的一样。"① 娴熟的筑城方法再加上霸主们开疆拓土的勃勃雄心，于是城邑在风吹草低、野兽出没的茫茫大地似星火燎原，蔓延扩散；由点连成线，由线连成面，一个个城邑拔地而起，遥相呼应，守望相助。"春秋二百四十二年，鲁凡城二十四邑，惟郿一邑书'筑'，其二十三邑曰'城'，'筑'者增旧，'城'者新立。春秋书'筑'八，书'城'二十三，而定、哀之间凡八城邑，则国家规模之扩大，弥后而弥烈也。"② 其中又有都邑之分，"凡邑有宗庙先君之主曰都，无曰邑"（《左传·庄公二十八年》）；还有国野之分，就一国而言，郊以内为国，以外为野；就郊以内而言，则城内为国，城外为郊。

城邦里的市政管理经过历代经验积累已经日趋成熟，在《国语·周语·单襄公论陈必亡章》引述了夏朝等历代管理城邦的经验总结，"《先王之教》曰：'雨毕而除道，水涸而成梁，草木节解而备藏，陨霜而冬裘具，清风至而修城郭宫室。'故《夏令》曰：'九月除道，十月成梁。'其时儆曰：'收而场功，待而畚梮，营室之中，土功其始，火之初见，期于司里。'"先王传下来的教诲是，大雨停止时要及时修整疏通道路，河流干枯时要抓紧修造桥梁，草木凋零时要抓紧储藏谷物，霜降来临时要备好冬衣，清风吹起时天干物燥，就要抓紧修整维护城郭宫室。所以《夏令》

① 列·谢·瓦西里耶夫：《中国文明的起源问题》，郝镇华等译，文物出版社1989版，第314页。

② 钱穆：《国史大纲》，商务印书馆1994年版，第64、66页。

规定：九月修路，十月架桥。届时又提醒大家说，该结束场院上的农活，准备好土箕和扁担，当营室之星出现在中天时，土建工作就要开始。在大火星刚出现时，都到司里那儿去集合。根据天气、季节的变化进行城邦里的基础建设及维修。鲁僖公二十年的春季，“二十年，春，新作南门。书，不时也。凡启塞从时。”本应该是播种的季节，但是却组织人重新修筑都城的南门。《春秋》专门记载这件事，是因为妨碍了农时。凡是修筑城门和制作门闩等事情，都应该在农闲时节去做，不该妨碍农时。

到了周朝，规定更为详细，“《周制》有之曰：‘列树以表道，立鄙食以守路，国有郊牧，疆有寓望，薮有圃草，囿有林池，所以御灾也，其余无非谷土，民无悬耜，野无奥草。不夺民时，不蔑民功。有优无匮，有逸无罢。国有班事，县有序民。’”种植行道树以标明道路，郊外有场所提供食宿以款待旅客。国家有专门的郊外牧场，边境有接待宾客的寓所，湿地里有花园和青草，园苑中有林木和水池，这些地方平时可以游玩，遇到灾害时也可以减灾防灾。其余的地方基本上都是农田，百姓的农具没有闲置的，田野里也没有丛生的杂草。农时不会被耽误，劳力不会被浪费。生活悠闲而不穷困，百姓安逸而不疲惫。都城里各类人员职责分明，各司其职；郊外的民众根据四季变化井然有序地劳作和收获。但陈国的陈灵公与大臣孔宁、仪行父荒淫无度，不理朝政，道路上杂草丛生，谷场已被废弃，湖泊上不筑堤坝，河流上不备舟桥，被单襄公判断为亡国败家之象。

钱穆先生指出春秋霸政促进了“诸夏耕稼民族之联盟，以抵抗北方游牧民部落之侵略，因此得保持城市文化，使不致沦亡于游牧之蛮族”。[①] 君子人格就诞生于城邦里城市文化氛围里。春秋时代，随着城邑由点扩散到面，不同文化传统的国家以都城为中心，形成各自政治、经济、文化中心，呈现出不同价值取向和文化追求，也影响到各国君子人格的特点。下面就宋、郑、鲁三国简单梳理一下。

宋崇仁。作为商王朝仅存的硕果，宋人思想里一直推崇仁义。商纣王原来“资辩捷疾，闻见甚敏；材力过人，手格猛兽”。（《史记·殷本纪》）他的失败原因，除了“好酒淫乐”，暴虐汰侈，以及“我生不有命在天乎”的狂妄自大外，还有一个原因，那就是被所谓的“仁义”遮住了眼。费仲说纣曰：“西伯昌贤，百姓悦之，诸侯附焉，不可不诛；不

---

① 钱穆：《国史大纲》，商务印书馆1994年版，第64、66页。

诛，必为殷祸。”纣曰：“子言义主，何可诛?”费仲曰：“冠虽穿弊，必戴于头；履虽五采，必践之地。今西伯昌，人臣也，修义而人向之。卒为天下患，其必昌乎！人人不以其贤为其主，非可不诛也。且主而诛臣，焉有过?”纣曰：“夫仁义者，上所以劝下也。今昌好仁义，诛之不可。”三说不用，故亡。(《韩非子·外储说左下》) 世人多笑宋襄公迂腐可笑，其实襄公清醒得很，僖公二十一年，宋襄公想当盟主，楚国假意应允，秋天的时候，楚成王、陈穆公、蔡庄公、郑文公、许僖公、曹共公盂地会见宋襄公，然后楚国在会上直接劫持了宋襄公去讨伐宋国“执宋公以伐宋”，冬天的时候，诸侯在薄地会盟，才释放了宋襄公。经过这番周折屈辱，襄公应该深切体会到了作为殷商亡国后裔的宋国绝非楚蛮的对手。第二年泓之战，即使在楚国既济而未成列时候进行偷袭，宋国也胜算不多。虽说“天之弃商久矣”，但宋襄公明知败局已定，但一定要展示给春秋诸国看泱泱商宋所独具“仁义”之师风度，“君子不重伤，不禽二毛。”“此乃慕自亲仁义之祸。”(《韩非子·外储说左上》) 宋襄公做到了，虽然失败，但虽败犹荣，风度长存。

公元前595年，邲之战后的第二年，自认为已经天下无敌的楚庄王派遣申舟出使齐国，并告诉他不必向宋国借道，执政的华元认为这是对宋国的极大侮辱，虽然明知杀死申舟会惹来大祸，但还是杀了申舟。楚庄王大怒，尽起三军，攻打宋国国都。这又是一次未开战就败局已定的攻守战，但是宋国硬是与楚国从秋天到夏天相持了整整九个月。宋国顽强的意志和精神状态与楚军不相伯仲。因为晋国还没走出邲之战的失败阴影，所以援军迟迟未到，也不可能到达，晋国只是派解扬口头给宋国开了一张空头支票。最后是华元夜入楚军，登子反之床，告诉他宋国已经到了易子而食的地步，但是即使这样城下之盟绝不可能，楚军退后三十里，则唯命是从。宋国为了尊严已经坚持到了如此惨烈的程度，达到了人类承受的极限。

宋与楚讲和，华元到楚国做人质，在楚国六年期间，华元结交了不少楚国贵族，他也一直在思考如何制止战争。此时晋国、楚国两大国之间连年征战，各自损失极为惨重，但谁也不愿意服输，夹在大国之间的诸国如宋、郑等受害最甚。后来华元得知晋、楚两国有谋求媾和之意，就主动出来斡旋，促成晋、楚结盟。华元与晋国执政卿栾书是好朋友，也和楚国令尹子重交好。华元“如楚，遂如晋，合晋、楚之成”。华元奔走于晋、楚之间，调解两国的关系，终于促成晋楚和平相待。公元前579年5月，晋国的卿士燮与楚国公子罢在宋国的西门外会盟，史称“宋西门之盟”（也称“华元弭兵”）也称为第一次“弭兵”盟会。但盟约缔结四年之后，两国发生鄢陵之战，弭兵盟约失效。33 年后，身为宋国大夫的向戌，听说了晋国赵文子有和平之意，而他与晋国大夫赵文子、楚国令尹子木关系友善，他亲自造访晋、楚二国，晋国群臣商量之后同意了，“楚亦许之”，于是在公元前546 年，十四国诸侯会于宋，史称“向戌弭兵”。春秋时代进入了40 多年的相对和平时期。

华元是视胜败乃常事，不拘小节之人，宣公二年，华元率军抵御郑国军队，战前杀羊犒赏士兵时不小心忽略了自己的车夫羊斟，他怀恨在心，作战时直接驱车冲入郑军，导致华元被俘。后来华元自己逃了回来。回到宋国修筑城墙，华元担任监工，修筑城墙的工人一边干活一边唱歌道：“瞪着眼睛，腆着肚子，丢盔卸甲地回来了！满腮胡子，胡子拉碴，丢盔卸甲逃回来了！”华元不服气，就让随从唱道：“有牛就有牛皮，咱们还有很多犀牛兕牛，还可以再做盔甲，丢些甲盔有什么大不了的？”工人可是不依不饶，毫不留情：“就算你有牛皮，上哪儿去弄那么多油漆去？”华元看到说不过大家，也不生气，更没有打击报复工人，反而自己给自己找了一个台阶下“他们人多嘴多，我只有一张嘴，说不过他们，咱们走吧。”

向戌也难免有人性弱点，弭兵之后，觉得立了大功，有些骄傲自满，就向国君请求封赏城邑，宋平公要给他六十个城邑，他得意地告诉了子罕，子罕告诉他只是凭着侥幸实现弭兵，却贪天之功为己有。向戌听了子罕的话以后，马上知错能改，拒绝接受封赏的城邑。向戌的族人想攻打子罕，向戌曰：“我将亡，夫子存我，德莫大焉，又可攻乎？”向戌知错能改，而且能够深刻认识到子罕等于是帮了他，怎么还能去攻打呢？

战场上交战双方不是你死就是我亡，作为有仁义之心的宋国人是不适宜作战的，宣公二年，春，宋战败，（宋）狂狡辂郑人，郑人入于井，倒戟而出之，获狂狡。宋国大夫狂狡看到郑国士兵失足掉进一口井里，于是仁心大发，把戟倒过来让郑人抓住戟柄从井里出来，结果那个郑国士兵反而俘获了狂狡。

此后，在中国先秦寓言中一些迂腐而又不合时宜的角色就由宋人担任，如“揠苗助长”（《孟子·公孙丑上》）的宋人，“守株待兔”（《韩非子·五蠹》）的宋人等。[①] 当然偶尔也会有他国之人客串一下，如“郑人买履”的郑国人，但背景则是郑国的商业比较发达。宋国的士人君子人格也多表现为士可杀不可辱、宁死不屈的特征，他们饱受战争之苦，崇尚仁义，渴望和平，所以晋楚弭兵之会由宋人牵线搭桥极力促成绝不是偶然的。

郑尚变。如果说宋被楚围九个月，析骨而炊，易子而食，犹无城下之盟的话，那么商人居多的郑国绝不会如此坚守。宣公十二年，楚围郑，三月克之，“郑伯肉袒牵羊以逆”；襄公九年，诸侯伐郑，郑人恐，乃行成。同盟于戏，晋士庄子为载书曰：“自今日既盟之后，郑国而不唯晋命是听，而有异志者，有如此盟。”郑人则强调“自今日既盟之后，郑国而不唯礼与强可以庇民者是从，而敢有异志者，亦如之。”虽说盟书强调唯礼与强是从，但子驷、子展的理解是“吾盟固云：‘唯强是从’。”强调的是强者为王，唯强是从。郑“其距晋楚道里俱各半”，“晋楚势处辽远，地非犬牙相犄，其兴师必连大众，乞师于诸侯，动必数月而后集事。”[②] 晋、楚为争郑千里奔袭与相救，很难及时赶到，这是郑国反复无常的客观原因。顾栋高曾说：“且许在郑之南，更迩于楚。许犹坚从中国，而郑数反复，郑在齐桓世已狡狯如此。”[③] 但坚决跟从晋国的许国被灭，陈国也不能幸免，“陈不服于楚，必亡”。（臧武仲语《襄公四年》）郑国虽然摇摆不定，却反而生存下来，不能不说两强相争“唯强是从”适应了当时的生存法则，在晋楚争霸中保存了实力。“小国在大国间，不两属无以自安”[④] 郑国的士人君子人格则体现为原则性和灵活性的统一，如子产等。公元前 544 年，子皮执政，授权子产。国际上，晋楚争霸，郑国无所适从，摇摆不定，备受欺凌。国内，则是宗族错杂，纷争不休。子产以我为主，推行了自上而下的改革，在土地政策上，整顿田制，划定公族士庶的土地疆界，按地亩收税，确立私人地权；做丘赋，依土地人口数量交纳军赋，产量增加则军力增强，军力增强则国家强盛，人们先是不理解而怨恨，然后看到成效开始称赞；在春秋历史第一次铸刑书，把制定的刑书铸

---

① 汤力伟：《先秦寓言中愚人形象分类及宋人居多的原因》，《湘潭大学社会科学学报》2001 年。

② （清）顾栋高、吴树平，李解民点校：《春秋大事表》，中华书局 1993 年版，第 1893、1895 页。

③ 同上。

④ 钱锺书：《管锥编》，中华书局 1979 年版，第 213 页。《汉书·西域传》楼兰王语。

在鼎器上，公布了成文法，废除了“刑不可知，则威不可测”贵族秘密掌握、运用法律的规则；实行择能而使之、任人唯贤的用人制度；不毁乡校，让庶人议政，宣泄有道。在外交上，子产对大国也不唯唯诺诺，而是直言相劝。襄公二十四年，范宣子为政，诸侯向晋国缴纳的贡品很重，二月，郑伯如晋。子产寓书一封，以告宣子，曰：“子为晋国，四邻诸侯，不闻令德而闻重币。侨也惑之。”然后讲出一番道理，说得宣子心悦诚服，“宣子说，乃轻币。”

鲁尊礼。昭公二年，韩宣子观书于大史氏，见《易象》与《鲁春秋》，曰：“周礼尽在鲁矣。”鲁人以守周礼为自豪，鲁大夫对鲁君的出格行为最经常用的一句话就是“非礼也”，但历代鲁侯亦置若罔闻，我行我素，结果“鲁君世从其失，季氏世修其勤，民忘君矣”。最后“季氏出其君，而民服焉”。（昭公三十二年）鲁国因为“秉周礼”的缘故，一直由公族执掌大政。鲁国公族中以季、孟、叔三家最强，他们都是桓公之后，所以称作“三桓”。其中季氏在与鲁君争夺政权的斗争中特别注意争取民心，得到人民的支持，因而宋国乐祁说：“政在季氏三世矣，鲁君丧政四世矣。无民而能逞其志者，未之有也”。（《左传》昭公二十五年）赵简子问于史墨曰：“‘季氏出其君，而民服焉，诸侯与之；君死于外，而莫之或罪，何也？’对曰：‘……天生季氏，以二鲁侯，为日久矣。民之服焉，不亦宜乎！’”（《左传》昭公三十二年）

人们对崛起于垄亩的曹刿给予莫大的期望，他是鲁国政坛一个冉冉升起的最闪亮的新星，希望他能协助鲁侯一扫颓风，扬威中原，谁想长勺一战后，浓厚的周礼文化已经悄无声息把他笼罩，他也失去了田野上的粗犷和棱角，失去了与庶民的质朴关联。他转眼变成了臧文仲“第二”，庄公二十三年夏，公如齐观社，非礼也。曹刿谏曰：“不可。夫礼，所以整民也。”其口吻、见解与臧氏竟如出一辙。鲁国的士人君子人格则体现为固守周礼，遵守祖先传下来的道德，如俭德等。

二 诗书礼乐

西周社会的贵族子弟，学的是礼、乐、射、御、书、数六艺，培养时间长达十五年左右，值得注意的是，德性培养是优先于技艺的，如《周礼·地官司徒》大司徒职责之一即："以乡三物教万民而宾兴之。一曰六德：知、仁、圣、义、忠、和；二曰六行：孝、友、睦、姻、任、恤；三曰六艺：礼、乐、射、御、书、数。"春秋时代，诗书礼乐在学习中更受到重视。《礼记·王制》："乐正崇四术，立四教，顺先王诗书，礼乐以造士，春秋教以礼乐，冬夏教以诗书。"

春秋时代，礼乐崩坏，官学下移，私学兴起，求学的对象是士人，一以贯之的是道德培养，目的是培养君子人格。

《白虎通·庠序之学》："古者教民者，里皆有师，里中之老有道德者为里右师，其次为左师，教里中之子弟以道艺，孝悌、仁义。"尽管子夏从"巧笑倩兮，美目盼兮"中拐弯抹角地得出"礼后乎?"，却立即受到孔子表扬，子曰："启予者商也，始可与言诗已矣。"女子容貌的绘画顺序和礼的规定并没有必然的联系，但子夏却能触类旁通地想到了礼，自然受到孔子的激赏。在《孔子诗论》第十简《关雎》之怡也，……以色喻于礼，第二十六简《蓼莪》有孝志等，均是脱离了诗的本事本意，而从中演绎出道德教化或强加上道德旨归，以培养道德，塑造人格。

春秋士人从"小学"接受启蒙到"大学"研修了整整十五年的时间，这是一个人成长最为关键的阶段，幼童的心智和觉悟被开启，他们的人格被培育，目的是铸就刚健有为，自强不息的精神。从幼年起，士人就培养了对君子人格的认同心理，随着知识文化的积累、认识的深化和士人角色的确定，君子人格作为理想镌刻在士人心灵深处，对士人的一生产生重大影响。于是在春秋时代出现了引书、赋诗、观乐、知礼等具有春秋时代特色的文化活动，士人的人格也在其中展现出来。

引书。春秋士人继承了夏、商、周三代文化的精华，多次称引夏书、商书、周书，对于"古人有言""闻之曰""谚曰""前志有之"（包括仲虺、周任、史佚之志）等从各种渠道继承的经验教训的总结、告诫也充分吸收运用，尤其是春秋士人把《诗》确立为经典，《左传》引诗有一百八十余条（详见陈来《古代思想文化的世界—春秋时代的宗教，伦理与社会思想》有详述，不赘述）。

赋诗。班固《汉书·艺文志》："古者诸侯卿大夫交接邻国，必微言相感，当揖让之际，必称诗以谕其志，盖以别贤不肖而观盛衰焉。"僖公二十七年，赵衰推荐郤縠的依据具有巨大的示范作用。"臣亟闻其言矣，说礼乐而敦诗、书。诗、书，义之府也；礼、乐，德之则也。德、义，利之本也。”诗、书是义的府藏，礼、乐是德之法则，昭示着学习和运用诗书礼乐的高潮即将到来，春秋时代，从士大夫到妇女再到狄人皆能断章取义，赋诗言志，随口吟出。

襄公二十五年，赵武当上晋国执政后，力主息干戈致和平，与楚国订立和平盟约，春秋时代迎来安定祥和的四十余年，正是在这一阶段，士大夫得以追求人生诗意的栖居，使生活审美化、艺术化，赋诗就成为春秋时代的一种重要外交手段和方式。春秋赋诗观志在郑七子宴享赵文子时达到人数上、质量上、情感交流上的高潮，“七个大臣居然很恰当找到七首适合于这个场合的诗歌，或称美赵孟，或表达自己的怀抱，或表达晋郑两国的友谊。而赵孟也不愧为文化修养极高的使臣，居然能听出每首诗背后所表达的含义，马上做出恰当的反应。”[①] 襄公二十七年，郑伯享赵孟于垂陇，子展、伯有、子西、子产、子太叔、二子石从。赵孟曰：“七子从君，以宠武也。请皆赋，以卒君贶。武亦观七子之志。”

子展赋《草虫》，《草虫》是《诗经·召南》的一篇，其中有诗句“陟彼南山，言采其蕨；未见君子，忧心惙惙。亦既见止，亦既觏止，我心则说。”这是借思念君子来赞美赵孟，所以赵孟回应说，追求君子贤人确实适合做人民的主人，但是这样表扬我，实在不敢当。伯有赋《鹑之贲贲》，“鹑之奔奔，鹊之彊彊。人之无良，我以为兄？鹊之彊彊，鹑之奔奔。人之无良，我以为君？”这首诗据说是指卫公子顽与父亲卫宣公的夫人宣姜姘居生子的事。以鹌鹑、鹊鸟雌雄相随反兴宣姜的乱伦无耻，讽刺君主品行丑恶。赵孟点评说，夫妇的情话不出家门，何况现在在野外呢，这不是使节应该听到的。子西赋《黍苗》之四章，其中有诗句“肃肃谢功，召伯营之。烈烈征师，召伯成之。原隰既平，泉流既清。召伯有成，王心则宁。”这是周宣王时劳工们赞美召穆公的作品，借以称颂赵孟，赵孟回答说，有我们国君在，我又何德何能？子产赋《隰桑》，其中第四章“心乎爱矣，遐不谓矣，中心藏之，何日忘之。”心里对他深情，欲说还休。心中对他的深情，不能忘记。赵孟说，我请求接受最后一章，体现了赵孟与子产惺惺相惜之情。子太叔赋《野有蔓草》，其中有诗句“有美一人，清扬婉兮。邂逅相遇，适我愿兮。”暗喻与清风朗月的君子邂逅的愿望，赵孟谦虚地说，不是邂逅，这是您对我的恩惠。印段赋

① 胡晓明：《论春秋称诗的文化史意蕴》，《社会科学家》2000 年第 5 期，第 71—72 页。

《蟋蟀》，其中有诗句“好乐无荒，良士蹶蹶”奉劝士人游乐不要过度，应该奋斗。赵孟说，这是能保家护族的宗主啊！我看到希望了。公孙段赋《桑扈》，赵孟说：“不骄不傲，福禄还会能跑到哪里去呢？如果能够保持这样，即使想要推掉福禄，也是不可能的。”事后，文子告叔向曰：“伯有将为戮矣，诗以言志，志诬其上而公怨之，以为宾荣，其能久乎？其余，皆数世之主也。”伯有所赋《鹑之贲贲》诗中有“人之无良，我以为君。”伯有怨恨郑伯之意被赵孟识破。果然三年后，伯有死于羊肆。

虽然此次赋诗在规模上、水准上达到春秋时代的高潮，但赵武刚刚在宋与楚进行了弭兵之盟，叔向劝他“‘子务德，无争先’……乃先楚人。书先晋，晋有信也。”赵文子心情是郁闷的，郑七子则是豁然开朗，再也不必为朝晋暮楚而左右为难了。赵文子真正感到快乐的是三五老友，摆脱公务，在一起相聚小酌，赋诗欢乐。五年后，昭公元年，赵孟、叔孙豹、曹大夫入于郑。因为是过郑，不是专聘，赵孟希望一切从简，一献即可。但郑国备以五献，赵孟再次向子产请求只用一献，于是就用一献，这样就拉近了彼此的距离。叔孙豹赋《鹊巢》称赞晋国和赵孟有安鲁之功，赵孟答曰：“不敢当”。叔孙豹又赋《采蘩》，子皮赋《野有死麇》均是称美赵孟，赵孟赋《常棣》，诗中有“兄弟阋墙，外御其侮”表示晋、鲁、郑兄弟团结，一致对外。“饮酒乐，赵孟出曰：‘吾不复此矣。’”体现“君子以文会友，以友辅仁”（《论语·颜渊》）诗意与友情交融的惬意状态。

清梁履绳《左通补释九》：“惟昭、襄之间，一时能赋诗：晋有范、韩、赵，鲁季孙氏有文子、武子、平子，叔孙氏有穆子、昭子；郑有七穆子孙，是皆世卿公族，风流文雅，聚在百年之间。”晋、鲁、郑三国大夫把赋诗言志的魅力充分展示出来，清人劳孝舆在《春秋诗话》（卷一）曾说“人无定诗，诗无定指”。他们之间能够言说意会，是因为存在微言相感的“感觉结构”，“感觉结构”这一概念是当代文化理论的代表人物雷蒙·威廉斯提出的。他的意思是，某一社会文化的成员对其生活方式必然有一种独特体验，这种经验是不可替代的。不具备这种生活经验的人，最多只能对这种经验做抽象的片断理解。只有完全生活于这种社会文化中的人才能完全地共同地拥有这种经验。这经验就是“感觉结构”。[①] 襄公十

① 罗钢、刘象愚主编：《文化研究读本》，中国社会科学出版社2000年版，第132页。

四年夏，诸侯之大夫从晋侯伐秦，以报栎之役也。晋侯待于境，使六卿率诸侯之师以进。及泾，不济。诸国大夫见波涛汹涌，不知深浅，因此，诸侯之师不肯渡河，叔向见叔孙穆子，穆子并未明确表态而是赋《匏有苦叶》，诗中有“匏有苦叶，济有深涉。深则厉，浅则揭。”言不顾深浅，一定要渡河。果然，鲁国打头阵率先渡河。

与晋、郑、鲁不同，齐国在赋诗言志上相形见绌，略输文采。出现了庆封被讽而不知（为赋《相鼠》，亦不知也）；高厚歌诗而不类（刘炫云：歌诗不类，知有二心者，不服晋，故违其令；违其令，是有二心也）。齐晋鞌之战后，晋国要以齐君之母为人质，使齐之封内尽东其亩，以利于晋以后伐齐时顺垄而至。宾媚人引《诗》“孝子不匮，永锡尔类”反驳晋国“不孝”企图；引《诗》“我疆我理，南东其亩”（《小雅·信南山》）反驳晋国“不顾土宜”“以逞无疆之欲”。义正词严，晋人被驳得哑口无言。因此，齐人诗学修养用“升堂矣，未于室也”（《论语·先进》）来形容比较恰当。

奏乐。春秋时代音乐修养达到极高境界的士人当推师旷、季札、孔子。师旷音乐修养已达出神入化的境界，襄公十八年，晋联军伐齐，师旷闻“乌乌之声乐”判断齐师已夜遁；后来楚师乘机伐郑，晋人担心楚军来势凶猛，师旷曰：“不害，吾骤歌北风，又歌南风，南风不竞，. 多死声，楚必无功。”他吹奏南风北风，南风之曲微弱滞涩，难与律声相应激荡，因此判断楚国只能无功而返。师旷道德修为亦达到极高境界，他参透时代的旋律，认为治国“惟仁义为本”（《史记·晋世家》）；认定政事之本唯“惠民而已矣”（《韩非子·外储说右上》）。能够惊天地泣鬼神的音乐成为衡量人君之德的一面镜子。晋平公让师旷奏清角，师旷认为君德薄，怕他承受不起，指出唯有德义之君才配听此乐。果然平公不久染病，主要原因在于“不务听治，而好五音不已，则穷身之事也。”（《韩非子·十过》）晋悼公曾将晋国霸业推向巅峰，然而悼公后期则无所作为，任由知罃、荀偃、范宣子把持朝政，为晋国由盛转衰留下了伏笔。悼公之德寡在襄公十年听宋《桑林》时表现出来，“舞师题以旌夏，晋侯惧而退入于房。去旌，卒享而还，及著雍，疾卜，桑林见。”悼公的僭越行为还是受到了天之惩罚。

观乐。“能以国让，仁孰大焉?”（僖公八年，宋子鱼语）季札就是能以国让不贪恋王位的圣贤之人，也只有他这样的光明磊落、洁身清行、心灵澄澈的有德者才有资格品评音乐，“乐者，所以象德也”（《礼记·乐记》）。襄公二十九年，季札到鲁国访问，“请观于周乐，”他观乐的表演次序和现存《诗经》中的乐歌大致相同。他听音知其德，《大雅》博大而绵长，认为吟咏的是“其文王之德乎!”体现文王崇高的美德；《卫》乐忧伤但不绝望，卫康叔、武公德化深远，卫国虽遭挫折，但不至于陷于困境，因此判断演奏的是《卫风》；他观乐晓盛衰，听《郑》乐，认为郑国政教细碎烦琐，民不堪命，又带着享乐气息，所以国家会有危险；《陈》乐讽刺陈国君荒淫无度，肆无忌惮，国君如此放纵自己，这样的国家岂能长久；《齐》乐舒缓深远，有泱泱大国之风，预示齐国前程远大。他还在乐中见中庸之道，中和之美，如《豳风》“乐而不淫”快乐但不淫荡，《大夏》是“勤而不德”。他用十四个词组“哀而不愁，乐而不荒……”来称美《颂》，因为《颂》体现五声八风和谐，八音各有节度，各遵其次序。季札对于尽善尽美的舜乐《韶》体现的盛德则叹为观止，推崇备至，季札认为这是他听到也是看到的最好的音乐了。季札不仅赞美音乐美哉妙哉，而且根据各国国风的风俗人情、历史渊源对各国命运盛衰都能鞭辟入里地提出真知灼见。

季札透彻地看穿了人间的富贵荣华，也清醒地看破了世上的名利爵禄，而季札最珍视的却是人间真情，也最能体谅别人的喜好。在前往诸国聘问的路上，“北过徐国，徐君好季札剑，口弗敢言。季札心知之，为使上国，未献。”（《史记·吴太伯世家》）但作为使节出使各国又不能不佩剑，他心许徐国国君归来时赠以宝剑，返回时徐君却已去世，于是将宝剑挂于徐君墓旁的树上。虽然徐君已死，但季札的至深至情的行为足以让徐君含笑瞑目。季札重视礼乐，但更重视人情人性，是对当时士人强调诗书礼乐而忽视人情人性倾向的纠正。《庄子·田子方》：“温伯雪子适齐，舍于鲁。鲁人有请见之者，温伯雪子曰：‘不可。吾闻中国之君子，明乎礼义而陋于知人心。吾不欲见也。’”温伯雪子确实道出某些君子过于重视礼义而忽略人之真性情，这是应该避免的偏颇。

知礼。鲁国一直尊奉周礼，但是国君和大夫不研究礼的精髓所在，因而出现了一些问题，所以对于礼继承和发展还是十分迫切的。昭公五年，鲁昭公到晋国聘问，从郊劳到赠贿一系列程序，没有失礼的地方。晋国国君对女叔齐说：“鲁侯是不是很擅长礼呢?”叔齐却回答：“鲁侯怎么知礼?”国君很奇怪，鲁昭公看不出有违背礼的地方，怎么能说不知礼呢?

回答说，“是仪也，不可谓礼。礼所以守其国，行其政令，无失其民者也。”这些都是礼仪，并不是礼的真正内涵，礼是为了保障国家，政令通行，不失去民心。君子谓：“叔侯于是乎知礼。”昭公七年，“三月，公如楚，郑伯劳于师之梁。孟僖子为介，不能相仪。及楚，不能答郊劳。”鲁昭公到楚国聘问，孟僖子作为助理，路过郑国时，郑国国君款待他们，但孟僖子不知道怎么相礼，到了楚国，也不知道如何对答郊劳之礼。好在孟僖子深以为耻，及时弥补，“孟僖子病不能相礼，乃讲学之，苟能礼者从之。”既然自己对礼仪不熟悉，就积极学习礼仪，遇到精通礼仪的人就跟他学习。派自己儿子到孔子那里学习，“故孟懿子与南宫敬叔师事仲尼。”“使事之，而学礼焉，以定其位。”让他们一定学习礼仪，以巩固他们的地位。

有礼。昭公二十二年，公孙青奉命去卫国聘问，途中却得知卫国发生了动乱，赶紧派人回国请示。齐景公说：“卫侯还在国境之内，那就还是卫国的国君。”公孙青于是就奉命行事，跟卫灵公逃难到了死鸟这个地方。公孙青请求按照命令行聘礼。卫灵公辞谢说：“逃亡的人没有能力，失守了国家，流亡在杂草丛中，没有地方可以让您执行君王的命令。”公孙青说，寡君命令下臣来聘问，下臣不敢违命。虽然没有行聘礼，但卫灵公见到公孙青忠实执行国君的任务。就和他相见，公孙青不得已，只好用他的好马作为觐见的礼物。卫灵公把公孙青馈赠的马作为驾车的马。公孙青准备在夜里设置警戒，卫灵公说：“逃亡人的忧虑，不能落到您身上，杂草丛中的人，不足以让您操劳。谨敢辞谢。”公孙青回答：“寡君的下臣，也就是君王牧牛放马的人。如果不执行在外面警戒的差役，就是心目中没有寡君了。下臣害怕不能免于罪过，请求以此免死。”就亲自拿着大铃，整晚和卫国的夜巡人在一起警戒。正是在落难的窘迫时刻，公孙青的恭敬有礼让卫灵公感动不已。国内稳定以后，卫灵公专门向齐国报告国内安定，同时表扬了公孙青的有礼。让齐景公高兴得要喝酒，并且要把酒赏赐给大夫们。

如果问春秋时代在孔子之前谁最精通于礼，这个人应该是子产。子产的智囊团共同研讨礼，子产因此在外交上行之以礼鲜有败事，北宫文子所谓有礼也。楚王在申地举行盟会，问礼于左师与子产，子产曰：“小国共职，敢不荐守？”献伯、子、男会公之礼六。君子谓子产善相小国，认为子产善于治理小国。

昭公十年，晋平公卒，晋国举行葬礼。郑国的子皮准备带着财礼前去，子产说：“吊丧哪里要用财礼，运送财礼一定要一百辆车拉，一定要用一千人。一千人到了那里，一时半会儿不能回来。不能回来的话，财物一定会用光。这样出去浪费几次，国家还有不灭亡的?”但是子皮还是坚持带着财礼来到晋国。安葬完毕，诸侯的大夫想要乘机拜见新国君。叔孙昭子认为“非礼也”。但是大家不听。最后叔向出来辞谢他们，服丧期间，如果国君用吉服与大家相见，可是丧礼还没有完毕；如果以丧服相见，就等于再接受一次吊唁。这样众人也就没有理由请求拜见了。子皮带来的财礼未能进献给新君，众多士兵已将钱币消耗殆尽。子皮进行了自我反省：“夫子知度与礼矣，我实纵欲，而不能自克也。”昭公十二年，三月，郑简公去世。夏季，郑定公与子产到晋国去，朝见新立的国君。晋昭公设享礼招待诸侯，子产辅佐郑定公，请求不参加享礼，待丧服期满再听候命令。“晋人许之，礼也。”晋国人答应了，这是合于礼的。

昭公十三年，子产为减轻郑国贡赋据理力争，受到仲尼赞扬：“合诸侯，艺贡事，礼也。”盟主制定了贡赋标准，但子产据理力争，不是无理取闹，而是符合礼的。昭公二十五年，赵简子问子太叔何谓礼，子太叔洋洋洒洒地论述礼乃天地之经纬，民之所以生，“故人之能自直以赴礼者，谓之成人。”这是春秋士人关于礼的最全面系统的阐述，而子太叔的这些论述是对子产“夫礼，天之经也，地之义也，民之行也”的阐发。

春秋时代最悲壮的一次聘问礼发生在哀公十五年的夏季。楚国的子西、子期率军攻打吴国，陈闵公派公孙贞子去吴国表示慰问，没想到经过良地时突然死去了，于是副使准备把灵柩运进城里。吴王赶紧派太宰嚭慰劳，而且辞谢说：“因为雨水太大，唯恐大水泛滥而毁坏大夫的灵柩，这样就加剧了寡君的忧虑，寡君谨此辞谢。”第一副使芋尹盖回答说：“寡君听说楚国无道，屡次攻打吴国，寡君就派盖加入使臣的行列，向贵君的官吏表示慰问。不幸，使臣正赶上了上天的忧戚，丧失了性命，在良地去世。我们怕耽误使命，日夜兼程，抓紧赶路。现在您命令说‘不要让灵柩进城门里来’，这就等于把寡君的命令，随便抛弃在杂草丛中了。如果不奉灵柩完成使命，就好像是遇到贵国发生丧事而回国一样了，恐怕不妥吧！现在您说‘死了就丢弃他’，这是丢掉礼仪，还怎么能当诸侯的盟主呢？我既然奉着灵柩完成使命，一定要把我们寡君的命令能上达于贵君那里，即使因此坠入深渊，那么也是上天的意志，不是贵君和划船人的过错。"吴国人只好接纳了他们和灵柩。副使芋尹盖坚持"事死如事生，礼也"而"死而弃之，是弃礼也"这样的原则，不抛弃灵柩，不放弃使命，以礼服人，光荣地完成了使命。

三 理性

美国芝加哥大学人类学家雷德菲尔德在其1956年发表的《乡民社会与文化》中提出了"大传统"和"小传统"的概念，概括地说，大传统指的是都市文明，是社会上层和知识阶层所代表的文化，而小传统则指地方乡土文化，它一般属于社会大众下层文化。① 春秋时代，乡土文化孕育的庶人理性构成了士人君子理性的基础，为君子人格奠定了理性基础。

（一）庶人的理性

庶人的理性是从生活的直接验证和把握中所获得的理性认识。先秦典籍基本上是君主士人列传，很少写到庶民，仅有几例谈到庶民事迹，折射出庶民的人生智慧，体现了庶民对生存环境和社会现实的清醒把握。

这些庶人当中，最著名的应该是郑国商人弦高。鲁僖公三十三年，秦国军队准备偷袭郑国，没想到半路上遇到了准备到成周做买卖的郑国商人弦高，遇到了秦军大部队，弦高急中生智，直接把随身携带的四张熟牛皮做见面礼，还有十二头牛用来犒劳军队，为了挽救郑国，弦高赌上了身家性命，然后不慌不忙地致辞："寡君听说你们准备行军经过敝邑，特地让我前来犒赏你们。敝邑虽然比较贫困，但是为了你们停留也及时做了准备，如果住下一天就预备一天的供应，如果离开就进行晚上的警卫。"弦高同时马上派人乘驿车向郑国报告。正是因为半路上杀出一个弦高，郑国躲过了一场劫难。

馆人是看守馆舍的仆隶，在迎来送往的过程中积累了丰富的人生经验和世故。《国语·鲁语上》："晋文公解曹地以分诸侯，僖公使臧文仲往，宿于重馆。重馆人告曰：'晋始伯而欲固诸侯，故解有罪之地以分诸侯。诸侯莫不望分而欲亲晋，皆将争先；晋不以固班，亦必亲先者，吾子不可

---

① 陈来：《古代宗教与伦理——儒家思想的根源》，三联书店1996年版，第12页。

以不速行。鲁之班长而又先，诸侯其谁望之？若少安，恐无及也。’从之，获地于诸侯为多。反，既复命，为之请曰：‘地之多也，重馆人之力。臣闻之曰：“善有章，虽贱，赏也；恶有衅，虽贵，罚也。”今一言而辟竟。其章大矣，请赏之。’乃出而爵之。”馆人拥有市井间朴素的政治智慧，尊重实际的理性态度，对社会人生、人情世道的洞见。他揣摩“晋新得诸侯，必亲其共”，欲拉拢诸侯、树立权威、结成同盟的心理，“晋不以固班，亦必亲先者”，根据诸侯的态度重新划分势力的意图，建议“臧文仲必速行，将无及也。”此次分曹地，《春秋》记载：“取济西田。”《左传》：“分曹地，自洮以南，东傅于齐，尽曹地也。”从洮水以南，东边挨着济水，都是曾经曹国的土地。臧文仲遇见馆人似乎是偶然，但馆人精明却是客观的必然。遵守周礼的臧文仲为了国家的利益也不妨借鉴了馆人的精明势利，这是从善如流。

周王朝大夫伯阳父曾提出了一个“山崩川竭，亡之征也”这样的天人感应理论。此后，山崩地裂常常会让春秋时代君主们惊慌失措，反而衬托出一个从容冷静的车者。成公五年，“梁山崩，以传召伯宗，遇大车当道而覆，立而避之，曰：‘避传。’对曰：‘传为速也，若俟吾避，则加迟矣，不如捷而行。’伯宗喜，问其居，曰：‘绛人也。’伯宗曰：‘何闻？’曰：‘梁山崩而以传召伯宗。’伯宗问曰：‘乃将若何？’对曰：‘山有朽壤而崩，将若何？夫国主山川，故川涸山崩，君为之降服、出次，乘缦、不举，策于上帝，国三日哭，以礼焉，其若之何？’问其名，不告，请以见，不许。伯宗及绛，以告，而从之。”（《国语·晋语》）梁山突然崩塌，晋景公急忙用传车召见伯宗。伯宗在路上遇到一个大车因为山体滑坡倾覆了，就着急地说：“快为传车让路。”车者回答：“与其等我让路，不如走小路要快一些。”伯宗很惊奇他的见识，就问他怎么看待梁山崩塌这件事。《尔雅·释山》：“梁山，晋望也。”梁山是晋国望祭的宗山、镇山，需要顶礼膜拜，如今梁山突然发生崩塌滑坡，晋国无以为主，无所依托，晋君要穿朴素的衣服，移居于郊外，坐着没有纹饰的车子，饮食不能杀生，也不用音乐助兴，还要策告上天，举国为之大哭三日，即以国丧大礼事之。即使是伯宗赶到也只能这样罢了，还能怎么样？车者朴素地认识到山崩的根本原因是山上土壤腐烂朽败而导致山崩，比之伯阳父认为山川崩则国灭家亡已经前进了一大步，至于所谓君主墨车素服，毕恭毕敬，目的是让君主恐惧修省。伯宗深受启发，把车者的意见也告诉了国君，大家的心态变平和了。尤其难能可贵的是车者有一种布衣君子不求名，不求利的人格。能够倾听尊重车者的伯宗也是叔向之前晋国最正直的人，伯宗在宣公十五年宋人告急于晋，成公六年众人欲袭卫时，皆力排众议曰：“不可。”宣公十五年，众人皆说：“不可”时，他却挺身而出说“必伐之。”晋侯采纳了他的建议，并取得了胜利。

如果馆人不遇见臧文仲，车者不碰到伯宗这样的贤大夫似乎难以表现自己，实际上，庶民百姓对士大夫的为人及命运既有清醒的认识又有准确的判断。文公五年，“晋阳处父聘于卫，反过宁，宁嬴从之。及温而还，其妻问之，嬴曰：‘以刚。’商书曰：‘沈渐刚克，高明柔克。’夫子壹之，其不没乎？天为刚德，犹不干时，况在人乎？且华而不实，怨之所聚也。犯而聚怨，不可以定身。余惧不获其利而离其难，是以去之。”宁嬴是一个旅店老板，结识了阳处父，“吾求君子久矣，今乃得之。”就跟随他，但是经过一段时间接触了解，就果断离开他回家了，他告诉妻子：“吾见其貌而欲之，闻其言而恶之。”看到阳处父仪表堂堂就想追随他，听了他讲话却非常反感他。他的相貌和言谈形成了巨大反差，相貌不凡，但没有思想，阳处父华而不实，外强中干，行事强悍，刚愎自用，容易招致怨恨，跟随他恐怕没有获利反而遭难，第二年就发生了贾季之难，阳处父死于这一事件。“夫阳子行廉直于晋国，不免其身，其知不足称也。”（《国语·晋语八》）虽是盖棺论定，却更加证明宁嬴的见解精辟。①

庶人并不缺乏见识和勇气，只是没有遇到脱颖而出的机会。昭公二十一年，宋国华氏作乱，齐大夫乌枝鸣在宋国戍守，厨人濮主动站出来献策：“《军志》有之：‘先人有夺人之心，后人有待其衰。’盍及其劳且未定也伐诸？若入而固，则华氏众矣，悔无及也。”主张先发制人可以打掉敌人士气，后发制人则要等到敌人士气衰竭。何不乘着他们疲劳不堪和没有安定下来而进攻呢？乌枝鸣采纳他的建议，率军大败叛军。但不久华登率领余部又卷土重来。宋元公想要逃亡，厨人濮曰：“吾小人，可藉死而不能送亡，君请待之。”我只是个卑贱的人，可以为君王战死，但不能护送君王逃亡，请君王等待一下。于是厨人濮就巡行全军说：“挥舞旗帜

① 关于宁嬴身份，贾逵、孔晁等认为是逆旅大夫，刘炫认为是逆旅之主非大夫。孔颖达认为若是逆旅之主，止应称人而已，何得名氏见传？窃认为宁嬴应是旅店老板，理由是曹刿乃乡鄙之人，何得名氏见传？至于绛人无名，不是不想记绛人名字，而是“问其名，不告”。宁嬴、曹刿以名氏见传也许是曹刿、宁嬴都有从庶人晋升为大夫的经历吧。

的，都是国君的战士。”众人按他的话挥舞旗帜，这样的场面感动了宋元公，大家同仇敌忾要和敌人决一死战。战斗中，厨人濮再次表现出英勇机智，他用裙子包着砍下的一个人头，扛在肩上边跑边喊：“杀死华登了!”于是军心大振，他们终于在新里打败了华登。如果不是厨人濮挺身而出，振臂一呼，宋元公就很难摆脱困境。

庶人比士大夫更能够信守职责约定。昭公二十年的冬天，齐景公在沛地打猎，用弓召唤虞人来围猎，但是虞人没有来。齐景公就派人扣押了虞人，虞人理直气壮地说：“从前我们先君打猎的时候，是有讲究的，要用红旗召唤大夫，用弓召唤士，用皮冠召唤虞人。下臣没有见到皮冠，所以不敢进见。”齐景公于是就释放了虞人。仲尼曰：“守道不如守官，君子韪之。”孔子说，遵守道义，不如遵守职责。孟子对此进行了分析：“以大夫之招招虞人，虞人死不敢往；以士之招招庶人，庶人岂敢往哉?”(《孟子·万章下》）孔子为什么要赞赏虞人呢?“齐景公田，招虞人以旌，不至，将杀之。志士不忘在沟壑，勇士不忘丧其元，孔子奚取焉?取非其招不往也。”(《孟子·万章下》）孔子激赏的是即使是国君召见，但虞人也坚持不去，虞人坚守的是职责。这样一个小事一直让后人兴趣不衰，唐代的柳宗元专门写了一篇《守道论》来讨论是守道还是守官。

庶人对于忠良和奸佞的爱憎是非分明。成公十七年，齐国的鲍国逃奔鲁国，做了施孝叔的家臣。施氏通过占卜决定总管的人选，占卜匡句须吉利。作为总管拥有一百家的采邑，施氏就给了匡句须采邑，让他做总管。匡句须却主动让给了鲍国，而且把采邑也给了鲍国。施孝叔说：“占卜你是吉利的。”匡句须答道：“能够给忠良，还有比这再大的吉利吗?”鲍国辅助施氏忠心耿耿，所以后来齐国人又把他召回去作为鲍氏的后嗣。匡句须认定鲍国是忠良，只是暂时逃难到了鲁国，所以一定要善待他。

庶人不仅理性而且敢于当面责骂乱臣贼子。卫孙蒯和其父孙林父逐君杀臣理所当然地激起爱好和平的百姓义愤。襄公十七年，卫国的孙蒯到曹隧打猎，在重丘上给马喝水，打破了水瓶。重丘人关起门来责骂他说：“亲自赶跑了你的国君，你的父亲做了坏事。你不为这个忧虑，还来打什么猎?”

在危难之际，平时默默无闻的庶人能够挺身而出，出手相救。定公六年，吴军经过五次战斗进入郢都。楚国左司马沈尹戌在雍澨打败了吴军，但自己也身负重伤。沈尹戌曾经做过阖庐的臣下，所以把被吴军俘虏看成耻辱，就对他的部下说：“你们谁能够不让吴国人得到我的脑袋?”吴国人句卑站出来说：“下臣卑贱，可以担当这任务吗?”沈尹戌说：“我过去竟然没重视您，好样的!”沈尹戌三次战斗都负了伤，最后说了一句：“我不行了。”句卑展开裙子，割下了沈尹戌的脑袋包了起来，然后藏好尸体，带着沈尹戌的头逃走了。楚昭王一路逃亡到了随国，吴王派人要求随国国君交出楚昭王，随国人辞谢吴国说：“随、楚世代都有盟誓互相保护，到今天没有改变。如果因为有了危难而抛弃他们，又怎么能侍奉君王呢?”于是吴军撤退了。其实，这中间还有一个人起了关键作用，他就是子期氏的家臣鑢金，他和随国人约定过一定不能把楚昭王交给吴国人。楚昭王得知情况后，让他去和随君订盟，他婉言谢绝：“不敢因为君王处于困难之际而谋求个人私利。”句卑、鑢金都是卑贱的庶人，但是在关键时刻并不缺乏勇气，而且还有自知之明。

《左传》很少记载庶人妻子的事迹，偶尔出现一次，体现了女子知书达礼，拥有智慧。郄之战，齐顷公战败溃逃，路遇一个女子拦路，这个女子问：“国君免于祸难了吗?”回答：“免了。”她又问：“辟司徒也免于祸难了吗?”回答：“免了。”她说：“国君和我父亲都免于祸难了，我还要怎么样呢?”就跑开了。齐顷公虽然战败，但是发现众人心里还有他，而且这个女子是先问国君安危，再问父亲安危，齐顷公认为她知礼，后来查询，才知道是辟司徒的妻子，就赐给她石窌地方作为封邑。

昭公十九年，孙书率领齐军攻打莒国，莒共公逃到了纪鄣城，曾经有个女人，莒共公杀了她丈夫，她就成了寡妇。等到年纪老了，寄居在纪鄣，她用纺线搓绳量了城墙的高度然后收藏起来。等到齐军来到，就把绳扔出城外。有人把绳子献给孙书，孙书派部队在夜里攀绳登城。大家击鼓呐喊，城上的人也呐喊。莒共公害怕了，打开西门逃跑了。于是齐军进入纪鄣。莒共公滥杀无辜，为自己种下恶果。妇人为了报仇等了许多年，但是她坚信国君无道一定会得到惩罚，而她平时纺织的纺线变成了复仇工具，她终于等到了正义到来的这一天。

在《国语·晋语》里，智者伯宗的妻子比他还有远见卓识，一天退朝后，伯宗兴高采烈地回家了，妻子问他，你面有喜色是有什么好事吗?伯宗说，我在朝廷上发言，大家都说我才智和口才像以前的大夫阳处父一样。他的妻子说，阳子华而不实，善辩却没有谋略，最后遭到杀身之祸。你有什么好高兴的呢？伯宗不服气，说我请大夫们来家里饮酒畅谈，你好好听听再下结论。宴会结束后，他的妻子竟然得出一个可怕的结论，各位大夫水平确实不如你，然而人们是不可能总喜欢一个才智在他们之上的人，这是经过历史检验的道理，灾难一定会降临你的头上，你赶紧找个人保护儿子，伯宗就找到了贤人毕阳。后来，栾弗忌被害，嫉恨伯宗的大夫们借机谋害处死了伯宗。毕阳护送伯州犁到了楚国。伯宗的妻子能从一件小事中发现事物发展的端倪，及时采取措施，才让伯宗家族后继有人。

（二）神性中的士人理性

列维·布留尔曾说："对原始人来说，占卜乃是附加的知觉，如同我们使用工具能使我们看到肉眼看不到的微小东西或弥补我们不足的感觉。"① 春秋人则认为凿龟数策是人在犹豫不决时求助于卜筮来请仙人指路。

春秋时期，占卜被广泛地应用于政治生活的各个领域：祭祀、战争、婚娶生育、疾病、立君、任命官员乃至迁都、筑城等。"爰始爰谋，爰契我龟。"（《诗经·大雅·绵》）道出春秋人谋划在先、卜筮在后的原则。"志曰：'圣人不烦卜筮。'"（哀公十八年）如果主意已定，就不需要卜筮。桓公十一年，楚师欲夜袭郧师，定下计策后，莫敖欲占卜，斗廉曰"卜以决疑，不疑何卜？"；灾祸是咎由自取，不应归罪卜筮。在晋国，晋惠公被秦俘虏，惠公追究自己被俘的原因是："先君若从史苏之占，吾不及此夫。"韩简见惠公如此怨天尤人，于是反问"先君之败德及，可数乎？史苏是占，勿从何益？"龟甲，依据的是形象；筮草，依据的是数字。事物产生以后才有形象，有形象以后才能滋长，滋长以后才有数字。先前的国君败坏德行的事情太多了，数字岂能反映得了？如果不修德，即使按照卜筮去做，也会于事无补。《诗经》曾说，百姓的灾祸，并不是上天降下来的。而是由于人们当面阿谀奉承，背后竞相诽谤，人为作孽造成的。

一些昏君也常常为自己野心占卜，一旦占卜不吉就恼羞成怒，这样的昏君百姓也无法忍受。楚灵王曾经占卜："我希望能得到天下！"不吉，投龟，诟天而呼曰："是区区者而不余畀，余必自取之。"结果不吉利，灵王把龟甲摔在地上，责骂上天，这一点儿要求都不答应，我一定要自己

---

① 列维·布留尔：《原始思维》，丁由中译，商务印书馆 1987 年版，第 280 页。

去夺取。后来百姓担心灵王的欲望无法满足，所以积极参加叛乱就像回家一样积极。还有一些叛党也常常祷告等，结果却事与愿违。昭公二十四年的十月十一日，王子朝叛乱，他把成周的宝圭沉到黄河里向河神祈祷。十二日，渡船的船工在河上捞到了这块宝圭。一个叫阴不佞的人带人抓住了得到玉的人，把玉抢过来，准备卖掉它，却发现是一块石头。不管王子朝是否知道宝圭是玉还是石头，最终是对神灵弄虚作假了。越王勾践也曾迷信龟卜，然而与吴作战的惨败让勾践清醒地认识到只有亲民务德才能取得胜利。“越王勾践恃大朋之龟与吴战而不胜，身臣入宦于吴；反国弃龟，明法亲民以报吴，则夫差为擒。”（《韩非子·饰邪》）

春秋士人常面临龟卜和占筮不一致的时候，哀公九年，赵简子对是否救郑犹豫不决，史赵、史墨、史龟对兆象有不同的解读，阳虎又提供了周易占筮的结果，赵简子最后决定听从史赵和阳虎的意见，为不出兵救郑找到一个体面的理由。同样是赵简子，哀公二年，铁之战前，“卜战，龟焦。”是大凶，乐丁却说：“谋协以故兆，询可也。”谋划详备了，相信过去的吉兆就可以了。一方面春秋人发现有时“我龟既厌，不我告犹。”（《小雅·小旻》）春秋人因此对龟卜将信将疑，并以自己的意愿决定取舍，不断出现违卜的事例。另一方面，因为《周易》“把吉凶顺逆的种种占卜结果集中、提炼为八经卦、六十四卦的卦象，把卜辞式的纷繁记录类型化为卦辞和三百八十四爻的爻辞。”① 所以《周易》在诸多筮法当中脱颖而出，逐步确立了权威。但用《周易》占卜是有原则的，即不能对不义的事情做预测。昭公十二年，南蒯将要叛变的时候，南蒯不提出所问的事情而直接占筮，得到《坤》卦变为《比》卦，卦辞说，“黄裳元吉”，就认为是大吉大利。把它给子服惠伯看，问怎么样？惠伯曰：“吾尝学此矣，忠信之事则可，不然必败。”如果是忠信的事情就可以符合卦辞的预测，不然就必定失败。内外和谐就是忠，依据诚信办事就是恭，崇尚德行就是善，不是这三种德行就无法确保卦辞的预测。否则“筮虽吉，未也。”卦辞虽然吉利，也不能成功。

至战国时期，韩非子说：“龟筴鬼神不足举胜，左右背乡不足以专战。然而恃之，愚莫大焉。”（《韩非子·饰邪》）龟甲蓍草，鬼怪神灵不能用它来推断战争的胜利，而星体在天空中所处的位置或左或右，其运行

① 陈来：《古代宗教与伦理：儒家思想的根源》，三联书店 1996 年版，第 86 页。

的方向或背着或朝着某国也不能够用它决断战争的结局，尽管这样，人们却还要依赖它们，真是愚蠢到了极点。

《尚书·汤诰》："天道福善祸淫。"《尚书·伊训》："惟上帝不常，作善降之百祥，作不善降之百殃。"在西周人的观念里，天道影响着人间福祸灾祥。春秋士人则逐渐认识到天道有自己的运行规律，并不总是能影响到人间一切。昭公十七年，冬，有星孛于太辰，西及汉。梓慎预言宋、卫、陈、郑将发生火灾。郑国裨灶也告诉子产宋、卫、陈、郑将在同日发生火灾。提请用瓘斝玉瓒这些宝物禳除，子产未给。昭公十八年夏五月，大风起兮火飞扬，风助火势，火借风威，殃及宋、卫、陈、郑，裨灶更加理直气壮，信誓旦旦："不用吾言，郑又将火"，郑人请用之，子产仍然"言者谆谆，听者藐藐"，不为所动。子太叔沉不住气："宝物是用来保护百姓的。如果发生了火灾，国家都几乎会被毁灭。如果宝物可以拯救火灾，您何必爱惜呢?"子产说："天道那么高远，人道如此切近，这是两不相关不会交集的两个领域。怎么可能由天道就推知人道？裨灶哪里懂得天道？他不过是发表很多评论，肯定偶尔也会被说中的。"于是就不给。后来也没有再发生火灾。裨灶秉持的是言多必有所中的原则，子产则是积累了丰富的防火救灾的经验，自信能防火于未然。

火灾刚去，水患又来，郑国人真切地经历了火热水深。然而，这一切并未使郑人为难，郑人困惑的是伴随着洪水，蛟龙生焉。郑大水，龙斗于时门之外洧渊，国人请为祟焉？有人发现龙在城门外边的洧渊里争斗，国内的人们赶紧请求举行禳灾求福的祭祀。子产不答应，说："我们人类争斗，龙根本不管，龙之间争斗，我们为什么偏偏要去管呢？向它们祭祀祈祷，那洧渊本来是龙居住的地方，怎么能使它们离开呢？我们对龙没有要求，龙对我们也没有要求。"于是就制止了祭祀。春秋士人对异常现象也有一个由蒙昧到理性的认识过程。商朝时，（殷）高宗祭成汤，有飞雉升鼎耳而雊。面对如此怪异之事，殷王感变而惧，乃服罪改修以从礼。春秋时代的贤大夫臧文仲对飞来的海鸟也不敢怠慢。海鸟曰"爰居"，止于鲁东门之外三日，臧文仲使国人祭之。展禽（柳下惠）评论："今海鸟至，己不知而祀之，以为国典，难以为仁且智矣。夫仁者讲功，而智者处物。无功而祀之，非仁也；不知而不能问，非智也。今兹海其有灾乎？夫广川之鸟兽，恒知避其灾也。"是岁也，海多大风，冬暖。文仲闻柳下季之言，曰："信吾过也，季子之言不可不法。"使书以为三策。这大概是中国历史上记载的第一个暖冬，让海鸟出现了异常反应。好在臧文仲知错就改，并昭示后人。此后，人们对于自然界异常现象的认识开始理性。

春秋时代发生旱灾时，常有祭祀求雨之举，但因为祭祀山神并不诚心，容易蛮干乱来。昭公十六年，九月。郑国发生了旱灾，屠击、祝款、竖柎被指派去祭祀桑山。结果他们上山砍去了山上的树木，也没有下雨。子产说：“祭祀山神，应当爱护它的山林，现在反而砍掉山上的树木，他们的罪过实在是太大了。”于是就剥夺了他们的官爵和封邑作为惩罚，警示众人。

春秋时代人们对于天上彗星出现也常有一种恐惧心理，不知如何是好。昭公二十六年，齐有彗星，齐侯使禳之。晏子曰：“且天之有彗也，以除秽也。君无秽德，又何禳焉？若德之秽，禳之何损。”公说，乃止。晏子告诉齐侯天上出现彗星这样扫帚，是在扫除天上污秽，君之德并不污浊，所以不必理睬。如果君之德污浊，那么祝史祈祷也无能为力。君王没有做违德的事情，四方的国家将会来到，没必要怕什么彗星。齐景公听了很高兴，就停止了祭祷。

关于魂魄鬼神，李学勤先生曾指出在《逸周书·祭公》里，“祭公自言：‘谋父疾维不瘳，朕身尚在兹，朕魂在于天昭王之所。’祭公自知病重，认为魂已升天，侍于曾经服侍的昭王，可见当时观念是先王在天，而人死后魂与躯体分离。”① 春秋时代，为了君位你争我夺，太子等常常成为无辜的牺牲品。因而常以冤魂形象出现。庄公八年，齐襄公在贝丘打猎。忽然看到一头大野猪，随从竟然说：“这是公子彭生啊！”齐襄公怒气冲冲地说：“彭生竟敢来见我！”就用箭射它。没想到这头野猪忽然像人一样站起身号叫，吓得齐襄公从车上摔下来，把脚伤了，把鞋丢了，回宫后就被叛贼所杀。僖公十年，秋季，晋大夫狐突到曲沃新城去，遇到太子申生的魂魄。太子让他登车作为赶车的仆人，然后告诉他说：“夷吾太无礼了，我已经向上帝请示完毕，准备把晋国给予秦国，以后秦国将会祭祀我。”狐突没有慌乱，反而清醒地告诉他说：“臣听说过，神明不接受外族人的祭品，百姓也不会祭祀外族人，那么您的祭祀岂不是要从此断绝了吧？何况百姓有什么罪？处罚不当而又让祭祀断绝，请您慎重考虑一下

---

① 李学勤：《李学勤集——追溯·考据·古文明》，黑龙江教育出版社 1989 年版，第 191 页。

吧！”太子申生说：“好，我将再去请求天帝改变主意。七天后，在新城西边，我将附身于一个巫人出现告诉你结果。”狐突答应去见巫人，申生倏忽一下儿就不见了。狐突按期前去赴约，果然有一名巫人告诉他说：“天帝已经答应我一定会惩罚有罪的人，这个人将在韩地受到惩罚。”在太子申生屈死之后，他的冤魂始终执着地要报仇，甚至不惜自己曾经的国家被吞并，好在狐突机智地告诉他，神明和百姓都对应的是本族人，这样申生才幡然悔悟，改变了主意，也改变了惩罚方式。但狐突忘了提醒申生，冤有头、债有主，真正陷害他的人是骊姬才对。

神灵有时候也不全是公正、正义的化身，反而向人索要宝物。城濮之战开始前，楚国的主将子玉专门为自己制作了镶玉的鹿皮帽子和帽缨，一直未拿出来佩戴。这套宝物被河神惦记上了，作战之前，子玉没想到黄河河神托梦对他说：“送给我吧，我保佑你打胜仗。”但是子玉终究不肯忍痛割爱。结果吃了败仗。哀公六年，楚昭王有病了，占卜的人说：“是黄河之神在作怪。”但是楚昭王没去祭祀，大夫们就请求在郊外祭祀。楚昭王说：“上古三代时规定下来的祭祀制度，祭祀不可以超越本国的山川。长江、汉水、睢水、漳水等，是楚国的大川。是祸是福，都不会超过这些地方。我就算没有德行，也不可能得罪黄河之神。”于是就没有去祭祀。因此受到孔子的称赞，孔子曰：“楚昭王知大道矣！其不失国也，宜哉！”楚昭王是能够理解大道理的。他不会失去国家，是理所当然的了。

昭公七年，郑国伯有“侈而愎”，与子皙势不两立，襄公三十年，被子皙等杀死于羊肆。子产枕之股而哭，并殓葬于斗城。八年后，伯有化为厉鬼前来索命。“伯有来了！”大家都跑，四处乱跑不知往哪儿跑才好，把刑法铸在鼎上的那年二月，有人梦见伯有披甲而行，说：“某月某日，我将要杀死带。明年某月某日，我还将要杀死段。”到那一天，驷带果然死了，到了明年的那一天，公孙段竟然也死了。国内的人们就越来越恐惧了……一时间郑国笼罩在鬼魂恐怖之中。子产立了公孙泄和良止为大夫来安抚伯有的鬼魂，这才停了下来。子太叔问这样做的原因。子产解释说：“鬼有所归宿有人祭奠，就不做恶鬼了，我是为他寻找归宿。”伯有作乱而死，本不应立其后祀，今立伯有儿子良止为大夫，以安抚伯有之鬼，又恐怕百姓被鬼神蛊惑，于是兼立子孔的儿子公孙泄为大夫，以取信于民。

孔子说：“未能事人，焉能事鬼。”（《论语·先进》）一些人据此认为孔子在鬼神问题持怀疑和不迷信态度。其实孔子对鬼神的认识和子产类似，并未否定鬼神。但更注重祭祀教化的意义。孔子曾感慨：“鬼神之为德，其盛矣乎！视之而弗见，听之而弗闻，体物而不可遗。使天下之人齐明盛服，以承祭祀。洋洋乎，如在其上，如在其左右。”（《礼记·中庸》）但孔子亦强调“务民之义，敬鬼神而远之，可谓知矣”。（《论语·雍也》）与“周人尊礼尚施，事鬼敬神而远之，近人而忠焉”。（《礼记·表记》）一脉相承。即强调尊敬鬼神，但不要过分沉迷。

（三）人事中的士人理性

“谋夫孔多，是用不集。发言盈庭，谁敢执其咎？如匪行迈谋，是用不得于道。”（《诗经·小旻》）出谋划策的人太多，但没有人敢负责，讨论了半天，还是在原地打转。成公六年，晋师侵蔡，楚师救蔡，于是军帅之欲战者众。或谓栾武子曰：“圣人与众同欲，是以济事，子盍从众？子为大政，将酌于民者也。子之佐十一人，其不欲战者，三人而已。欲战者可谓众矣。商书曰：‘三人占，从二人’，众故也。”武子曰：“善钧，从众。夫善，众之主也。三卿为主，可谓众矣。从之，不亦可乎？”“三人占，从二人”，本来是少数服从多数，而在十一人中只有三人不欲战，但这三人却德高望重，高瞻远瞩。武子之所以能选择听从掌握“真理”的少数人意见，背后还有一个理论支撑。即郭偃之法曰：“论至德者，不和于俗，成大功者，不谋于众。”（见于《商君书·更法》和《新序·善谋》）

在执行国君命令时是不折不扣地执行还是权变地执行，对于士人是个重大考验。因为国君有时候对自己的命令也拿不定主意。昭公十三年，楚平王即位，为了笼络诸侯，重建陈、蔡两国，对郑国释放善意，准备归还部分土地。楚平王派枝如子躬到郑国聘问，同时准备交还犨地、栎地的土田。但聘问结束，并没有交还。郑国人只好请求说：“听说贵国打算把犨地、栎地赐给寡君，谨敢请命。”枝如子躬则说：“臣未闻命。”回国以后，楚平王问起归还犨地、栎地的事，枝如子躬连忙脱去上衣谢罪说：“臣有错，违背了王命，没有交还。”楚平王拉着他的手，诚心诚意地说：“您不用责备自己！先回去罢，我以后有事，一定会请教您的。”楚平王做出归还部分土地的决定是为了拉拢郑国，其实内心很后悔，枝如子躬的选择正合他的心意。定公四年，夫概王曾引用了一句“臣义而行”，说明大臣有时候要根据道义去做事。

还是这位楚平王，又给大臣出了难题。昭公二十年，楚平王派奋扬去杀太子。奋扬没有到达前，就派人通知太子逃走。三月，太子建逃亡到宋国。楚平王召回奋扬，奋扬让人逮捕自己押解到郢都。楚平王说："话从我的嘴里说出去，然后进到你的耳朵里，那么是谁告诉建的?"奋扬痛快地坦承："是下臣告诉他的。君王当初命令我说：'侍奉建要像侍奉我一样。'下臣无能，不能有二心。执行起初的命令去对待太子，就不忍心执行您后来的命令。所以让他逃走了。不久我就后悔了，但也来不及了。"楚平王说："你敢回来，为什么?"奋扬回答说："被派遣执行命令但没有完成使命，召见我又不回来，那就再次违背命令，逃走也没有地方可去。"楚平王说："你回去吧！"奋扬于是像过去一样回去继续做官。杀不杀太子，楚平王心里也犹豫，而奋扬的忠心耿耿还是很让他赏识的。正所谓"吾闻事君者，从其义，不阿其惑"。(《国语·晋语上·丕郑语》)

虽说"人之将死，其言也善"。(《论语·泰伯》)但人在弥留之际也会老来糊涂，行事反常。孔颖达《正义》："赵文子，贤人也，将死，其语偷；程郑，小人也，其言善。俱是失常，无所怪惑也。"秦穆公可谓英明一世，糊涂一死。从死者百七十七人，子车氏之三子奄息、仲行、鍼虎亦在从死之列，国人哀之，为之赋《黄鸟》。君子是以知秦之不复东征也。秦穆公让人陪葬，反映了他操纵士人于股掌之中，生杀予夺恣意而为的本质。穆公之后一段时间，春秋时代未见记载士人投奔秦国，也许是穆公让天下士人心寒吧。三良的悲剧引起后代诗人不断吟咏，如曹植《三良》："功名不可为，忠义我所安，秦穆先下世，三臣皆自残。"柳宗元《咏三良》"殉死礼所非，况乃用其良?"孟子曾说士人有这样的原则："无罪而杀士，则大夫可以去；无罪而戮民，则士可以徙。"(《孟子·离娄下》)同样是面临人殉的问题，魏颗却做出了理性的抉择。宣公十五年，魏颗败秦师于辅氏，获杜回，秦之力人也。初，魏武子有嬖妾，无子。武子疾，命颗曰："必嫁是。"疾病，则曰："必以为殉。"及卒，颗嫁之，曰："疾病则乱，吾从其治也。"及辅氏之役，颗见老人结草以亢杜回，杜回踬而颠，故获之。夜梦之曰："余，而所嫁妇人之父也。尔用先人之治命，余是以报。"一些临终的昏聩遗言更需要后人做出明智的选择。楚王以鄢陵之败为耻，临死嘱咐群臣在恶谥"灵"或"厉"之间选择。子囊则主张："赫赫楚国，而君临之，抚有蛮夷，奄征南海，以属诸夏，而知其过，可不谓共乎？请谥之'共'。"大夫从之。屈到嗜好吃菱角，临死前嘱咐宗老祭祀时别忘了献上菱角。宗老未料到屈建命去之。屈建说：“夫子不以其私欲干国之典。”遂不用。（《国语·楚语上》）楚左史倚相曾说：“昔先大夫子囊违王之命谥；子夕嗜支，子木有羊馈而无芰荐。君子曰：违而道。谷阳竖爱子反之劳也，而献饮焉，以毙于鄢；芋尹申亥从灵王之欲，以陨于乾谿。君子曰：从而逆。君子之行，欲其道也，故进退周旋，唯道是从。”（《国语·楚语上》）君子违背或顺从遗言，要唯道是从，强调的是权变。《公羊传》桓公十一年：“权者何？反于经然后有善者也。”《庄子·秋水》：“北海若曰：‘知道者必达于理，知理者必明于权，明于权者，不以物害己。’”钱锺书先生指出：“‘权’乃吾国古伦理学中一要义，今世考论者似未拈出。”① 权变，反常理但合于道。虽然出人意料，但却合乎情理。

子路曰：“君子尚勇乎？”子曰：“君子义以为上。君子有勇而无义为乱。”（《论语·阳货》）在勇与义之间，强调的是要以义为主。先轸作为晋国中军将，在晋楚城濮之战，他计胜楚国子玉一筹；秦晋崤之战他主张“一日纵敌，数世之患也”。于是发兵大败秦师。然而他没有想到，对于浴血奋战而俘虏的秦国大将百里孟明视、西乞术、白乙丙，晋君经文嬴三言两语地劝说，便给放回。放虎归山，后患无穷。对晋国赤胆忠心的先轸因此怒不可遏：“武夫力而拘诸原，妇人暂而免诸国，堕军实而长寇仇，亡无日矣！”不顾而唾。怒气一消，先轸开始深深自责，虽然晋君没有怪罪他，但他禀性刚直，决不宽恕自己。正赶上狄伐晋，先轸曰：“匹夫逞志于君而无过，敢不自讨乎？”于是“免胄入狄师，死焉。狄人归其元，面如生”。以死谢罪。先轸死时表情依然是栩栩如生，一腔热血依然沸腾。他敢作敢当，光明正大，磊落一生。但先轸也曾无意中伤害了一个人，他就是狼瞫。

狼瞫因勇敢杀囚而成为车右，后来被先轸莫名其妙地废黜，狼瞫愤怒不已。他的朋友准备和他一起向先轸发难，狼瞫却理智地说：“周志有之，勇则害上，不登于明堂。死而不义，非勇也。共用之谓勇。”如果杀死先轸，就是无勇，反而证明先轸罢黜我是正确的。因此需要等待一个奋勇杀敌的机会来证明自己勇敢，“及彭衙，既陈，以其属驰秦师，死焉。晋师从之，大败秦师”。左氏认为其“怒不作乱而以从师，可谓君子矣”。

---

① 钱锺书：《管锥编》，中华书局1979年版，第207页。

第三章

苌弘人格

春秋时代，有一个独特的现象，就是周王朝虽然重要性一直在下降，但一直存在着，出现了周天子与不断涌现出的霸主长期共存，这样一种状态让春秋时代有别于战国时代，春秋时代霸主眼里还有周天子的地位，战国时代已经没有谁还把周天子放在眼里了，这也许就是春秋时代虽然争霸不断，但还没爆发出战国时那样大规模战争冲突的主要原因吧。所以探究一下周王朝在春秋时代存在就很有意义，春秋时代周王朝的卿士及苌弘这样的一些史官发挥了异乎寻常的作用，他们面临的迫切问题是竭尽全力维持摇摇欲坠的周王朝，他们首先需要阐释周王朝在春秋时代“周德虽衰，天命未改”的依据。

一　阐发“周德虽衰，天命未改”的理念

时间进入春秋时代，尽管先王如厉、宣、幽、平王等暴虐无道，但周王似乎并不认为自己在衰落，春秋之初，郑庄公世袭了郑桓公的周朝司徒之职执掌周朝，但郑庄公日渐强大，周王忌惮他，分政与虢公，郑庄公为周朝左卿士，与虢公右卿士共同执政周朝，以致“周郑交恶”。鲁僖公五年，周桓王夺去了郑庄公的职权，郑庄公就不再朝觐。秋天的时候，周桓王率领蔡军、卫军、陈军等讨伐郑国，双方在繻葛交战，周朝联军大败，祝聃射中周桓王的肩膀，好在郑庄公适可而止，认为君子不能欺人太甚，哪里还敢欺凌天子呢？但是这一战彻底暴露了王朝虚有其表，各国士人对王朝不再迷信。好在周朝卿士及史官及时充分调动了天人感应、占卜、禳祭、相面、阴阳、鬼神、星象等各种手段控制了话语权，填补了人们信仰的空白，避免了对周王朝信仰的进一步动摇，也形成了两千多年来中国民

间信仰的体系。

只有在周王朝自己人内部的探讨中，我们才发现周王朝人对于周王朝命运的担心。《国语·周语·太子晋谏灵王壅谷水》：“自我先王厉、宣、幽、平而贪天祸，至于今未弭。我又章之，惧长及子孙，王室其愈卑乎？其若之何？”先祖厉王、宣王、幽王、平王等不知戒惧已经惹怒了上天，天降灾难至今不断。如今我们还要去继续引发这些祸害，恐怕将祸及子孙，王室会更加衰落，这该如何是好呢？只是这些反思并未能让一意孤行的周王悔改。

“天不言，以行与事示之而已矣。”（《孟子·万章上》）天常示人以灾异，山崩地裂古人认为一定是上天的某种谕示。周幽王时，发生了地震，导致河流堰塞。大夫伯阳父抑制不住大乱将至的忧患意识，发出警世话语：“幽王二年，西周三川皆震。伯阳父曰：‘周将亡矣！……昔伊、洛竭而夏亡，河竭而商亡。今周德若二代之季矣。其川源又塞，塞必竭。夫国必依山川，山崩川竭，亡之征也。川竭，山必崩。若国亡不过十年，数之纪也。夫天之所弃，不过其纪。是岁也，三川竭，岐山崩。’十一年，幽王乃灭，周乃东迁。”（《国语·周语上》）依据天人感应，因为周王不重视美德修养，导致川塞、山崩，将被天抛弃。此言一出，正是“风雨如晦，鸡鸣不已”。（《郑风·风雨》）周王朝上下顿时失语，麻木而沉默，于无声处听惊雷，“敬天之怒，无敢戏豫。敬天之渝，无敢驰驱”。（《大雅·板》）没人能做出令人信服的解释。因为《尚书》对周王朝的天命也含糊其辞，《尚书·召诰》：“我不敢知曰：有夏服命，惟有历年，我不敢知曰：不其延”；“有殷受命，惟有历年，我不敢知曰：不其延。”夏、殷的天命有多长，不敢肯定；夏、殷的天命会不会延长，也不敢肯定。至于周王朝，“其曰我受天命，丕若有夏历年，式勿替有殷历年”。我们接受的天命会像夏代那样久远，或许不止殷代那么久远，言语中饱含着周王朝企图达到乃至超越殷商天命的期待。尽管伯阳父做出的符合周王朝历史发展的预见，似乎不利于周王朝，但却因为指出了历史发展趋势而赢得人们的信任和尊重，从而把阐述周王朝命运的主导权一直掌握在周王朝史官和卿士手里。

春秋时代，史官话语的代表内史过于巧妙地以“衰”代“亡”，提出周王朝是衰而不亡，缓慢衰落的观点：“昔夏之兴也，融降于崇山；其亡也，回禄信于聆遂。商之兴也，梼杌次于丕山；其亡也，夷羊在牧。周之兴也，鸑鷟鸣于岐山；其衰也，杜伯射王于鄗。是皆明神之志者也。”（《国语·周语上》）周宣王时不听谏言，妄杀大夫杜伯。杜伯冤死之后，化为厉鬼，穿红衣红帽，手搭弓箭，一箭射中周宣王，宣王脊柱折断而死。夏朝、商朝都讲的是兴与亡的表征，到了周王朝周宣王这件事，强调的则是衰落的开始。

阐释周王朝天命的重任历史地落在了王孙满的头上。人类学家列维—斯特劳斯认为，病人之所以痛苦是因为病人本身被一种无以名状的痛苦所包围，自己不能控制、祛除这种痛苦，而巫师却能给病人带来令人心信服的“能指”，简单地说，就是一套语言解释。王孙满要把周王朝的天命和春秋时代的日渐式微结合起来，给予一个合乎情理的解释。“意识形态的主要特点是它把人们信仰什么和人们怎样得到某种信仰结合起来。前者包括人们的信仰体系、价值结构和世界观，后者指人们通过什么样的透镜去看世界，以及人们是基于什么样的思想、经验和动机来选择和评价他们所看到的一系列现象。”① 这里意识形态指的是顺应春秋人们的信仰又符合周王朝的利益的理念。而追问周王朝天命的挑战历史地落到了自称“蛮夷”的楚王身上。

《左传》里，王孙满与郑国子产、楚国蔿贾等圣贤人物一样，年纪轻轻，一出场就见识不凡。僖公三十三年，春，秦师过周北门，左右免胄而下，超乘者三百乘，王孙满尚幼，观之，言于王曰：“秦师轻而无礼，必败。轻则寡谋，无礼则脱，入险而脱，又不能谋，能无败乎?”年幼的王孙满打破沉寂说出的见识竟和秦国老臣蹇叔对秦兵战败的预见殊途同归。二十一年后，王孙满成熟了，楚庄王也挥师中原。与中原诸侯和周王朝沾亲带故不同，与周王室无甚干系而又披荆斩棘、筚路蓝缕的楚人才是周王朝的一大威胁，而楚王凡事都有着究根问底的执着，僖公二十三年，楚王追问重耳，结果问出一个“退避三舍”；此次楚庄王又问出一个“问鼎中原”。

“兴亡在德不在鼎，楚子何劳问重轻。”（唐·周昙《春秋战国门·王孙满》）宣公三年，楚子伐陆浑之戎，遂至于雒，观兵于周疆，定王使王孙满劳楚子，楚子问鼎之大小轻重焉。对曰：“在德不在鼎。昔夏之方有德也，远方图物，贡金九枚，铸鼎象物，百物而为之备，使民知神奸，故民入川泽山林，不逢不若，螭魅罔两，莫能逢之！用能协于上下，以承无休，桀有昏德，鼎迁于商，载祀六百。商纣暴虐，鼎迁于周。德之休明，

① 詹姆斯·麦格雷戈·伯恩斯：《领袖论》，刘李胜等译，中国社会科学出版社1996年版，第302页。

虽小，重也；其奸回昏乱，虽大，轻也。天祚明德，有所底止。成王定鼎于郏鄏，卜世三十，卜年七百，天所命也。周德虽衰，天命未改。鼎之轻重，未可问也。”王孙满论述的核心是王朝存亡在德不在鼎，并继承内史过“德衰”观点，同时，把《尚书》的“其曰：我受天命，丕若有夏历年，式勿替有殷历年”的想法具体化，既然周朝取代了商朝，所以理应在商朝六百年的基础上再加一百年，即周王朝卜年七百，天所命也。这应该是史上时间跨度最长的占卜了，也许占卜之类骗不了楚王，但占卜后面是巍巍的周德在支撑，显然楚王认为自己还无法媲美周文王等人，于是楚王二话不说撤兵了。事实上，正如孔颖达指出的“律历志云：周三十六王，八百六十七年，过卜数也”。王孙满宏论一出，从此在春秋人的头上悬临着“周德虽衰，天命未改”的理念，维系着周王朝在春秋时代“至尊”的地位。“隆周卜世三十，卜年七百，虽沦胥之道斯极，而文、武之器尚存，斯龟鼎之祚，已悬定于杳冥也。”（《贞观政要·封建》）司马光认为：“是故以周之地则不大于曹滕，以周之民则不众于邾、莒，然历数百年，宗主天下，虽以晋、楚、齐、秦之强不敢加者，何哉？徒以名分尚存故也。”①

要知道，“在古代文化发展缓慢的时代，时间观念与在现代知识爆炸中生活的人的观念完全不同，社会生活和人的观念在几百年中变化甚慢”。②经过伯阳父、内史过、王孙满地接力论述，周王朝宛如倾斜的比萨斜塔，倒，是一定的，但却是缓慢的，至少在春秋时代它还不会倒。这就是周史官和大夫阐释形成的理念，信念的力量竟是如此神奇，春秋时代从此再未有人质疑周王朝的天命。“人是观念的囚徒。从历史上看，人类思想要超越思维惯性向前迈一小步，往往需要几十年及至几百年的历程。”③

进入战国时代，秦兴师临周而求九鼎，王孙满的宏论已经不起作用，于是颜率假意把九鼎许给齐王，搬来了齐国的救兵，秦兵撤退后，齐亦求鼎，颜率只好告诉齐王“凡一鼎而九万人挽之，九九八十一万人，士率师徒、器械被具，所以备者称此”。齐王乃罢。（《战国策·东周策》）九鼎脱离了“周德”的庇护，只能靠自身沉重而难挪他国了。

---

① ［美］包弼德：《斯文：唐宋思想的转型》，刘宁译，江苏人民出版社 2001 年版，第 255 页。

② 陈来：《古代宗教与伦理：儒家思想的根源》，三联书店 1996 年版，第 199—200 页。

③ 钱满素：《爱默生和中国：对个人主义的反思》，三联书店 1996 年版，第 35—36 页。

二　发挥周史官的影响和作用

"终春秋之世，周之政权常在王臣之手。"[①] 晋国叔向曾到周王朝聘问，得到单靖公恭敬有礼的接待，不禁感叹："异哉！吾闻之曰：'一姓不再兴。'今周其兴乎！其有单子也。"历史经验表明，"一姓的统治不可能会第二次兴盛"几乎成了定律，但是如今周朝大概要兴盛了！就是因为还有单公这样的人。周王朝的史官和大夫们或恭候于王朝或穿梭于春秋诸国为力挽将倾之王朝大厦做出了不懈拯救。

在春秋诸国史官中，周史官们具有较高权威。哀公六年，有云如众赤鸟，夹日以飞三日。楚子使问诸周大史。周大史曰："其当王身乎！若祟之，可移于令尹、司马。"王曰："除腹心之疾，而置诸股肱，何益？不穀不有大过，天其夭诸？有罪受罚，又焉移之？"遂弗祟。（其实当时"昭王有疾"，已人所共知）这一年，有云彩好像一群红色的鸟一样，包围了太阳飞翔了三天。周大史认为这样的天上灾异是指向楚王，但是如果通过禳祭可以转移到大臣身上，好在楚王很清醒，没有采纳史官建议。不久，楚王在进攻大冥时，死于城父。桓公二年，臧哀伯曾孤立无援不屈不挠地对鲁侯劝谏，鲁侯则是你说你的，我做我的。当时只有周史官站出来给予臧哀伯最有力的道义支持。"周内史闻之曰：'臧孙达其有后于鲁乎！君违，不忘谏之以德'。"

周王朝在"占卜机构完备性，占卜的专业化，占卜书籍的收藏与掌握方面，较之其他诸侯，仍占绝对优势"。[②] 然而出人意料的是，周史官的权威却不是建立在其看家本领——占卜上。[③] 西周时，周人曾有"乃寝

① 童书业：《春秋左传研究》，上海人民出版社 1980 年版，第 96 页。

② 刘玉建：《中国古代龟卜文化》，广西师范大学出版社 1992 年版，第 373 页。

③ 刘玉建：《中国古代龟卜文化》，广西师范大学出版社 1992 年版，第 373 页。据刘玉建先生统计，春秋时代诸国用卜记录为鲁国 19 条，晋国 18 条，楚国 9 条，卫国 7 条，郑国 6 条，齐国 2 条，陈 2 条，秦、梁、邾、蔡、吴、随、滕、宋各一条，周王室 2 条，一是王孙满论成王卜世卜年，一是王子朝称卜立君，只是与龟卜有关，并非实际使用龟卜的记载。卜筮有一条，即庄公二十二年，周太史有以《周易》见陈侯者，陈侯使筮之。应该是陈敬仲的后人在齐国改朝换代，《左传》才把这段预言附在陈敬仲之后，显示了《周易》神奇的力量。

乃兴，乃占我梦”（《鸿雁·斯干》）。“召彼故老，讯之占梦。”（《节南山·正月》）春秋时代，周史官再也不做美梦或噩梦；① 为什么周史官与春秋诸国史官迥然不同，郭老的见解也许是一把打开答案的钥匙。“从周初的一些材料看，凡是尊崇天的话，都是对着商人及旧属方国部落说的，而怀疑天的话，则是向周人自己说的。这是很重要的关键。从这里表明，周人继承商人关于天的思想，只是政策上的继承，是把宗教思想当成一种愚民的工具。”② 或许是春秋时代沧海桑田，周史官已提前于春秋诸国史官中充分认识到龟卜占筮、占梦等不过是骗人的把戏。僖公二十八年，晋侯有疾，曹伯之竖侯獳货筮史，使曰：“以曹为解。”晋文公得了重病，曹共公的侍从侯獳趁机贿赂晋国的筮史，让他把得病的原因说成由于灭了曹国，软禁了曹共公。筮史的一番说辞让晋文公觉得有理，释放曹共公。也让人们见识了筮史所谓的冠冕堂皇的说辞背后的欺骗性。

周史官之所以保持较高的预测成功率，是因为他们在预测中重人事、轻鬼神，重观察判断、轻阴阳迷信。与春秋诸国的史官习惯于坐而论道不同，内史过已风尘仆仆地亲临实地考察，因此才能对神降作出清醒又辩证的评论，对虢国命运进行合乎情理的推测。庄公三十二年，秋七月，秋天七月，有神下降到虢国的莘地。惠王问诸内史过：“是何故也?”对曰：“国之将兴，明神降之，监其德也；将亡，神又降之，观其恶也。”内过往（虢），闻虢请命，反，曰：“虢必亡矣，虐而听神。”“离民怒神而求利焉，不亦难乎！”（《国语·周语上》）国家要兴旺发达的时候，神灵会下降到这个国家，监视他的善德。一个国家行将灭亡的时候，神灵又会下降到这里，观察他的恶行。所以神灵来了，这个国家也许要兴起，也许要灭亡。内史过亲自到虢国考察，听说虢国国君不诚心祭祀神灵反而请求神灵赐予土地，于是他推断出，虢国一定要灭亡了，肆意驱使百姓，满足自己的私欲，激怒神灵，还想让神灵保佑。

内史过还善于在细微处见本质，“见微以知萌，见端以知末”。（《韩非子·说林上》）僖公十一年，天王使召武公、内史过赐晋侯命，受玉惰。过归，告王曰：“晋侯其无后乎！王赐之命，而惰于受瑞，先自弃也

① 潘万木：《左传之梦叙述范型》，荆门职业技术学院，博士论文，2002 年，（1）20。《左传》述梦 23 例，其中晋 12 次，鲁 4 次，卫 3 次，宋 1 次，楚 1 次，郑 1 次，曹 1 次，但没有周王朝。

② 郭沫若主编：《中国史稿》，人民出版社 1977 年版，第 274 页。

已。其何继之有？礼，国之干也；敬，礼之舆也。不敬则礼不行，礼不行则上下昏，何以长世？”（《国语·周语上》）晋惠公在接受周襄王册命玉圭的隆重礼仪中，表现得漫不经心，晋惠公把玉圭拿得很低，跪拜时头不触地。内史过认为是晋惠公自己不重视自己，是自我抛弃。敬重是礼的要义，你不尊重周王，反过来大臣们也不会尊重你。还用信、礼、忠、精对晋惠公进行命运的评判：“今晋侯即位而背外内之赂，虐其处者，弃其信也；不敬王命，弃其礼也；施其所恶，弃其忠也；以恶实心，弃其精也。四者皆弃，则远不至而近不如矣，将何以守国？”（《国语·周语上》）晋侯刚继位就违背了对大国、大臣许下的诺言，杀害曾经共事的人，是背弃了信；不尊重王命，是背弃了礼；把自己所厌恶的事强加于人，是背弃了忠；心中充满了邪念，是背弃了精。违背了着这四条，关系远的也不进行交往，关系近的也不和睦，凭什么能守住国家呢？果然，五年后晋惠公就在韩原被俘。

内史叔兴认为阴阳之事决定不了人的吉凶，祸福之得失悉由人自身行为所致。僖公十六年，春，陨石于宋五，陨星也。六鹢退飞，过宋都，风也。周内史叔兴聘于宋，宋襄公问焉，曰：“是何祥也？吉凶焉在？”对曰：“今兹鲁多大丧，明年齐有乱，君将得诸侯而不终。”退而告人曰：“君失问。是阳阳之事，非吉凶所生也。吉凶由人。吾不敢逆君故也。”这一年的春季，在宋国上空掉下来五块陨石，这是坠落的流星。又有六只鹢鸟后退着飞过宋国国都，这是由于风刮得太大的缘故。宋襄公却起了疑心，叔兴告诉他鲁国、齐国都会相继出现问题，您会得到诸侯拥护但不能保持到最后。叔兴退下来告诉别人说：“国君问得很不恰当，这是有关阴阳的事情，不是吉凶发生的原因。吉凶由人的行为所决定。我这样回答是由于不敢拂逆了国君的缘故。”僖公十六年鲁丧、十七年齐乱、二十二年宋襄公不终相继应验了叔兴的预言。既然“吉凶由人”，那么叔兴的准确判断应该是建立在深入实际考察当时的各国国情、民情之上。

周史官预测常高瞻远瞩，把年限延伸很长，再加上结合实际的分析判断，成功率自然也就增强了。文公十四年，有星孛入于北斗。周内史叔服曰：“不出七年，宋、齐、晋之君皆将死乱。”其后第三年，宋昭公被弑，第五年，齐懿公被侍从所杀，第七年，晋灵公被赵穿杀于桃园。杜预说：“史服但言事征，而不论其占，固非末学所得详言。”叔服不仅善于预测，而且对当时形势亦有主见。成公元年，春，晋侯使瑕嘉平戎于王，单襄公如晋拜成。刘康公徼戎，将遂伐之。叔服曰：“背盟而欺大国，此必败。背盟，不祥；欺大国，不义；神、人弗助，将何以胜?”不听，遂伐茅戎。三月癸未，败绩于徐吾氏。晋景公派瑕嘉去主持茅戎和东周的议和，单襄公到晋国答谢晋国为他们议和。刘康公想趁着议和期间戎族没有防备偷袭戎族。内史叔服说：“毁弃盟约而且还欺骗大国，这次出兵肯定要失败。背叛盟约，不吉祥；欺骗大国，不道义；神灵和人都不会帮助，靠什么来取胜呢?”刘康公根本听不进去他的话。一心想乘戎族不备进行偷袭，不自量力的结果自然是失败。被茅戎的徐吾氏部落打败了。

周史官和大夫还擅长相术，相术起源很早，据《大戴礼记·少闲篇》：“尧取人以状，舜取人以色，禹取人以言，汤取人以声，文王取人以度。”可能是后人的附会，但可以发现古人重视面相，还重视心相。文公元年，春，王使内史叔服来会葬。公孙敖闻其能相人也，见其二子焉。叔服曰：“穀也食子，难也收子。穀也丰下，必有后闻于鲁国。”叔服告诉他，穀这孩子会奉养您，难这孩子会为您送终。穀这孩子下颌丰满，后代会在鲁国兴旺发达。赵翼《瓯北集》卷七《赠相士彭铁嘴》云：“古人相法相心曲：豺声忍，鸟喙毒，鸢骨躁，牛腹黩，初不专以论祸福，论之实始周叔服。”① 早期相术强调联想兽性来推测人性这样的逻辑判断某人的性格特点，而从相面论祸福是从叔服开始的。比如，楚成王要立商臣为太子，令尹子上不同意：“且是人也，蜂目而豺声，忍人也，不可立也。”眼睛像胡蜂，声音像豺狼的商臣果然是个残忍的人，当他听说楚王要废黜他时，就率兵包围了楚成王，成王想吃个熊掌再自杀，但商臣不准，最后成王只能自缢，死不瞑目。不仅是史官，周大夫也会相面，叔孙侨如到王朝来聘问，王孙说观察他“其状方上而下，宜触冒人，王其勿赐”。他的相貌上宽下尖，很容易冒犯他人。因此周王未被叔孙侨如利用，只以行人之礼对待。后来叔孙侨如果然“欲废国常，荡覆公室”。（襄公二十三年，季孙外史语）逃奔齐国后又因自己好色惹事只好又奔卫。

通过与诸国大夫交谈，根据其言谈举止，周大夫一是对诸国大夫命运进行超前而准确的判断。二是“必先导焉，可以树”。（《国语·周语中》）以提前建立盟友。成公十六年，晋国在鄢陵打败楚国后，派郤至向周王告捷。朝见周王之前，王叔简公设酒宴招待郤至，宾主互赠了厚礼，

① 钱锺书：《管锥编》，中华书局 1979 年版，第 198 页。

席间相谈甚欢。简公称赞郤至是个人才，认为他一定会在晋国掌权，一旦掌权后肯定会得到诸侯的拥护，因此简公让周大臣为郤至多说好话，以便今后在晋国能有关照。单襄公和他交谈之后，却发表了截然不同的看法："温季其亡乎！位于七人之下，而求掩其上。怨之所聚，乱之本也。"郤至恐怕要被杀了吧？他夸耀自己功劳，职位在七人之下，却想风头盖过七个人，必然招致众怨。招惹众怨，这是祸乱的根源。《夏书》说："怨恨难道都表现在明处吗？暗处的怨恨倒是应该注意。"现在郤至把存在暗处的怨恨都体现在明处了，这怎么可以呢？王叔简公与郤至一见如故，能不跟着倒霉吗？郤至回国后，第二年就被晋厉公杀掉了。后来王叔简公与他人争权夺利，失败后而逃奔晋国；襄公二十六年，晋韩宣子聘于周，王使请事。对曰："晋士起将归时事于宰旅，无他事矣。"王闻之，曰："韩氏其昌阜于晋乎！辞不失旧。"韩宣子到周王朝聘问，周灵王派人问明来意。韩宣子回答说："晋国的士起特意前来向宰旅奉献贡品，没有别的事情。"周天子听到了就说："韩氏恐怕要在晋国兴旺昌盛了吧！他的辞令用词谦卑，遵从了过去的规定。"为什么简简单单一句话就能发现韩氏要兴旺了呢？原来《礼记·曲礼下》："列国之大夫入天子之国曰'某士'。"此时诸侯对周莫能有礼，唯韩起不失旧受到称赞。郤至曾立下赫赫战功，但郤至贪天之功为己有，"今郤至在七人之下而欲上之，是求盖七人也，其亦七怨"。(《国语·周语下》）而韩厥虽然不如郤至战功显赫，但对内、对外均恭敬有礼，在晋国政坛稳步上升，韩氏逐渐成为晋国世家大族中最有势力的一支。昭公元年，天王使刘定公劳赵孟于颍，馆于雒汭。刘子曰："子盍亦远绩禹功而大庇民乎？"对曰："老夫罪戾是惧，焉能恤远？吾侪偷食，朝不谋夕，何其长也？"刘子归，以语王曰："为晋正卿，以主诸侯，而侪于隶人；朝不谋夕，弃神人矣。神怒民叛，何以能久？赵孟不复年矣。"刘定公希望赵孟能够像大禹那样建立功勋庇护百姓。但是赵孟强调老夫做事唯恐获罪，只不过是苟且偷生，朝不虑夕，怎敢考虑长远？刘定公认为赵孟身为正卿，主持诸侯，却把自己等同于低贱之人，只考虑眼前，这样的精神状态怎么过得了年呢？在上位者，当忧劳百姓，赵孟自比贱人，是无忧民之心也。烈士暮年，壮心不已，但赵孟此时却日薄西山，朝不虑夕了。

通过接待诸国大夫，展示周礼乐文化的魅力和作用。宣公十六年，晋侯使士会平王室，定王享之。原襄公相礼，殽烝。武季私问其故。王闻之，召武子曰：“季氏！而弗闻乎？王享有体荐，宴有折俎。公当享，卿当宴。王室之礼也。”武子归而讲求典礼，以修晋国之法。晋士会帮助周王室平定了内乱，周定王设宴招待他，宴会由原襄公主持，当献上殽烝——切碎的肉置于桌几上时，士会不解其故，私下向别人打听其中奥妙。周定王于是告诉他，王室筵席是颇有讲究的，祀典有全烝，王公宴享有房烝，招待亲戚则有肴烝，王室招待戎狄蛮夷之人时才用全牲。您被晋侯派来重申晋与王室的友好关系，辅助我们周室。所以用隆重的先王宴饮之礼，来盛情款待您。晋国是王室的兄弟，现在按规定来朝见天子，所以要用适宜的典礼来招待，以此为人们做个典范，因此选取了鲜美的牲肉，挑选了芳香的配料，酿制了甘醇的酒醴，配备了佐餐的果品，准备了簠簋，捧出了牺象，抬出了樽彝，摆放了鼎俎，洗净了餐巾，清扫了殿堂。这样的待客酬宾礼仪，用来表示亲近友好关系，不可能像对待戎狄那样直接把全牲端出来。宴请公侯用体荐——以半只牛、羊或猪为正菜；招待世卿用折俎——将肉切碎放在桌几上。士会这才明白原来周定王高看一眼，把他按世卿规格接待。士会经过这番荣宠周折，回到晋国，开始修订晋法。《国语·周语中》亦载此事，末云：“归乃讲聚三代之典礼，于是乎修执秩以为晋法。”讲习梳理了夏、殷、周三代以来的典礼，恢复了晋文公所制定的执秩之法。十四年后，成公十二年，郤至如楚莅盟，对宴享之礼头头是道的阐述已让楚人心悦诚服，说明士会修订晋法已经产生了良好的效果。

三 苌弘君子人格的特征

周之贤大夫，当推王孙满、富辰、苌弘。周大夫不仅见多识广，而且敢于劝谏周王的不当行为。富辰勇于直言谏诤，危难之际，又毅然决然为周王殉难。周襄王以狄女为后，并以狄伐郑，富辰谏之不听，襄王一意孤行，以致遭难，出奔郑国。富辰曰：“昔吾骤谏王，王弗从，以及此难。若我不出，王其以我为怼乎？”乃以其属死之。（《国语·周语中》）富辰说：“以前我多次劝谏，周王就是不听从，所以遭此祸难。现在我要不去抵御狄人，周王可能认为我有怨气了。”于是率领自己的部下出战而死。富辰没有走出忠于周王的纠结，他的死也预示了同为忠臣苌弘的命运。苌弘世系来源不详，但苌弘生存于中国历史上的“轴心时代”，而且在他身上发生了有关忠臣与命运极大反差的悲剧；苌弘的悲剧在于他知其不可而为之地拯救周王朝。

苌弘系四川资阳人（约公元前580—前492年），生活在春秋时代周灵王、景王、悼王、敬王时期，辅佐主政的刘文公，通晓天文，精于乐理。在春秋后期，周王朝的声音大都由他来发出，他成为周王朝的发言人，对外交内政均有话语权。

苌弘作为日渐衰落的周王朝大夫，他未能立德、立功、立言，因而未受到历史学家的重视，但是他却引起历代士人的吟咏感叹。

（一）举足轻重的股肱忠臣

周王朝让后人困惑不解的就是何以能够维持了八百多年？特别是到了春秋时代，地盘缩小，人力、财力、物力与诸侯国相比相形见绌，仍然能够延续下去？唐代李百药（礼部侍郎）认为是由于文王、武王留下的封建诸侯，以藩屏周的架构还在，“隆周卜世三十，卜年七百，虽沦胥之道斯极，而文、武之器尚存，斯龟鼎之祚，已悬定于杳冥也”。（《贞观政要·封建》）司马光在《资治通鉴·周纪一》里强调了周王朝名分的作用，“是故以周之地则不大于曹滕，以周之民则不众于邾、莒，然历数百年，宗主天下，虽以晋、楚、齐、秦之强不敢加者，何哉？徒以名分尚存故也”。却忽略了这一切都需要人的运作，即大臣们的作用，春秋时代的周王一个比一个懦弱、无能，没有大臣们忠心耿耿的辅佐，周王朝早就衰亡了。苌弘是辅佐四个周王的长达57年①的忠臣，一生无悔地忠于王朝。对于日渐式微的周王朝，他的作用体现在以下几个方面。

保持了与晋国互相依存的相对稳定关系。春秋前期，周王并没有明确依靠谁的策略。随着晋国国力强盛，晋国要借助周王朝，周王朝要依靠晋国这样“犹衣服之有冠冕，水木之有本原”（《左传·昭公九年》）的关系才逐渐确定下来。苌弘先后辅佐了4个周王（悼王在位仅一年），兢兢业业，密切与晋国关系，巩固王室，做出了显著贡献。周灵王时协助召集诸侯；周景王时预测诸侯国的兴衰；周敬王时凭借自己的威望请求晋国协调诸侯为周王朝筑都城。周王朝和晋国的关系始终保持稳定，并借助晋国

① 张麟：《话说苌弘》，《炎黄春秋》2006年第4期，第73页。

平定了内乱。

要特别注意的是，《史记·封禅书》说，苌弘用方术侍奉周灵王，举行了用箭射“狸首”的诅咒活动。“狸首”指代那些不来朝拜的诸侯，说苌弘通过驱鬼弄神的办法把诸侯招来。其实《狸首》是乐诗篇名，其诗已亡佚。行射礼时诸侯演奏《狸首》之歌作为发箭的号令和伴奏。《礼记·射义》：“其节：天子以《驺虞》为节，诸侯以《狸首》为节。”《大戴礼记》载《狸首》逸诗曰：“曾孙侯氏，四正具举。大夫君子，凡以庶士，小大莫处，御于君所，以燕以射，则燕则誉。”这种对方士苌弘的记载首次出现在《史记》里，清代学者梁玉绳认为是《史记》出现了谬误①。苌弘也不是因此被杀，而是死于周灵王之孙子辈的周敬王时代。（《左传》哀公三年）

用自己的赤胆忠心维护了周王朝的稳定。苌弘的忠心经受了王朝内部争夺王权的考验，此时一个耄耋忠臣的作用凸显出来了，“国家昏乱，有忠臣”（《老子·十八章》）。《左传》载，周景王时，太子过早离世，景王喜欢子朝，但还没有册立就驾崩了，人们拥立长子子猛为王，子朝带人杀死了子猛。然后自立为王，民众则拥护子丐，即后来的敬王。王子朝在王城，称西王，敬王居住外地，为东王。双方多次攻防，形成拉锯战。苌弘先是冷静观察，坚守岗位，后来旗帜鲜明地站在周敬王的一边，因为这是城邦里居民的抉择，苌弘的选择有着风向标的作用。

掌握着周王朝在春秋时代命运走向的话语权。“人是观念的囚徒。从历史上看，人类思想要超越思维惯性向前迈一小步，往往需要几十年及至几百年的历程。”② 苌弘作为当时赫赫有名的人物，“昔之传天数者”。上天旨意的通晓者，“周室：史佚、苌弘；於宋：子韦；郑则裨灶”。（《史记·天官书》）一直把握着王朝命运的阐释权，引导着人们的观念。昭公二十四年春天，很多大臣立场出现松动，依附王子朝。执政的刘文公见王子朝人多势众，不禁担心。苌弘却坚定地指出，周武王曾在《泰誓》里说过：纣王有成千上万的人，但却离心离德；我们虽然只有数十人，但

① 康保成：《“苌弘化碧”故事的两个源头》，《许昌师专学报》1985年第3期。梁玉绳《史记会注考证》云：“《左传》昭十一年其弘史见，鲁昭十一为周景王十四，恐未逮事灵王也，而以为事灵王，误一；弘之见杀，当敬王二十八年，鲁哀公三年，而为杀于灵王时，误二；弘与于范、中行之难，周人杀之，以说于晋，因非为致诸侯，亦非晋执而杀之，误三。”

② 钱满素：《爱默生和中国：对个人主义的反思》，三联书店1996年版，第35—36页。

同心同德。告诉人们有德与否才是成为周王的关键。僵持了几年，昭公二十四年，晋侯派士景伯询问百姓的意见（问于介众），“晋人乃辞王子朝，不纳其使”。然后根据民意派兵送敬王回国，王子朝降为臣子。

春秋时代的周王朝日趋衰落已是不争事实。而且周王朝的大夫们到各国包括楚国等做官也不少。在这样的背景下，股肱老臣苌弘为周王朝在春秋时代的存续和稳定鞠躬尽瘁，竭忠尽智。在王位继承人没有确定，国内陷入一片混乱的时候，苌弘没有到其他国家去另谋高就，而是一心一意地忠于周王王朝。苌弘的抉择，他的忠心，他的言论稳定了人心并影响了诸侯的认同。他的忠心对周王朝的动荡起到了减震的作用，周王朝的相对稳定也维持了晋国作为霸主借助周王名号号令诸侯、共同抵抗戎狄的局面。

（二）坚守周文化的史官

春秋时代，礼乐崩坏。能够较好保存周文化的国家一个是王朝自身，还有一个就是周公旦后裔之国鲁国。鲁“犹秉周礼”（《左传·闵公元年》）。（左传载，昭公二年，韩宣子在鲁国观书于大史氏，见《易象》与《鲁春秋》，曰：“周礼尽在鲁矣，吾乃今知周公之德与周之所以王也”）鲁人以守周礼而自豪，鲁大夫对鲁君出格行为常用的评判就是“非礼也”。春秋各国你争我夺，没有多少人关心周文化的存废，热爱、延续周文化的重任也历史地由这两个国家的士人来传递继承。周王朝对春秋诸国来说，其利用价值更多地体现在形式上诸如册封各国国君的爵位等。只有极少数人对周文化怀有深深的眷恋，并把传承周文化作为己任，他们就是老子、苌弘和后来者孔子。苌弘辅佐执政的刘文公，刘文公对他言听计从，在周王朝的礼乐活动中出谋划策，主导了周王朝的政策取向。

在春秋时代重要的集会场合，周王朝的大臣都到现场参与礼乐活动，见微知著，借机对各国政策和国君命运进行预判，以制定相应对策。苌弘明察秋毫，筹划了策应晋师俘获陆浑的军事行动。昭公十七年，晋侯派人向周王借路祈福，请求到周境内祭祀山水。苌弘谓刘子曰：“客容猛，非祭也，其伐戎乎！”推断晋国要攻打陆浑这个戎狄，王室也要做好警备，结果“周大获”。这是周王朝在春秋时代罕见的一次胜利，一雪戎狄数十年打压周王朝之耻。

周礼乐活动的核心，是尚德。“皇天无亲，惟德是辅。”（《尚书·蔡仲之命》）苌弘主持礼乐活动时不是墨守成规，而是认同以德服人。定公四年，在召陵盟誓时，卫国与蔡国争位次，苌弘一开始认为按照以前的排位并无不妥，卫国子鱼则提出“以先王观之，则尚德也”。卫国子鱼的慷慨陈词得到苌弘的赞赏，各国也无话可说，卫国如愿以偿。

苌弘还与爱好周文化的后学切磋探讨，弘扬礼乐文化。老子、苌弘都是礼乐文化的集大成者，苌弘更长于乐。在《史记·乐书》载孔子与别人讨论音乐，子曰：“唯，丘之闻诸苌弘，亦若吾子之言是也。”《礼记·乐记》中，孔子曾与宾牟贾探讨《武》乐，“子曰：唯，丘之闻诸苌弘，亦若吾子之言是也”。两者说的是同一件事，因此出现孔子“观周”，“问礼于老聃，访乐于苌弘”。（《孔子家语·观周》）的说法。

“观周”这一事件对于孔子影响深远。从此，孔子以传承周文化为己任，“周监于二代，郁郁乎文哉！吾从周”。（《论语·八佾》）周文化继承了夏文化、商文化，在春秋时代依然灿烂辉煌，郁郁葱葱！所以孔子选择了继承周文化。昭公十七年，孔子“见于郯子而学之，既而告人曰：吾闻之，‘天子失官，学在四夷。’犹信！”孔子师郯子，是看到了周文化的流失和散落，迫切需要有人去整理继承。后来不管什么人请他，他都想去施展自己的抱负，以振兴周礼乐文化，“如有用我者，我其为东周乎！”（《论语·阳货》）

老子、苌弘在动荡的春秋时代一直坚守周文化的家园，可以说是孤独地、寂寞地、无望地等待薪尽火传，直到孔子的出现，让孔子在灰烬堆里触摸到历史远处的体温。而孔子能够传承周文化是因为他具有超越同代人，跨越百世的前瞻眼光：“其或继周者，虽百世可知也。”（《论语·为政》）让这守望变得绝对值得，让这守望具有了承前启后、继往开来的历史意义。

（三）抗争周王朝衰败天命的老臣

苌弘是春秋时代著名的周室史官，他“观乎天象，以察时变”。（《周易·贲》）善观天象，根据天道的运行，预占人事的吉凶兴衰。“成周改号，苌弘分官。”（《后汉书》律历志）苌弘集周史官之大成，并建立自己的星官理论体系。苌弘把天象和人事之间的影响都明确地说出来，显示天朝不容置疑的权威。昭公十一年，景王问苌弘，今年诸侯吉凶如何？对曰：“蔡复，楚凶，天之道也。”果然，后来蔡侯被楚王设下埋伏，抓住并杀掉。如此料事如神，一定是充分了解了蔡、楚之间的类似螳螂与黄雀的矛盾，才能给出如此精确的预判。

春秋末期，春秋人对周王朝的衰落有自己清醒的认识，认为自从幽王以后，老天也不站在周王朝一边，衰败破落无法补救："其坏之也久矣，而又将补之，殆不可矣！"（《国语·周语下》）。

"敬天之怒，无敢戏豫。敬天之渝，无敢驰驱。"（《大雅·板》）天命面前，人们无不战战兢兢。孔子的"三畏"（《论语·季氏》）里，天命也最让人敬畏。苌弘明知王朝衰败大势，依然义无反顾地做着努力，他或许是史书上记载最早的一个敢于"违天"的人。王子朝之乱党盘踞在王城，周敬王于是迁都成周，而成周狭小，与其让诸侯派人卫戍，不如修城。苌弘以强烈的责任感和使命感到晋国游说，苌弘的人格受到魏献子的敬重和赞赏，促成了晋国率诸侯扩建成周。"敬王十年，刘文公与苌弘欲成周，为之告晋，魏献子为政，说苌弘而与之。"（《国语·周语下》）这一费力不讨好的工程让诸侯国牢骚满腹，但城周这一"支天之所坏"的大事还是在议论纷纷中完成了，定公元年，城三旬而毕。然而苌弘"支天"的行为却受到别人非议，晋大夫女叔宽就声称"苌弘违天"。卫彪奚说他必招报应："苌弘必速及，将天以道补者也。"（《国语·周语下》）但此话并未应验，三年后，刘文公在召陵召集诸侯商议伐楚时，苌弘还在。过了十八年，哀公三年，苌弘才不幸遇难（《左传·哀公三年》）。

苌弘的遭难不是因为受到天谴，而是因为晋国人事争斗波及所致。周王室的刘氏与晋国的范氏世为婚姻，在晋国卿大夫的内讧中，周王室站在范氏一边，苌弘作为刘氏的老臣，为范氏出谋划策，"苌弘与之，晋人以为讨"（《国语·周语下》）。结果打败了范氏的赵鞅不依不饶，一定要周王朝交出替罪羊才能作罢，软弱无能的周敬王只好拿88岁的老臣苌弘问罪，公元前492年7月9日，苌弘被剖腹掏肠，壮烈殉国。(《左传·哀公三年》："刘氏、范氏世为昏姻，苌弘事刘文公，故周与范氏。赵鞅以为讨。六月癸卯，周人杀苌弘")

苌弘之死反映了周王朝不仅受制于晋国，而且王朝里贵族当政，贵族子弟无才、无德、无能又不能容忍士人崛起，贤人无法生存的现实。如昭公七年，单献公弃亲用羁；定公元年，巩简公弃其子弟而好用远人。结果二人都遭到族人的追杀；羁旅之人，外族之人皆是忠良有才的士人。"皆世之仁贤忠良有道术之士也，不幸而遇悖乱暗惑之主而死。"（《韩非子·难言》）昭公十七年，有人见到周朝的原伯鲁，跟他说话的过程中，发现他不爱学习，什么都不懂。回去把情况告诉闵子马。闵子马总结说：“有人总说周朝恐怕要发生动乱崩溃了吧！类似这样的说法很多，进而才影响到当权的人。于是大夫们只担心官位不保而不关心事理，又说：‘可以不学习，不学习没有什么坏处。’认为没有坏处就不用学习，苟且偷生而已，这样的浑浑噩噩的状态导致下面的人欺凌上面的人，上面朝政废弛，这样能不发生动乱吗？学习，如同耕种一样，不学习就如草木一样没有活水滋润，所以枝叶都要枯萎凋谢，原氏大概要灭亡了吧！”周王朝类似像原伯鲁一样不学无术的人日渐增多，苌弘死后，周王朝再也没有一个在诸侯国中拥有很高威望的大臣了，王朝无可挽回地衰亡了。

“人主莫不欲其臣之忠，而忠未必信。”（《庄子·外物》）苌弘是周王室的股肱老臣，他的使命是延续周王室，而后来周王室为了存续却必须除掉苌弘。耄耋之年的苌弘本可以像历史上吕尚、伊尹以高龄之躯辅佐社稷一样成就一番功业，不料满怀匡扶周室的宏愿，却冤屈而死。“苌弘知周之所存，而不知身所以亡。”（刘安《淮南子·卷十六·说山训》）

四　苌弘形象的民间叙事嬗变与士人的精神传承

苌弘形象经历了历史叙事向民间叙事的转变，历史叙述多以成败论英雄，而苌弘知其不可而为之，无法阻止周王朝的衰亡。因而未能得到历史学家的关注。民间叙事则看重的是忠心可鉴的忠臣，还有传奇的苌弘之死。

苌弘之死有以下三个版本。

韩非子版本：认为叔向实行了反间计。“叔向之谗苌弘也，……因佯遗其书周君之庭而急去行。周以苌弘为卖给周也，乃诛苌弘而杀之。”（《韩非子·内储说下六微》）但叔向在襄公十一年第一次出现，昭公十五年最后一次出现，其间共三十五年。昭公二十八年羊舌氏（叔向一族）被灭。二十三年后，苌弘死于哀公三年。说叔向谗苌弘只能是个传说。“既有深谋叔向，应无续命苌弘”。（李梅实、冯梦龙《精忠旗·第十七折》）自然是戏说了。

司马迁版本：认为苌弘在周灵王时因设射“狸首”装神弄鬼得罪了诸侯而被杀。

庄子版本："苌弘之死"引起后人莫大的关注是因为《庄子·杂篇·外物》："苌弘死于蜀，藏其血三年，化而为碧"（"苌弘放归蜀，自恨忠而遭谮，刳肠而死，蜀人感之，以匮盛其血，三年而化为碧玉"）"周灵王时，苌弘见杀，蜀人因藏其血，三年，乃化而为碧。"（干宝《搜神记·卷十一》）干宝把太史公和庄子版本混在一起了。

经历了数十年考验的不贰忠臣，竟然落到被剖腹掏肠的下场，可算是千古奇冤。历代士人一直憧憬着贤君忠臣、君臣相遇的美好理想，而现实又依旧是忠臣不被理解，总被冤屈排挤。忠臣常有，贤君可遇不可求。一旦被冤屈，就自然联想到苌弘。苌弘形象的核心是赤胆忠心，至死不渝，无怨无悔。古代士人尽管生活在不同的朝代，但是忠心爱国是一脉相承的。这也是历代士人为苌弘扼腕叹息，惺惺相惜的内在原因。苌弘形象对历代士人的影响从赤胆忠心、千古奇冤、碧血丹心、甘洒热血等几个方面的意象展开。

士人忠心受到猜疑，被贬被流放的时候有人就会想到苌弘。柳宗元改革失败被贬永州，禁不住感叹忠而见疑以至被害的苌弘，作《吊苌弘文》："杀身之匪予戚兮，闵宗周之不完。岂成城以夸功兮，哀清庙之将残。"①

苌弘的千古奇冤也让诗人千年来无法释怀。李贺《秋来》："秋坟鬼唱鲍家诗，恨血千年土中碧。"② 苌弘含忧结恨在地下，千年亦未能消。（唐）曹唐《小游仙诗九十八首》："周王不信长生话，空使苌弘碧泪垂。"温庭筠《马嵬驿》："返魂无验青烟灭，埋血空生碧草愁。"辛弃疾《兰陵王》"恨之极。恨极消磨不得。苌弘事，人道后来，其血三年化为碧。"元代郑元祐《汝阳张御史死节歌》："孤忠既足明丹心，三年犹须化碧血。"碧血三年不朽化为碧玉，让无数人肃然起敬。

碧血丹心的颜色联想。碧血是晶莹碧透，但谁都未见过，因此引起诗人无限联想。（唐）吴融从小草青青想到苌弘之碧，《草》："染亦不可成，画亦不可得。苌弘未死时，应无此颜色。"（唐）郑谷《光化戊午年举公见示省试春草碧色诗偶赋是题》亦云："苌弘血染新，含露满江滨"；多愁善感的李贺由端砚上的青花想到苌弘碧血，《杨生青花紫石砚歌》："暗

---

① 《柳宗元集》，中华书局1979年版，第514页。

② 《李贺诗集》，人民文学出版社1980年版，第50页。

洒苌弘冷血痕。”[①] 端砚注满清水后，砚池上的青花似萍藻浮动，碧绿疑似苌弘碧血；冉冉翠竹也让诗人想到苌弘之碧，顾况《露青竹杖歌》：“玉润犹沾玉垒雪，碧鲜似染苌弘血，蜀帝城边子规啼。”明朝谢榛在《四溟诗话·卷四》中指出：“诗中罕用‘血’字，用则流于粗恶。李长吉《白虎行》云：‘衮龙衣点荆卿血。’顾逋翁的《露青竹杖歌》云‘碧鲜似染苌弘血’。二公妙于句法，不假调和，野蔬何以有味。”苌弘的碧血丹心，用在哪一首诗里都能起到画龙点睛，让人感慨唏嘘，让人荡气回肠的作用。

苌弘化碧与望帝啼鹃作为冤屈的意象连用。（唐）雍陶《蜀中战后感事》“岁积苌弘怨，春深杜宇哀。”在关汉卿《感天动地窦娥冤》中［要孩儿］：“不是我窦娥罚下这等无头愿，委实的冤情不浅；……等他四下里皆瞧见，这就是咱苌弘化碧，望帝啼鹃。”[②]

清末，革命党人把苌弘碧血与“为有牺牲多壮志，敢教日月换新天”的豪情联系在一起。秋瑾希望革命的热血化为滚滚碧涛，甘洒热血写春秋“一腔热血勤珍重，洒去犹能化碧涛”（《对酒》）、“血染斑斑已化碧，汉王诛暴由三尺”（《宝剑歌》）[③]，她坚信正义的鲜血将彪炳史册，光照日月。“七十二健儿，酣战春云湛碧血；四百兆国子，愁看秋雨湿黄花”（黄兴《挽黄花岗烈士联》）。

到了现代，陈寅恪先生在“七七”事变后，生活漂泊困顿，颠沛流离，卒丧双目，仰天长叹，“天其废我是耶非，叹息苌弘强欲违”[④]。

苌弘作为一代忠臣在春秋时代竭尽全力，掌握了周王朝生死存亡的话语主动权，确保了周王朝的稳定和延续。虽然他已过了不逾矩的年龄，而且通晓天文，但为了周王朝，他敢于抗争天命；他 57 年的忠心耿耿让任何人对他对王朝的忠心都肃然起敬；他与孔子探讨周文化，影响了孔子。他的鞠躬尽瘁、碧血丹心始终活在后代士人心中。

---

① 王琦等注：《李贺诗歌集注》，人民文学出版社 1977 年版，第 219 页。

② 《关汉卿元杂剧选》，人民文学出版社 1979 年版，第 30 页。

③ 郭延礼选注：《秋瑾诗文选》，人民文学出版社 1982 年版，第 31、85 页。

④ 《陈寅恪诗集》，清华大学出版社 1993 年版，第 36 页。

第四章

南冠人格

春秋时代，如何能够超越生命时限，超越时代局限，在青史留名，死而不朽成为士人思考的命题。孔子曾说“君子疾没世而名不称焉”（《论语·卫灵公》）。屈原在《离骚》里也说：“老冉冉其将至兮，恐修名之不立。”《左传》襄公二十四年（公元前549年），晋国的范宣子向鲁国叔孙豹请教，范宣子认为，他家世代为贵族，家世显赫，香火不绝，这就是“不朽”。博学多才的叔孙豹，提出了衡量不朽的更高标准：“太上有立德，其次有立功，其次有立言；虽久不废，此谓不朽。”此后，“三不朽”成为后代学者探讨的问题，唐代孔颖达在《春秋左传正义》中对德、功、言做出了界定：“立德谓创制垂法，博施济众”；“立功谓拯厄除难，功济于时”；“立言谓言得其要，理足可传。”①

这些立德、立功、立言的机会青睐于那些时代精英，普通士人就没有机会青史留名不朽了吗？还原春秋时代，我们梳理出了“南冠”人格，士人没有达到“三不朽”标准，但依然能够影响后代士人，历久弥新。

一　威仪昭示士人命运

“敬慎威仪，以近有德”（《左传·昭公二年》）是春秋士人重要的主张，威仪是表，道德是里。因为春秋士人相信“皇天无亲，惟德是辅”（《左传·僖公五年》，宫之奇语），天命的转移唯德是依。许倬云先生认为天“依据人类行为来判决天命谁属，这是中国文化演化过程中一个极重要的突破”；“这是一个重大的突破，可说是开辟鸿蒙，将史前的文化

① 李学勤：《十三经注疏·春秋左传正义》，北京大学出版社1999年版，第1003页。

带入文明；自此以后生命才有意义，人生才有善恶好坏的标准。"[①] 春秋时代，士人在公族贵族执政的框架下并没有太多机会实现立德、立功、立言。士人主要考虑的是要保持威仪，展现良好的精神风貌。因为稍有不慎，就可能有性命之忧。"相鼠有皮，人而无仪！人而无仪，不死何为?"（《鄘风·相鼠》）人不知礼仪，难道就该死吗？这不是春秋人的危言耸听，从一个人的言语动作，的确可窥见一个人命运的端倪。成公十三年（公元前578年），刘康公更是把威仪的重要性提高到前所未有的高度："民受天地之中以生所谓有命也。是以有动作礼义威仪之则，以定命也。能者养以之福，不能者败以取祸。"天地运动化育出了人的生命，礼义威仪的修为决定着人的命运。君子一举一动，一言一行，揖让进退，均是其内在道德修养的生动体现。

威仪概念产生很早，"诞惟厥纵淫泆于非彝，用燕丧威仪"。（《尚书·酒诰》）纣王酒池肉林，宴饮无度，丧失了君王的威仪，进而也失去了江山。夷王时代的《叔向父禹簋》："共明德，秉威仪，用绸缪奠保我邦我家。"[②] 嘱咐后人内要明德，外要秉持威仪。《大雅·烝民》："仲山甫之德，柔嘉维则。令仪令色，小心翼翼。古训是式，威仪是力。"周宣王时，仲山甫既有行为可则的威仪，又有柔和而美善的道德。行为礼仪在幼年就开始培养，贵族少年"十年，出外就傅，居宿于外，学书计。……朝夕学幼仪，请肄简、谅"。（《礼记·内则》）十岁时，男孩居宿要与女眷分隔。跟老师学习各种行为仪节，学习应对之言。"中国人的礼仪，和他们的风俗一样，都是教育的内容。一个文人可以从他行礼时那样从容自若的态度看得出来。这些东西一旦经严厉的教师用来当作箴规施教后，便成为固定的东西，像道德的原则一样，永远不能改变。"[③]

"恺悌君子，莫不令仪。"（《小雅·湛露》）彬彬有礼的君子，都有美好的威仪。襄公三十一年（公元前542年），北宫文子全面系统地阐述了威仪："有威而可畏谓之威，有仪而可象谓之仪。"君有君之威仪，其臣畏而爱之。臣有臣之威仪，其下畏而爱之。"故君子在位可畏，施舍可爱，进退可度，周旋可则，容止可观，作事可法，德行可象，声气可乐，

① 许倬云：《历史分光镜》，文艺出版社1998年版，第173页。

② 郭沫若：《郭沫若全集历史编》第一卷，人民出版社1982年版，第339页。

③ 孟德斯鸠：《论法的精神》，张雁深译，商务印书馆1987年版，第310页。

动作有文，言语有章，以临其下，谓之有威仪。”动作言语、进退周旋，德行容止皆是威仪。“威仪”中，仪是行为礼仪，威是威严可畏。“君子不重则不威。”（《论语·学而》）君子不持重就没有威严。

威仪是君子风度的重要部分，是士人外在形象，亦是内在气质。对于内在道德（“质”）和外在仪态（“文”）的关系，“文犹质也，质犹文也”。（《论语·颜渊》）“泰而不骄，威而不猛”是威仪的一个注解：“君子无众寡，无小大，无敢慢，斯不乎亦泰而不骄乎？君子正其衣冠，尊其瞻视，俨然望而畏之，斯不亦威而不猛？”（《论语·尧曰》）君子无论对方是多是少，势力是大是小，总之都不敢轻慢，岂不是安泰矜持而不骄矜？君子衣冠整肃，目光如炬，俨然让人望而生敬畏之心，不就是有威严而不凶猛吗？孔子作为彬彬君子实现了威严和祥和的统一：“子温而厉，威而不猛，恭而安。”（《论语·述而》）温和但又严厉，威严却不凶猛，恭敬而且安详。“孔子于乡党，恂恂如也；似不能言者。其在宗庙，朝廷，便便言，唯谨尔。朝，与下大夫言，侃侃如也；与上大夫，誾誾如也。君在，踧踖如也，与与如也。君召使摈，色勃如也，足躩如也。揖所与立，左右手。衣前后，襜如也。趋进，翼如也。”（《论语·乡党》）在乡里乡亲面前，他恭顺和蔼；在朝中与比他地位低的下大夫说话，温和而快乐；与比他地位高的上大夫说话，正直而恭敬，有君主在场是局促不安的，是庄重严肃的。“他在人前的一举一动，即使是最细微的琐事，都要合乎礼仪的规定。这并不是他自己的发明，因为礼仪生活在孔子之前许多世纪里早已培养成了。但他的威望和榜样的确被认为是可取的社会实践得以流传下去。”① 所以孔子弟子总结君子会有三种变化，“子夏曰：君子有三变，望之俨然，即之也温，听其言也厉”。远远望着，庄严可畏，接近了之后，发现温和可亲，等到听其说话，郑重严肃，斩钉截铁般厉害。威仪的背后体现的则是子产主张的宽猛相济、恩威并重的统治思想。

“古之为享食也，以观威仪、省祸福也。”（成公十四年）在推杯换盏之间，威仪最容易尽失，原形毕露，也最能考验人的定力。“宾之初筵，温温其恭。其未醉止，威仪反反，曰既醉止，威仪幡幡。”（《小雅·宾之初筵》）嘉宾刚入筵席，举止恭敬又斯文，酒过一巡尚未醉，举止谦和又

---

① 何光武、柳卸林：《中国印象——世界名人论中国文化》，广西师范大学出版社2000年版，第67页。

客气。酒过三巡已酩酊，举止失措，醉态百出了。钟鸣鼎食间要“摄以威仪，威仪孔时”。（《大雅·既醉》）所以威仪要在宴会之际时刻保持得体。卫侯飨苦成叔，宁惠子相。苦成叔傲。宁子曰：“苦成家其亡乎！……‘今夫子傲，取祸之道也。’”苦成叔即郤犨，在宴会时傲慢无礼，自以为是。成公十七年，三郤被杀。

穿衣戴帽不仅是美化自己，而且要适合自己。否则“服美不称，必以恶终”。（《左传·襄公二十七年》，叔孙豹语）在冠饰上做出花样，是年轻人标新立异的追求，却容易遭到别人厌恶乃至扼杀。僖公二十四年（公元前636年），郑子华的弟弟子臧出奔到了宋，他爱好收集鹬毛做冠帽，过于招摇，让外人都知道了他逃亡在外，昏君郑文公听说之后特别反感，专门派杀手诱骗他出来，然后在陈宋交界的地方杀害了他。君子曰：“服之不衷，身之灾也。子臧之服，不称也夫。”（《左传·僖公二十四年》）奇装异服，招摇过市在春秋时代是大忌。

冠冕成为春秋士人服饰一个重要的标志。“人之有冠，犹宫墙之有墙屋也。”（《国语·晋语六》）“凡害人者，弗使冠饰而加明刑焉。”（《周礼·秋官·司圜》）不让戴冠饰成了一种处罚手段。面对“冠雄鸡，佩豭豚”，（帽子上喜欢插上公鸡翎毛，用雄猪的皮做宝剑的剑鞘，英气逼人）服饰出格的子路，孔子对他进行了教育改造。“孔子设礼稍诱子路，子路后儒服委质，因门人请为弟子。”（《史记·仲尼弟子列传》）孔子循循善诱，以礼服人，子路心悦诚服地做了弟子。但子路始终很注意着装，直到临死亦注意冠饰，哀公十五年，子路临危不避难，临死不忘礼，“以戈击之，断缨，子路曰：‘君子死，冠不免，’结缨而死”。帽缨被砍断了，他把帽缨结好，整理好帽子，溘然而逝。子路舍生取义，还不忘整理冠冕，保持君子风度。后来儒者不同的衣饰标志着不同的特长。“儒者冠圜冠者，知天时；履句屦者，知地形；缓佩玦者，事至而断。”（《庄子·田子方》）

衣冠整齐体现的是对他人的尊重，不可轻视。“言辞信，动作庄，衣冠正，则臣下肃。言辞慢，动作亏，衣冠惰，则臣下轻之。”（《管子·形势解》）说话讲信用，动作庄重，衣冠很正式，作为臣下会肃然起敬。否则，说话傲慢，动作乏力，衣冠很随便，作为臣下会蔑视你。尤其是作为君主公卿，要注意服饰，这是对士人的尊重，否则士人会认为猜疑或侮辱自己，甚至会招来杀身之祸。“季孙好士，终身庄，居处衣服常如朝廷。

而季孙适懈，有过失，而不能长为也。故客以为厌易己，相与怨之，遂杀季孙。”（《韩非子·外储说左下》）襄公十四年，卫献公告诉孙文子、宁惠子共进宴食，二人穿戴朝服侍命于朝，结果日上三竿不见召，卫献公又去园囿打猎，二人默默跟从，腹中饥肠辘辘。献公竟不释皮冠而和他们聊天。君敬大臣，宜释皮冠。既不释冠又不与食，二人怒火中烧，孙文子于是乘机作乱，卫献公仓皇出奔。

士人说话还要慎重，字斟句酌，出口成章。“慎尔出话，敬尔威仪。”（《大雅·抑》）不能无所顾忌，更不能肆无忌惮。成公十七年（公元前574年），柯陵之会，单襄公见晋厉公视远步高，郤锜，其语犯；郤犨，其语迂；郤至，其语伐；齐国佐，其语尽。单子因此认为：“今郤伯之语犯，叔迂，季伐。犯则陵人，迂则诬人，伐则掩人。”简王十二年，晋杀三郤。十三年，晋侯弑。……齐人杀国武子。（《国语·周语下》）晋厉公走路时眼望远处，脚步抬得很高。这么重要的场合他心不在焉，怎么会长远呢？郤锜言谈冒犯会伤害别人，郤犨说话迂回绕弯会诬妄别人，郤至自我吹嘘会掩盖别人的功劳，齐国佐说话随便，无所顾忌，容易招致怨恨。他们最后的结局应验了单襄公的观察判断。与之相反，晋国公子周来到周室，“立无跛，视无还，听无耸，言无远”。挺直站立而不稍息，目光不斜视，倾听不侧耳，言语不高声。单襄公告诉自己儿子“必善晋周，将得晋国”。一定要好好对待公子周，他将来肯定会成为晋国的国君，当时公子周只有十四岁，但英雄出少年，后来晋厉公被弑时，晋人迎回公子周立为国君，这就是雄才大略的晋悼公。

“夫君子目以定体，足以从之，是以观其容而知其心矣。”（《国语·周语下·单襄公语》）士人凭借眼光确定行动方向，脚步又是受眼睛支配的，所以观察容貌就知道人的内心。襄公七年，孙林父出使鲁国，重温盟约的仪式上，“公登亦登”。竟然与鲁襄公齐步登阶，根本不顾君臣之别。叔孙穆子相礼，快步上前说：“诸侯会见，寡君从来没有走在卫君后面。现在您没有走在寡君后面，寡君不知道自己错在哪里。大夫您稍停一下吧！”结果“孙子无辞，亦无悛容”。他不说话，也无愧疚之色，因为他根本没把鲁襄公放在眼里。叔孙穆子得出结论：“孙子必亡。为臣而君，过而不悛，亡之本也。”后来孙林父果然叛乱逃亡。他盘踞在自己的封邑戚城，依靠晋国的关照，自得其乐。后来公子季札聘问中原诸国，他自卫国前往晋国时，恰好路过戚城，因为天色已晚，季札打算带人马投宿。刚巧，季札听到了孙林父正在击磬。就评论说孙林父这个人，真是冥顽不灵，不知悔改，以臣逐君已经“不德”，现在困守戚城，竟然还有心情奏乐？孙林父终于有所触动，由此“终身不听琴瑟”。

昭公十一年，单子会韩宣子于戚，视下言徐。叔向曰：“单子其将死乎！朝有著定，会有表，衣有襘，带有结襘。……今单子为王官伯，而命事于会，视不登带，言不过步，貌不道容，而言不昭矣。不道不共，不昭不从，无守气矣。”朝见发言必使在座者均能听到，以昭明事理，注视不离开衣领和腰带之间，以端正仪表。现在单成公做天子的百官之长，在盟会上宣布天子的命令，却低头垂眉，有气无力，细若蚊声，目光不高于衣带，声音超过一步就听不到，相貌不能聚精会神，言事就不能说明白了。不端正，就不恭敬；不明白，别人就不顺从。他已经没有保养身体的精气神了。十二月，单成公卒。如何在大庭广众下发言，韩非子曾引《管子》语：“言于室，满于堂。”（《韩非子·难五》）

“言以知物。”（昭公元年）察言以知祸福之类。哀公十二年，卫出公参加盟会迟到被吴国软禁。经过子贡求情，卫出公被释放，他回国后，竟然模仿吴人的吴侬软语说话，子之当时还年幼，就说，国君必定不会免于祸难，恐怕将来会死在夷人那里吧！被他们拘禁还喜欢学他们的话，跟随他们走是必然的了。这样不知道忧愁的国君确实不知道灾难会何时降临。果然，后来卫出公被迫逃亡，但是他依然不知道忧虑自己，反而是对一些小节却耿耿于怀，哀公二十五年，卫出公逃亡到了宋国。卫出公在藉圃修造了灵台，和大夫们一起喝酒，褚师声子穿着袜子登上席子，卫出公很不高兴。褚师解释说：“我脚上生了疮，和别人不一样。如果见到了，君王会作呕的，因此不敢脱去袜子。”卫出公更加生气。大夫们都为褚师辩解，卫出公不认可。声子退出，卫出公两手叉在腰上，愤愤不平地说：“一定要砍断你的脚！”声子听了这话，赶紧坐上车子离开了国君：“今天的事情能够落个逃亡就是幸运了。”逃亡在外，本来不必拘于小节，可是卫出公就是一个斤斤计较之人，这样的国君实在是太难伺候了。

谈论别人是非的时候，外人也在观察他的人品。昭公二十五年春季，鲁大夫叔孙婼到宋国聘问。宋大夫桐门右师乐大心接待他，谈话中，右师乐大心对宋国的大夫和宋国的司城氏都很瞧不起。叔孙婼和他的手下人交流：“右师恐怕要逃亡吧！君子一定尊重自己，然后能推及别人，这是有礼的本质。现在右师对他们的大夫和宗族都不尊重，就等于不尊重他自己，他还能够做到有礼吗？无礼必定会逃亡。”后来乐大心要发动叛乱。被宋国驱逐。

威仪僭越就会招致评头论足，而这些评论同样会被分析。“夫服，心文也。如龟焉，灼其中必文于外。”（叔孙穆子语见《国语・鲁语下》）昭公元年，三月甲辰，盟。楚公子围设服离卫。楚公子围配置国君衣饰器用，用二卫士持戈立于前，暴露了其欲篡位的内心。诸大夫对此做出各自不同的评价，楚国大夫伯州犁忙不迭地解释说是临行前向国君借用的。行人挥根据诸大夫的评论对诸大夫进行了点评：“叔孙绞而婉，宋左师简而礼，乐王鲋字而敬，子皮与子家持之，皆保世之主也。齐、卫、陈大夫其不免乎？国子代人忧，子招乐忧，齐子虽忧弗害。”叔孙穆子言语恰当委婉、含而不露；宋左师避谈可否，恭敬有礼；乐王鲋不犯凶人，懂得自爱与恭敬；子皮和蔡子家不置臧否，不明确表态，以上均是保持世代爵禄之家主。齐、卫、陈大夫虽然有的是替人忧，有的是乐人忧，均是忧患之先兆。昭公八年，陈大夫陈招杀太子，卫、齐大夫幸而无患。钱锺书先生发现了这一情景描写对后世的影响：“按叔孙穆子、子皮、子家辈十人指点议论，伯州犁穷于酬对，后世白话小说及院本宾白写七嘴八舌情景，庶有足嗣响者。”①

君子言谈举止无差错，出使诸国才会得到敬重。“淑人君子，其仪不忒。其仪不忒，正是四国。”（《曹风・鸤鸠》）君子仪容举止端方正派，不容人挑衅侮辱。昭公五年，晋韩宣子如楚送女，叔向为介。当时楚灵王“汰侈已甚”，狂妄自大，韩宣子是上卿，叔向是上大夫，楚王臆想让韩起做守门人，让叔向做内宫司宫，以羞辱晋国。有人担心叔向会受辱，但叔向坚信：“慎吾威仪，守之以信，行之以礼，敬始而思终，终无不复。”谨慎地保持我们的威仪，守信用，行礼仪，恭敬而有节制，让楚王也无机可乘。楚王把想羞辱晋国能臣的想法交给群臣讨论，然而薳启疆一番鞭辟入里的分析和劝谏，楚王打消了侮辱韩起、叔向的念头，但试探还是不能少的，结果“王欲敖叔向以其所不知，而不能，亦厚其礼”。楚王在博学而且注重威仪的叔向面前碰了壁。韩宣子到楚国去访问的时候，楚国人不出来迎接。后来楚国公子弃疾到达晋国国境，晋平公也不想派人迎接。叔向提出，《书》曰：“圣作则。”圣人以身作则，我们要高姿态对待，给楚

---

① 钱锺书：《管锥编》，中华书局1979年版，第226页。

国树立一个榜样，“匹夫为善，民犹则之，况国君乎？”一个庶人做了好事，百姓还以他为榜样，何况国君呢？不要跟楚国一般见识。晋平公心悦诚服，就派人迎接公子弃疾。

孔子的学生子贡也学会了通过观察威仪来判断人的命运。鲁定公十五年的春季，邾隐公前来鲁国朝见。子贡观礼。邾子把玉高高地举起，他仰着头，目空一切；鲁定公谦卑地接受了玉，低垂着头，精神萎靡。子贡说，用礼来判断两位国君的反常举止，都预示着灭顶之灾。礼，维系着生死存亡，周旋揖让、进退俯仰，体现了人的精神状态。二人在如此重要的场合行礼失态，高仰着头，是傲慢的体现，傲慢易生祸乱；低垂着头，精神难以集中，是病情严重的表现。夏天五月份，鲁定公去世，仲尼曰：“赐不幸言而中，是使赐多言者也。”

总之，言谈举止皆威仪，言谈体现着人的思想意识和思维方式，举止展现人的审美情趣、道德修养，更重要的是“衣冠不正，则宾者不肃。进退无仪，则政令不行”。（《管子·形势解》）“君子所贵乎道者三：动容貌，斯远暴慢矣；正颜色，斯近信矣；出词气，斯远鄙倍矣。”（《论语·泰伯》）是对君子威仪近于有德关系的最好解释。西汉扬雄则提出“四重”：“重言，重行，重貌，重好。言重则有法，行重则有德，貌重则有威，好重则有观。”（《法言·修身》）

二 相遇战场展示威仪风度

“国之大事，在祀与戎。”（《左传·成公十三年》）日常生活保持威仪还相对容易，难的是在拼命厮杀的战场上也要讲究威仪，不仅体现的是个人素质，更重要的是展现国家的形象。钱穆先生曾总结说：“即在战争中，犹能不失他们重人道，讲礼貌，守信让之素养，而有时则成为一种当时独有的幽默（一披读当时诸大战役之记载，随处可见）。道义礼信，在当时的地位，显见超出于富强攻取之上（此乃春秋史与战国史绝然不同处）。”①

在紧张激烈、惊心动魄的对峙中，春秋士人依然保持着威仪，互致问

① 钱穆：《国史大纲》，商务印书馆1994年版，第71页。

侯，恭敬有礼。宣公十二年（公元前 597 年），楚晋邲之战，楚将的驭手许伯、车左乐伯、车右摄叔奉命驾车向晋军致师挑战，三人对于“致师”有不同理解。许伯着重于冲击敌营，震慑敌人然后全身而退；摄叔着眼于活捉一名敌人。乐伯的想法更能展现一种从容不迫的致师姿态，即车左要射出好箭压制住敌人，又有闲暇代御者执辔，御者还有心情下车让四匹马排列整齐，并能细心地调整马脖子上的皮带。三个人按照各自的标准完成了既定任务。在撤退时遇到了意外，晋军鲍癸率兵紧追不舍，乐伯左右开弓，压制了追兵，但仅剩一支弓箭，紧急中碰巧有一只惊吓的麋鹿跳跃跑出，乐伯一箭稳稳射中这只麋鹿背部凸起处（古代田猎以射中动物背部为好箭法），摄叔从容下车，然后把麋鹿献给鲍癸并说，时令不对，应该打猎的动物没遇到，这只麋鹿就送给随从吧。鲍癸让士兵停止追逐，因为“其左善射，其右有辞，君子也”。这个小插曲比挑战更能体现了车左娴熟的箭法，车右机智的辞令，楚将轻松淡定的心态。后来晋国魏锜也到楚军阵营挑战，在撤退的途中遇到六只麋鹿，射中一只献给了追赶的楚将潘党，潘党同样放归了魏锜。挑战不仅是耀武扬威，也有惺惺相惜，互相敬重，彬彬有礼，尊重君子，这才是战场上君子威仪的要义。

此后，战场上的君子风度受到推崇，射君子非礼成为当时战场上的一个独特景观。成公二年（公元前 589 年），齐、晋鞌之战。春秋时代的战车上，皆御在中，将帅在左。韩厥因为父亲托梦嘱咐，所以居车中代替御者。齐侯的部下根据韩厥的风姿仪态，建议：“射其御者，君子也。”齐侯则认为：“谓之君子而射之，非礼也。”结果车中左右将士皆被射杀，韩厥不顾一切地追赶齐侯，路上又遇到了车坏要搭车的綦毋张，韩厥为了不让他立于左右凶险之处，用肘迫使他退于身后。杜预注曰：“齐侯不知戎礼。”孔颖达在《春秋左传正义》中认为：“戎事以杀敌为礼，齐侯谓射君子非礼也，乃是齐侯不知戎礼也。”① 其实齐侯的这句话反而彰显了春秋时代战场上对君子的尊重，是对君子的精神气度推崇，对其所拥有的诗书礼乐修养的崇拜，对具有君子风度的人才爱护。昭公二十六年（公元前 516 年），齐鲁战于炊鼻，季氏臣冉竖告诉季平子自己射中一位齐国将领的手，季平子认为是陈武子，并问冉竖是否和他交手，冉竖回答“谓之君子，何敢亢之？”虽是托词，但显然射君子非礼已深入人心。而

① 李学勤：《十三经注疏·春秋左传正义》，北京大学出版社 1999 年版，第 695 页。

且战场上互相拼杀，不久就可能化干戈为玉帛。韩厥在俘获齐侯（被逢丑父替换）时敬酒献璧恭敬有礼，因为他知道今年两国兵戎相见，明年也许就会和好如初。果然，第二年，齐侯朝晋，晋侯宴享齐侯，齐侯看着韩厥，韩厥就问，君侯还认识我吗？齐侯回答，你换衣服了。韩厥登，举爵曰：“臣之不敢爱死，为两君之在此堂也。”臣不惜性命拼战场，正是为两国国君在堂上欢宴。可见君子不仅有外在的威仪，还应有对战争与和平的辩证认识。

与韩厥协同作战的晋国郤至也是勇而知礼之人。具体体现在三个方面：一是在宴享上，成公十二年，如楚莅盟，楚人为地室而县焉（县钟鼓），郤至将，金奏作于下，惊而走出。郤至于是称此乃两君相见之礼乐，下臣不敢受，以掩饰自己受惊窘态。然后，洋洋洒洒，阐述了“享以训共俭，宴以示慈惠”的享宴之礼，挽回了颜面；二是在战场上，成公十六年，郤至三次遭遇楚王之队，每次都必定下车，脱下头盔，疾走如风而过，以示尊敬。楚王感动不已，派使者赠之以弓，说正当大家厮杀惨烈之际，一位身着浅红色皮军裤之人，看见我楚王恭敬有礼，您没有受伤吧？郤至脱下头盔听受楚王使者之命，然后告诉使者实不敢当楚王之劳问，因有军服在身，请向使者行肃拜之礼，于是三次作揖而谢；三是受到仇人胥童等威胁时，郤至曰：“人所以立，信、知、勇也。信不叛君，知不害民，勇不作乱。”郤至死无反心，证明了晋厉公昏聩无道枉杀大夫。“郤氏诚良大夫，不幸其宗侈而亢，兄弟之不令，而知不能周，强不能制，遭晋厉之淫暴，谗嬖窃构以利其室，卒及于祸。”①

来而不往非礼也，有时候也成为一种战场默认的规矩。昭公二十一年，宋国华氏作乱，晋国公子城率领晋军与齐军、卫军一起来帮助宋国平定叛乱。交战中，干犨为叛军将领华豹驾驭信战车，张匄作为车右。两车偶然相遇，公子城退了回去，华豹大声喊道：“城啊！”公子城发怒了，转回来，刚要装上箭，这边华豹手疾眼快已经拉开了弓。公子城说：“平公的威灵保佑我吧！”华豹的箭，在公子城和车右之间穿过，华豹射得快，但没射中。公子城准备装上箭，华豹又再次拉开了弓，公子城说：“你不让我还手，卑鄙！”华豹于是从弓上抽下箭，公子城一箭射去，把华豹射死。华豹的车右张匄要为主人报仇，他拿着殳下了车，公子城一箭

① （唐）柳宗元：《柳宗元集》，中华书局1979年版，第1276页。

射去，射中张匄的腿，张匄挣扎着爬过来用殳敲断了公子城的车轸，公子城又发了一箭，张匄死去，干犨请求也给他一箭，公子城说："我替你向国君说情。"干犨回答说："不和战友一起战死，就是犯了军队中的大法，犯了法而听从您，君王哪里还用得着我？您痛快点吧！"于是公子城就射了他一箭，把他也射死了。华豹第二次本来还可以有机会射杀公子城，但是公子城一喊他卑鄙，华豹就为了公平，把这次机会给了公子城，坦然面对死亡。干犨本来有机会活下来，但是战友们都战死了，他也不可以选择活着。华豹虽然背叛了国君，但是他及车右在战场上的君子风度还是被史家记录下来。

如果战场上徒弟遇到师傅，确实是一个艰难的选择。襄公十四年，卫献公逃亡，公孙丁为卫献公的驾车，尹公佗和庾公差在后面追逐卫献公。当初，尹公佗到庾公差那里学射箭，庾公差又是从公孙丁那里学射箭。庾公差说："如果射箭，就是背弃师傅；不射，又将被诛杀。射了还是合于礼的吧！"就射中了车子两边的曲木然后回去。尹公佗说："您可以为了老师，我和他的关系就没那么近了。"于是掉回车去追赶。师傅公孙丁把马缰递给卫献公，然后向尹公佗射去，射穿了他的臂膀。庾公差顾及到了师傅，但尹公佗不管这些，公孙丁也顾及到了徒弟，于是只是射中臂膀以示惩戒。射不射？射到什么程度？考验的是君子还是小人。

狭路相逢时，君子与小人对射时会更加自信。哀公十六年，卫国大夫孔悝逃离卫国，派许公为去宗庙中去取神主盒子，子伯季子当初是孔悝的家臣，近来攀附卫庄公成为大夫，他主动请求追赶孔悝，许公为和子伯季子狭路相逢，许公为说，"与不仁人争明，无不胜"。我和不仁不义的人争强比箭，没有不胜的。就主动坚持让子伯季子先射，子伯季子射了三箭，越射越心虚，三箭都落到了离许公为很远的地方。许公为搭弓射箭，只用一箭就把他射死了。许公为一身正气，问心无愧，子伯季子卖身求荣，心里有鬼，未等对射，高下已判，胜负已定。

即使是追击狼狈溃逃的穷寇，士人也信守口头承诺。襄公十八年，晋军大败齐军，齐军本来由夙沙卫殿后，因为夙沙卫是寺人，齐将殖绰、郭最认为由寺人殿后是齐军之耻辱，就让夙沙卫先走，二人殿后。夙沙卫对二将忌恨在心，在道路险隘之处，故意杀死马匹，以阻塞道路。殖绰、郭最受到影响，只能且战且退，结果被晋将州绰追上。用箭射殖绰，射中了双肩，殖绰被两枝箭夹着脖子，还在逃跑。州绰说："停下别跑，你还可以成为俘虏；不停下，我就射两箭的中间。”殖绰回过头来说：“你发誓。”州绰说：“太阳为证！”于是殖绰和郭最束手就擒。州绰本可以射杀殖绰，但他理解殖绰、郭最是被设计陷害，无处可逃，惺惺相惜，所以要活捉他们。

战场上不分是贵族还是异姓士人，他们并肩作战，也因为这样的战友关系让人变得更加真诚和坦诚。定公九年秋季，齐景公发兵攻打晋国的夷仪，齐国的东郭书抢先登上城墙，犁弥跟着他，说：“您上去之后奔左边，我上去之后奔右边。”东郭书上城之后就往左冲去，犁弥往右冲去。战斗结束，东郭书和犁弥在一起休息，犁弥开玩笑说：“还是我先登上的城墙。”东郭书整理了一下皮甲，说：“你以前让我难堪，现在还想让我难堪！”犁弥笑着说：“我跟着您，好像骖马跟着服马走一样，哪能抢先？”齐景公论功行赏，要赏赐犁弥，犁弥辞谢说：“有先登城墙的人，下臣跟着他，他戴着白色头巾，披着毛皮斗篷。”齐景公让他看看是不是东郭书，他说：“正是这位夫子，我要把赏赐让他。”齐景公要赏赐东郭书，东郭书辞谢说：“他是客卿。”于是就赏赐了犁弥。他们在战场上互相较劲比拼，比的是谁更勇猛，但是领赏的时候却能互相谦让，他们都是君子。

两国交战不仅是军队硬实力的比拼，而且是软实力的碰撞。晋军“好以整肃”，整齐严肃显示军威。楚军则是倾向于急行军，不注意队列。宣公十四年，晋国“示之以整，使谋而来”。晋国通过举行阅兵仪式来展示队伍整肃，军纪严明，以威慑郑国，使其惧而从晋。而楚军“其行速，过险而不整”。（成公十六年）行军速度太快，通过险阻之地就队形不整。

晋国在金戈铁马的冲突中除“示之以整”外，更要追求一种闲庭信步的境界。成公十六年（公元前575年），晋楚鄢陵之战，栾书之子栾鍼想起自己曾向楚国子重总结的晋国之勇，“好以众整”且“好以暇”。晋军整肃统一，又能从容闲暇。晋军“行人不使，不可谓整；临事而食言，不可谓暇”。于是派行人专门送酒慰劳楚国子重，子重称赞了栾鍼没有忘记曾说过的话，然后一饮而尽，继续敲击军鼓，指挥作战。这场战斗“旦而战，见星未已”。杀得天昏地暗，晋、楚将士在战斗期间精神气度不相伯仲。后来楚军由于一个偶然事件，即谷阳竖献饮于子反，子反醉而不能见，楚王见子反如此麻痹大意，恐怕胜利难保，急令楚军全身而退。

即使战败溃退，也要保持威仪和风度。宣公十二年（公元前597

年)，楚晋邲之战，晋人战败逃跑，晋人载旌旗的战车卡在坑中无法行进，楚人就告诉晋军撤去车轮间的横木，晋将依计而行，刚走不远，因旗大兜风，马盘旋不前，楚人又告诉晋人拔掉军旗，这样晋车才脱离大坑。晋人回头不忘调侃楚人："我们真不如贵军屡次逃奔经验丰富啊。"

进入春秋末期，在战场讲究威仪的现象逐渐消失。昭公二十六年(公元前516年)，鲁与齐战于炊鼻，齐国子囊带大声叱骂声子，但鲁国声子却不愿回应，他说："军无私怒，报乃私也，将亢子。"两军作战没有个人的恩怨，我要回骂你就变成私事了，但我还是要抵挡你。子囊带又骂，声子于是回骂。冉竖用箭射中陈武子的手，陈武子破口大骂。冉竖回来向季平子报告说："有君子白皙，鬒须眉，甚口。"有一位皮肤白、胡子眉毛黑密的君子，竟然爆粗口。显然。战场上所谓"君子"叱骂声不断，威仪已荡然无存了。

三　威武不屈的南冠人格

日常生活中注意威仪比较容易，在激烈的战场仍能想到威仪就有了难度，特别是被俘后是否还能保持威仪。当然，春秋时代不乏士可杀不可辱的士人，襄公十七年，齐鲁交战，鲁国臧坚被俘，齐灵公专门派夙沙卫去慰问他，并且说"不要死"。臧坚拜谢君王的不杀之恩，"姑又使其刑臣礼于士"。但您派一个寺人来对一个士表示敬意，实在是对士的侮辱。臧坚用一个小木桩刺进自己伤口而死。齐灵公把夙沙卫视为心腹亲信，但是士人却拒绝与这个奸佞小人为伍。

最难能可贵的是成为阶下囚还能保持威仪，春秋无义战，人们耳熟能详的是诸如晋楚城濮之战、齐晋鞌之战、楚晋邲之战的前前后后等。但常常忽略了《左传》还记录了士人被俘后的表现，他们威仪不减，志气不衰，威武不屈，《左传》因此而充满了人文关怀，耐人寻味的是《左传》重点描述了晋国、楚国和吴国的士人，让人充分领略到了士人背后的文化底蕴。

宣公十二年（公元前597年），晋楚邲之战，晋师败绩，晋国的最大损失是足智多谋、义勇双全的知罃被俘，并被囚禁长达十年之久。十年后，晋人用楚公子及一个大臣的尸体和楚国交换知罃。其时，知罃之父

“荀首佐中军矣，故楚人许之”。知罃获释在即，是顺水人情，楚王却不依不饶地问知罃“怨我乎?”“德我乎?”“何以报我?”知罃无怨无德，而且不卑不亢，巧妙地提出作为楚君的“外臣”，如能回国免死，治理边疆遇到楚军，也不敢逃避，竭力致死，为的是尽到“外臣”之礼。知罃羁留在楚十年，依然豪气冲天，壮心不已。回答楚王既得体又不失尊严，绵里藏针，软中带硬。楚王曰：“晋未可与争。”重为之礼而归之。吴曾祺评曰：“荀罃当晋悼之世，佐霸有功，故其气宇亦与庸庸者不同，其对楚子之言，凛凛生气，与公子重耳告楚成王相似。”[①] 知罃对楚王敬谢不敏，相反，对郑贾人优待有加，因为郑贾人曾谋划把荀罃偷运出楚国，可惜没等到这个机会。荀罃的精彩回答完全可以媲美当年的公子重耳，他后来辅佐晋悼公实现了霸业中兴。

十年的囹圄生涯，知罃认识到：“暴骨以逞，不可以争。大劳未艾。君子劳心，小人劳力，先王之制也。”（襄公九年）知罃主政晋国后，屡次兴师问罪郑国，遇楚则不战而还，郑国终于承受不住几番威慑，主动脱楚事晋，实现了不战而屈人之兵。晋悼公的霸业在知罃的主持下达到鼎盛时期，国内君臣和睦，对外，不战而疲楚之兵，“三驾而楚不能与争”。（襄公九年）

吴国在春秋后期登上历史的舞台，但吴国的君子如季札的风度为春秋诸国所敬重。吴王弟弟蹶由也因为被俘的表现获得了尊重。昭公五年（公元前537年），吴子派其弟蹶由犒劳楚军以探虚实，楚人把他抓起来准备衅鼓。楚王问蹶由来之前是否占卜吉凶？蹶由的回答出乎很多人的预料，吴国占卜的是犒劳楚师以探虚实为吉，占卜的是对社稷有利与否，不是个人。如果我被杀以血涂祭军鼓，反而能提高吴国警惕，做好戒备，当然是对国家来说是吉，况且一藏一否，谁能确定？楚卜城濮之战的吉兆，却应验在邲之战。如果我作为使者被杀，而吴就将打有准备之仗，以报复楚国。果然，“吴早设备，楚无功而还，以蹶由归”。他强调占卜吉利，个人不幸反而是国家的幸事。如果自己被杀，吴军就知道戒备了。说明蹶由能辩证认识福祸相依，能正确看待个人与国家的关系。在《韩非子·说林下》中，蹶由推论了自己衅鼓利弊：“且国之卜，非为一臣卜。夫杀一臣而存一国，其不言吉，何也？且死者无知，则以臣衅鼓无益也；死者

① 林新樵：《左传选》，福建教育出版社1985年版，第179页。

有知也，臣将当战之时，臣使鼓不鸣。”蹶由的铮铮之言让楚国人敬佩，没有被衅鼓，一直拘于楚国十四年，直到昭公十九年，令尹子瑕引用了谚语“室于怒市于色”，在家里生气而把怒气伤及无辜，奉劝楚王嫉恨吴王但不必迁怒其弟，于是楚王“乃归蹶由”。

知罃得以获释是由于其父在晋国政坛地位上升的缘故，“知罃之父，成公之嬖也，而中行伯之季弟也，新佐中军，而善郑皇戌，甚爱此子”。（成公二年）这是知罃得以获释的主要原因。如果没有这样的背景，士人只能依凭自己对国家的挚爱。楚国钟仪就这样成功地实现了自救，他在生死攸关的考验面前，显示出一种成熟的自信和笃定，保持着令人肃然起敬的尊严。成公七年，楚国宫廷琴师钟仪被郑国俘虏，献给了晋国。钟仪被囚系在军队仓库里二年，但仍戴着南方楚国的帽子，晋景公视察仓库时偶然撞见，问他故国、职业、君王如何？钟仪不卑不亢、委婉作答。范文子知道后，大加称赞，强调“楚囚，君子也”。并用仁、信、忠、敏来总结钟仪的君子人格，认为钟仪说自己是泠人不忘本，是仁德；演奏南音不忘旧，是守信；介绍国君不恭维无私心，是忠于国家。尊重晋君，通达事理。于是厚礼接待钟仪，促成晋楚和解。钟仪的作答体现了“言近而指远者，善言也。君子之言也，不下带而道存焉”。（《孟子·尽心下》）君子虽然说的都是眼前的事情，却有深邃的道理在里面。他始终戴着楚国的帽子表现出对自己祖国深沉的热爱。

晋、楚、吴三国大夫敬慎威仪，言出有章，昭示着春秋时代历史发展方向，知罃代表晋悼公复霸即将到来；蹶由不屈不挠则预示吴国逐渐崛起，即将登上春秋舞台，逐鹿中原；钟仪回归促进晋楚修好结成，是晋楚弭兵的前奏。

关于钟仪所戴的南冠，孔颖达认为是獬豸冠，獬豸是具有羊的身体、麒麟外观的瑞兽，能够分辨正与邪能力，只有一角，能触邪恶。“此冠前低后高，两边突起，形成双角，后部下延至颈部，有两系带。”[①] 相传楚文王特别喜好戴獬豸冠，因此楚国人争相效仿。传到了汉代，獬豸冠成为了执法者的礼帽。黄凤春先生则认为是高冠，在长沙人物御龙帛画、包山楚墓漆奁画、战国早期的曾侯乙墓出土的漆鸳鸯盒上及信阳长台关楚墓出土的漆瑟上所绘的人物画像可以见到这种高冠，“楚国的高冠高耸于头

① 黄凤春：《浓郁楚风：楚国的衣食住行》，湖北教育出版社2000年版，第11、14页。

顶，其上有环状或平顶状的结构，两边垂缨，结下颈下。服戴时仅著之于顶，并不像其他的冠一样覆盖整个发际”①。

后人没有记住拥有高贵血统的蹶由和立下功绩的知罃，而是记住了平凡的钟仪。主要有以下原因：一是钟仪囚犯的身份；二是作为文化人的身份；三是被俘还能保持威仪；四是成功地摆脱了困境；五是回国后被重新起用。楚共王没有嫌弃他，反而派钟仪做了郧县的郧公，楚国是春秋时代最早创立县制的国家，突破了商周以来的分封制，强化了中央的统一与集权，造就了楚国的强盛，开创了秦以后郡县制的先河。

春秋后期，楚国对于被俘人员任用不如以前那么开明了，哀公十七年，楚国太师子穀与子高讨论楚军统帅时，子穀就推荐了带有被俘背景的人才，他还举了楚王重用被俘背景的人才为例：观丁父，鄀国的俘虏，但是楚武王让他做了军帅，因此战胜了州国、蓼国，使随国、唐国归顺，极大地开辟了蛮人之地。彭仲爽，申国的俘虏，但是楚文王让他做了令尹，使申国、息国成为楚国的两县，让陈国、蔡国前来朝见，开疆拓土到达了汝水。只要他们能够胜任职务，做过俘虏有什么关系呢？但是子高还是考虑子穀推荐的人才都曾经是俘虏，百姓会轻慢他们，怕不会听从命令，最终没有起用。能否起用被俘士人，无疑是存在着争议和顾虑的。楚国已经没有了先王们不管民族、俘虏等这些条条框框，大胆起用各种人才的胸襟和气度的环境，步入了衰落。

随着后代封建统治的强化，士人成为囚徒或被贬谪的机会增加，每当遇到这样的境遇就会想到充满坚定信念的南冠人格，比拟古人激励自己。如经历了国家兴亡和个人际遇变化的南朝诗人江总，在《遇长安使寄裴尚书》里说：“北风尚嘶马，南冠独不归。”诗人庾信遭逢亡国之痛，羁留在北朝，叹恨羁旅，忧嗟身世，常想起南冠。如《哀江南赋序》：“钟仪君子，入就南冠之囚。”《率尔成咏》：“南冠今别楚，荆玉遂游秦”；天生傲骨的骆宾王因讽谏武则天而入狱，在诗中他借助“南冠”表达自己坚定的信念和高洁的品格，在著名的《在狱咏蝉》写道：“西陆蝉声唱，南冠客思深。”骆宾王还有《宪台出絷寒夜有怀》：“自应迷北叟，谁肯问南冠。”卢照邻《赠李荣道士》：“独有南冠客，耿耿泣离群。”钟仪羁留晋国却不忘南音，受到李白欣赏：“楚冠怀钟仪，越吟比庄舄。”（李白

① 黄凤春：《浓郁楚风：楚国的衣食住行》，湖北教育出版社 2000 年版，第 11、14 页。

《淮南卧病书怀寄蜀中赵征君蕤》）后来在流放夜郎的途中，李白自比“南冠君子”，表现身遭磨难，但精神不倒坚忍执着的斗志情怀。“南冠君子，呼天而啼。”（李白《万愤词投魏郎中》）“北阙圣人歌太康，南冠君子窜遐荒。”（李白《流夜郎闻酺不预》）许多诗人在羁留外地或迁谪时也自然想到“南冠”君子。如元稹《三月三十日程氏馆饯杜十四归京》：“我正南冠絷，君寻北路回。”柳宗元“永贞革新”失败后，被贬永州时作《奉酬杨侍郎丈因送八叔拾遗戏赠诏追南来诸宾二首》：“一生判却归休，谓著南冠到头。”李群玉《将之京国赠薛员外》：“南冠束秀发，白石劳悲讴。”李商隐《与同年李定言曲水闲话戏作》：“相携花下非秦赘，对泣春天类楚囚。”南宋诗人文天祥及部下十二人在蒙古人的押解途中逃离，逃往真州又被疑，仰天长叹，无限感慨。赋《真州杂赋》诗：“十二男儿夜出关，晓来到处捉南冠。”明末夏完淳随父抗清，不幸失败被捕。在公堂上慷慨陈词，痛骂降将洪承畴。在狱中撰写了诗稿《南冠草》。其中《别云间》：“三年羁旅客，今日又南冠。无限河山泪，谁言天地宽。”行刑时，他傲然挺立，拒不下跪，面对明孝陵慷慨就义。清统治者大兴文字狱，康熙七年，顾炎武被牵连在内，虽然他极力抗辩，仍被监禁七个月，作《赴东》诗之三：“未得诉中情，已就南冠絷。”后因朋友的营救，才得出狱。到了现代，革命者陈同生被押解去南京时，同为难友的田汉赠给他一首《南京狱中·赠陈同生》诗：“夜半呻吟杂啸歌，南冠何幸近名河。养花恨我闲情少，谈鬼输君霸气多。”1943 年，郭沫若在重庆创作了《南冠草》这部历史剧，写的是明末夏完淳抗清事迹。后来成为南京市越剧团优秀保留剧目，“南冠”与夏完淳融为了一体。

钟仪无意于立德、立功、立言，在历史上留名，只是在危难之际，保持自己的气节和尊严，他用行为彰显、充实了君子风度的内涵，影响和激励了后代士人。他与后来汉代出现的威武不屈的苏武、宁死不屈的明末夏完淳遥相呼应。昭示着楚国在春秋时代后期已不再是荆蛮的代名词，已拥有足以自豪的文化传统，后来正是在这片楚国文化氤氲的土壤上产生了伟大的诗人屈原。

第五章

隐士人格

春秋时代，是士人研究史上引人关注的时代，周王朝衰落，霸主纷起，士人乘势而起建功立业的机会增多，而关于隐居士人的记载很少。

这一时期，人们如何看待隐士，理念上的认识和士人有何差异，以及隐士的生存环境等都是本章要探讨的问题。

一　美玉与匏瓜之喻

士人隐逸首先要冲破理念的阻碍，而这种观念的不同首先体现在取相于美玉和匏瓜的比喻不同。

“古之君子必佩玉。”（《礼记·玉藻》）玉吸收天地之灵气，凝聚亘古千年的精华，来自广袤大地崇山峻岭，居庙堂之高，佩于君子身上。对春秋士人来说，玉不仅是佩玉踽踽的饰物，而且是士人之德的对应物，它高贵而温润，“言念君子，温其如玉”。（《诗经·秦风·小戎》）关于君子与玉的关系，孔子进行过剖析。孔子曰：“夫昔者，君子比德于玉焉：温润而泽，仁也；缜密以栗，智也；廉而不刿，义也；垂之如坠，礼也。叩之，其声清越以长，其终则诎然，乐矣。瑕不掩瑜，瑜不掩瑕，忠也；孚尹旁达，信也；气如白虹，天也；精神见于山川，地也；圭璋特达，德也；天下莫不贵者，道也。诗云：‘言念君子，温其如玉。’故君子贵之也。”（《礼记·聘义》及《孔子家语·问玉》）它的温和润泽，象征着仁；缜密布局，代表着智；棱角分明却不伤人，意味着义；垂坠恭敬，展示着礼。碰撞清越，乐在其中；瑕不掩瑜，真实不假；表里如一，信守承诺。玉佩戴在士人身上，行走在天地间，时刻提醒士人注意自身作为社会尊敬的精英应具备的道德修养和行为，君子与玉合二为一。

子贡曰："有美玉于斯，韫椟而藏诸？求善贾而沽诸？"子曰："沽之哉！沽之哉！我待贾者也。"（《论语・子罕》）如果有一块美玉，是把它放在宝匣里藏起来好呢，还是等待识货的买家卖了它呢？当然是卖了呀，卖了呀。孔子透露自己心声，自己就像是一块等待买家出价的美玉。

"玉不琢，不成器。"（《礼记・学记》）"今有璞玉在此，虽万镒，必使玉人雕琢之。"（《孟子・梁惠王下》）士人的才能也有一个逐步被发现的过程。"和氏璧"更像是士人怀才而君主不能识的寓言。"和氏之璧，不饰以五彩；隋侯之珠，不饰以银黄。其质至美，物不足以饰之。"（《韩非子・解老》）卞和说得好："吾非悲刖也，悲夫宝石而题之以石，贞士而名之以诳，此吾所以悲也。"王乃使玉人理其璞而得宝焉，遂命曰："和氏之璧。"（《韩非子・和氏》）"和氏璧"成为天下所共传宝也。一块和氏璧，它的辗转传递，它的完璧归赵，折射出士人高风亮节，镌刻着士人兴衰荣辱。汉东方朔《七谏・谬谏》："和抱璞而泣血兮，安得良工而剖之。"士人面临生死抉择时，也是"宁为玉碎，不为瓦全"。

匏瓜即葫芦，既不是果，也不是菜，还不是谷物，不能食，只能用，无论是舀水或漂浮渡人，都是一种生命之轻的状态，而这种生命之轻却承载着春秋时代隐士的生存之重。"酌之用匏。"（《大雅・公刘》）先民很早就发现匏瓜可以舀水喝水。还可以助人渡河，"匏有苦叶，济有深涉。深则厉，浅则揭"。（《诗经・邶风・匏有苦叶》）渡河如果水深过胸就穿着衣服泅渡，水浅不过膝就挽起裤子蹚过去，再深的话可能就得靠匏瓜了。

子击磬于卫，有荷蒉而过孔氏之门者，曰："有心哉，击磬乎！"既而曰："鄙哉！硁硁乎！莫己知也，斯己而已矣。深则厉，浅则揭。"（《论语・宪问》）孔子在卫国，一天正在敲击磬，有一位背扛草筐的人从门前走过说，这个击磬的人有心思啊！一会儿又说，声音硁硁响，让人看不起，没有人了解自己没什么大不了的，自己好好活着就是了。不管水深水浅，你只能适应社会的变化。这是孔子在卫国遇到了一个隐士，他对孔子要献身社会改造社会不以为然，还是像匏瓜一样生存比较好。

晋国贤大夫叔向提出了匏瓜不才，只能渡人的观点："夫苦匏不材，与人共济而已"（《国语・鲁语》）。孔子则把匏瓜和悬置未用联系起来。孔子曰："我岂匏瓜也哉？焉能系而不食？"（《论语・阳货》）我难道是匏瓜吗？只是悬挂着，没人来采食？此后，匏瓜就和未被社会所用的隐士联系起来。

韩非子认为匏瓜主要功用是舀水或盛物，没有这样功用的匏瓜即使再大再坚也和不恃人而食的隐士一样无益于国。齐国有个隐士叫田仲，宋人屈谷去见他，提出：“‘夫瓠所贵者，谓其可以盛也。今厚而无窍，则不可以剖以盛物，而任重如坚石，则不可以剖而以斟。吾无以瓠为也。’曰：‘然，谷将以欲弃之。’今田仲不恃人而食，亦无益人之国，亦坚瓠之类。”（《韩非子·外储说左上》）

韩非子认为隐士“无益”，惠子强调隐士“无用。”惠子谓庄子曰：“魏王贻我大瓠之种，我树之成而实五石，以盛水浆，其坚不能自举也。剖之以为瓢，则瓠落无所容。非不呺然大也，吾为其无用而掊之。”庄子曰：“夫子固拙于用大矣。……今子有五石之瓠，何不虑以为大樽而浮乎江湖，而忧其瓠落无所容？则夫子犹有蓬之心也夫！”（《庄子·逍遥游》）庄子主张顺其自然，借助大葫芦优哉游哉漂浮江湖，何必非要剖开做成瓢，更何况“无用之用”正是全生之道。“山木自寇也，膏火自煎也。桂可食，故伐之，漆可用，故割之。人皆知有用之用，而莫知无用之用也。”（《庄子·人间世》）

循着孔子的思路，诗人们也把匏瓜和闲置、隐逸联系起来。魏晋时王粲作《登楼赋》：“惧匏瓜之徒悬兮，畏井渫之莫食。”不料，竟然真被刘表闲置了十五年。孟浩然《将适天台留别临安李主簿》：“枳棘君尚栖，吾岂匏瓜系？”李白《早秋赠裴十七仲堪》：“荆人泣美玉，鲁叟悲匏瓜。功业若梦里，抚琴长发嗟。”白居易《感兴二首》：“虽异匏瓜难不食，大都食足早宜休。”元稹《江边四十韵》：“相顾忧为鳖，谁能复系匏。”匏瓜又与浪迹江湖，漂泊四海联系起来，韩偓《有感》：“坚辞羽葆与吹铙，翻向天涯困系匏。”欧阳詹《初发太原途中寄太原所思》：“流萍与系匏，早晚期相亲”。黄庭坚《次韵刘景文登邺王台》：“系瓠两相忆，极目十余城。”经过作家创作，隐士许由也和匏瓜建立起关系。蔡邕《箕山操》：“许由无有杯器，常以手掬水，人见由无器，以一瓠瓢遗之，由操饮，饮讫，挂瓢于树，风吹树，飘动，历历有声，由以为烦，遂取捐之。”水瓢让许由饮水变得方便，但是他却对风声瓢声声声入耳感到厌烦。骆宾王《秋日送尹大赴京》：“挂瓢余隐舜，负鼎尔干汤。”唐·徐夤《闲》：“一瓢挂枝傲时代，五柳种门吟落晖。”唐·胡曾《箕山诗》：“弃瓢岩畔中宵月，千古空闻属许由。”唐·吴筠《许先生》：“弃瓢箕山下，洗耳颍水滨。”李白《行路难之三》：“归时莫洗耳，为我洗其心，洗心得真情，洗耳徒买名。”

子路不像孔子那样委婉，而是直截了当地提出自己对隐士的观点，认为隐士保持了自身的高洁却乱了大伦，代表了春秋时代一些人的看法。子路曰：“不仕无义。长幼之节，不可废也。君臣之义，如之何其废之？洁其身而乱大伦！”（《论语·微子》）一个人不出仕是不义的，长幼之间关系不能废弃，君臣之关系又怎么可以废弃。为了不玷污自身，却乱了人类大伦。

二　不臣天子，不友诸侯

春秋士人的人生价值是以三不朽为标准的，襄公二十四年，叔孙豹如晋，范宣子问何谓死而不朽，叔孙豹回答：“豹闻之：‘大上有立德，其次有立功，其次有立言。’虽久不废，此之谓不朽。”而春秋隐士则期望苟全性命于乱世，不求闻达于诸侯。“三不朽”说直到庄子才得到批判：“小人则以身殉利，士则以身殉名，大夫则以身殉家，圣人则以身殉天下。故此数子者，事业不同，名声异号，其于伤性以身为殉，一也。”（《庄子·骈拇》）

春秋时代的隐士不是生活在“世外桃源”，与世隔绝，别有洞天。也不是白云深处有人家，可以“山间深住，林下隐居，清泉濯足”。（元代不勿木《点绛春·辞朝》）而是结庐在人境，耳听车马喧：日出而作，日落而息，凿井而饮，耕田而食，过着自给自足，无求于人，与世无争的生活。浑然不觉中，他们已成为一些统治者的眼中钉，肉中刺，因为他们“不臣天子，不友诸侯”，摆脱人世间的羁绊，漠视人世间功名利禄，高洁远大的人格，统治者无法忍受他们，而第一个向隐士发难的人竟然是“钓翁之意不在鱼”以隐求仕的姜太公。（“以渔钓奸周西伯”《史记·齐太公世家》）隐士的处境不再是后人所以为那样逍遥洒脱，相反却伴着血雨腥风。《韩非子·外储说右上》：太公望东封于齐，齐东海上有居士曰狂矞、华士昆弟二人者立议曰：“吾不臣天子，不友诸侯，耕作而食之，掘井而饮之，吾无求于人也。无上之名，无君之禄，不事仕而事力。”太公望至于营丘，使吏执而杀之，以为首诛。周公旦从鲁闻之，发急传而问之曰：“夫二子，贤者也。今日飨国而杀贤者，何也？”太公望则认为狂矞、华士不臣天子、不友诸侯，“行极贤而不用于君，此非明主之所臣也，亦骥之不可左右矣”。恐其乱法易教，故以为首诛。太公有他杀人的标准：“杀一人，千人惧者杀之；杀二人而万人惧者，杀之；杀三人，三军振者，杀之。……杀一以惩万，赏一而劝众。”① 太公杀手无缚鸡之力的狂矞、华士是为了“杀鸡儆猴”，以儆效尤。然而统治者对士之隐逸的忌惮并未随时代的发展而消失，即使至战国时期，赵威后还气势汹汹、虎视眈眈地问齐使：“于陵子仲尚存乎？是其为人也，上不臣于王，下不治其家，中不索交诸侯。此率民而出于无用者，何为至今而不杀？”（《战国策·齐策四》）姜太公开创了一个危险的先例，春秋时代，隐士们的悲剧并未结束。孔子为鲁摄相，朝七日而诛少正卯。门人进问曰：“夫少正卯，鲁之闻人也，夫子为政而始诛之，得无失乎？”孔子曰：“居，吾语女其故。人有恶者五，而盗窃不与焉：一曰：心达而险；二曰：行辟而坚；三曰：言伪而辩；四曰：记丑而博；五曰：顺非而泽——此五者有一于人，则不得免于君子之诛，而少正卯兼有之。故居处足以聚徒成群，言谈足饰邪营众，强足以反是独立，此小人之桀雄也，不可不诛也。是以汤诛尹谐，文王诛潘止，周公诛管叔，太公诛华仕，管仲诛付里乙，子产诛邓析史付，此七子者，皆异世同心，不可不诛也。诗曰：‘忧心悄悄，愠于群小。’小人成群，斯足忧也。”（《荀子·宥坐篇》）孔子一番言论似乎振振有词，但顾准先生却一针见血，直戳要害：“不过他若真的当起权来，他的做法其实和管仲、商鞅是一样的。杀少正卯，隳三都，已见端倪。他自己心里明白，仁、恕是讲给别人听的，是教化芸芸众生的，至于当权的人要成霸业，不心狠手辣、芟除异己是不行的。”② 魏晋南北朝时，嵇康又成为这个“先例”的下一个受害者，钟会谗言嵇康依据的即是“昔齐戮华士，鲁诛少正卯，诚以害时乱教，故圣贤去之”。（《晋书·嵇康传》）

隐士退亦忧，进亦忧。那么如果重用这些隐士的国家会如何？韩非子

---

① 钱锺书：《管锥编》，中华书局 1986 年版，第 192 页。《群书治要》卷三一引太公《阴谋》。

② 罗银胜：《顾准．民主与“终极目的”》，中国青年出版社 1999 年版，第 286 页。

借助一个故事提出，尊敬这些隐士只会祸国殃民，最后身死国灭。赵主父派李疵视察中山可否攻占，回来汇报说中山可伐。理由是其君喜好岩穴之士，穷闾隘巷之士，礼遇布衣之士。君曰："以子言论，是贤君也，安可攻?"疵曰："不然，夫好显岩穴之士而朝之，则战士怠于行阵；上尊学者，下士居朝，则农夫惰于田。战士怠于行阵者，则兵弱也；农夫惰于田者，则国贫也。兵弱于敌，国贫于内，而不亡者，未之有也。伐之不亦可乎?"主父曰："善。"举兵而伐中山，遂灭也。（《韩非子·外储说左上》）韩非子认为尊敬这些隐士，就容易导致战士懒得作战，农夫懒得种田，最后国家灭亡。

三　接舆、介子推、原宪

春秋时代，孔子在周游列国的过程中，遇到一些隐士，他们可分为两类：一类是过着躬耕垄亩，自给自足的生活，如长沮、桀溺他们一同在耕田，孔子他们经过，叫子路去问渡口。长沮问，那位驾车子的人是谁？回答是"孔丘"，是鲁国的孔丘吗？子路回答"是的"。"那他就应该知道渡口在哪儿了。"子路又问桀溺，桀溺在确认他是鲁国孔丘的门徒仲由之后对他说，你看那水流滔滔，天下都是一样的，谁能改变得了呢？作为你，与其跟从避人之士，还不如跟随避世之士呢。还有"植其杖而芸"的荷蓧丈人，从他们眼光看孔子则是"四体不勤，五谷不分"。栖栖惶惶，丧家犬一般。

还有一类是所谓"狂狷之士"，如楚狂接舆。"楚狂接舆歌而过孔子曰：'凤兮！凤兮！何德之衰？往者不可谏，来者犹可追。已而，已而！今之从政者殆尔！'孔子下，欲与之言。趋而避之，不得与之言。"（《论语·微子》）凤凰啊、凤凰啊，对德的追求怎么能降低了标准，过去的就不用说了，未来的就不要再执迷了，还是算了吧、算了吧，现在的执政者们都很危险哦。他歌声嘹亮，奉劝孔子跳出用世的误区；他步伐矫健，等到孔子下车和他交谈，已不知所往。他对孔子"趋而避之"，他的思想如何成了悬念。

接舆引起庄子的莫大兴趣，在《庄子·逍遥游》中，接舆讲的故事是："藐姑射之山，有神人居焉。肌肤若冰雪，绰约若处子；不食五穀，吸风饮露；乘云气，御飞龙，而游乎四海之外。”一个远离世俗，冰肌雪肤，绰约窈窕，化入自然的神人。在《庄子·应帝王》中，接舆说：“夫圣人之治也，治外乎？正而后行，确乎能其事者而已矣。”强调圣人端正其性而后行德化，不强迫人以本性之所难为。

其实，不论其思想如何，仅他的狂人形象就已深入人心。“箕子、接舆，漆身而为厉，被发而为狂。”（《战国策·秦策三》）接舆像风一样飘过春秋时代，令人想见他举世浑浊我独清，众人皆醉我独醒，特立独行，狂放不羁的人格。他的脱略形迹，傲岸不羁引起潇洒浪漫，笑傲王侯的唐朝诗人强烈的共鸣。王维以接舆称许朋友，又以陶渊明自况，二人醉酒高歌，啸傲田园：“复值接舆醉，狂歌五柳前。”（《辋川闲居赠裴秀才迪》）王维《偶然作六首其一》：“楚国有狂夫，茫然无心想。散发不冠带，行歌南陌上。孔丘与之言，仁义莫能奖。未尝肯问天，何事须击壤。复笑采薇人，胡为乃长往。”热衷仕途的孟浩然作《山中逢道士云公》：“既笑接舆狂，仍怜孔丘厄。”李白以接舆自诩：“我本楚狂人，凤歌笑孔丘。”（《庐山谣寄卢侍御虚舟》）深沉忧郁的杜甫对接舆的着眼点与众人不同：“接舆还入楚，王粲不归秦。”（《赠王二十四侍御契四十韵》）中唐时代的白居易作为风流才子更有其诗酒放浪的一面：“狂夫与我两想忘，故态些些亦不妨。纵酒放歌聊自乐，接舆争解教人狂。”[《又戏答绝句（来句云不是道公狂不得，恨公逢我不教狂）》]；“坐倾张翰酒，行唱接舆歌”（《问皇甫十》）；“荣先生老何妨乐，楚接舆歌未必狂”（《吾土》）；“天教荣启乐，人恕接舆狂”（《分司洛中多暇数与诸客宴游醉后狂吟偶成十韵》）。韦庄把渔父醉与接舆狂对举：“世随渔父醉，身效接舆狂。”（《和郑拾遗秋日感事一百韵》）

春秋时代第一位由仕而隐的隐士是介之推，他的事迹始见于《左传·僖公二十四年》，“晋侯赏从亡者，介之推不言禄，禄亦弗及。”值得注意的是介之推隐逸的缘由：“下义其罪，上赏其奸，上下相蒙，难与处矣。”他的隐逸是对当时“上下相蒙”，钩心斗角的政治斗争心灰意冷，对兔死狗烹潜在危险的觉醒。“忧心悄悄，愠于群小，觏闵既多，受侮不少。”在《邶风·柏舟》里，一个卫国贤臣忧心群小当道，仁人不遇，他为此“耿耿不寐，如有隐忧”。虽然“静言思之”，但是仍然“不能奋飞”，没有勇气离去。介之推却义无反顾地与其母“遂隐而死”。显示了介之推与后来的隐士有着同样的人格，即不与势利之人同流合污，蔑视功名利禄，清高狷介的人格。后人对介之推之死无限感慨，并有了不同版本。顾炎武先生指出：“立枯之说始自屈原，燔死之说始自《庄子》，《楚辞·九章·惜往日》：‘介子忠而立枯兮，文公寤而追求。封介山而为之禁兮，报大德之优游。思久故之亲身兮，因缟素而哭之。’《庄子》则曰：‘介子推至忠也，自割身股以食文公，文公后背之，子推怒而去，抱木而燔死。’于是瑰奇之行彰而廉靖之心没矣。今当以左氏为据，割股燔山，理之所无，皆不可信。”① “子推避赏从，渔父濯沧浪。”（杜甫《壮游》）

后人在忠孝不能两全时，常要选择尽忠，而介之推选择了尽孝。因为他对晋文公已尽了忠心，不仅在十九年的流亡生涯中对重耳忠心耿耿，而且还割股以食重耳。“昔者介之推无爵禄而义文公，不忍口腹而仁割其肌，故人主结其德，书图著其名。”（《韩非子·用人》）介之推在隐逸前与其母有过讨论，介之推既不想与“贪天之功以为己力”之人同流合污，“尤而效之”；也不想显名于天下。母亲听完介之推的想法，坚决支持自己的儿子“能如是乎？与女偕隐”。孝敬父母在春秋士人的心中分量极重，春秋时代就有个自己饿着还想着母亲的灵辄，别人给他食物，“食之，舍其半”以遗其母。介之推最后是选择了尽孝母亲，让母亲安享晚年。他也因此受到百姓的怀念，寒食节也应运而生。唐·卢象《寒食》：“子推言避世，山火遂焚身。四海同寒食，千秋为一人。”唐·孟云卿《寒食》：“二月江南花满枝，他乡寒食远堪悲。贫居往往无烟火，不独明朝为子推。”

如果介之推不隐逸，前途如何呢？僖公二十三年，《左传》记载重耳出奔时“从者狐偃、赵衰、颠颉、魏武子、司空季子”。介之推未列入“正册”，显然是等而下之在另册中。然而，即使颠颉、魏武子亦未能得到封赏。或许是需要关照的旧族世卿太多了，而且先轸等武将的韬略远在颠颉等之上。僖公二十八年，晋文公围曹，命令不准进入僖负羁之家而且对其族人免死，为了报答曾经患难之时对文公的一次施舍。魏犨、颠颉因为文公厚此薄彼，赏罚不公，就放火烧了僖负羁家。魏犨胸部受伤，晋文公欲杀之，又觉得其余勇可嘉，特意派人探看，魏犨忍痛，舍命“距跃三百，曲踊三百”，逃过一劫。杀颠颉以殉于师。韩非子记载了颠颉被斩

① 顾炎武、黄汝成点校：《日知录集释》，岳麓书社 1994 年版，第 880—881 页。

而百姓大为震动的效应：“遂斩颠颉之脊，以徇百姓，以明法之信也。而后百姓皆惧，曰：‘君于颠颉之贵重如彼甚矣，而君犹行法焉，况于我，则何有矣？’”（《韩非子·外储说右上》）如果介子推不离去，大概也跟颠颉一样，成为君王利用的工具，该用的时候用你，该杀的时候杀你。被兔死狗烹，被处死还能宣扬一下所谓法纪严明，公正无私。

“用之则行，舍之则藏。”（《论语·述而》）孔子的弟子如颜回不求仕达，安贫乐道也具有隐士风范，受到庄子的喜欢，其形象被庄子改编。还有一个叫原宪，字子思，亦称原思。孔子的学生，孔子担任鲁司寇时，他曾任孔子的总管，孔子给其粟几百，他想辞退，孔子就让他送给家乡的穷人，才肯接受。子思问孔子什么是可耻，孔子说：“国家有道，做官拿俸禄；国家无道，还做官拿俸禄，这就是可耻。”他又问：“有关好胜、自夸、怨恨、贪欲都没有的人，可以算做到仁了吧？”孔子回答：“这应该说是很难得的，但至于是不是做到了仁，那我就不知道了。”孔子卒后，原宪就到低洼积水、野草丛生、与世隔绝的地方隐居起来。他以不争强好胜，不自吹自夸，不贪、不怨、不恨来修养自己的仁德，清静守节，知命安贫。子贡做了卫国的国相，带着接连不断的车队，拨开丛生的野草，来到简陋破败的小屋看望原宪。原宪整理一下破旧的衣帽，迎接子贡。子贡耻之，曰：“夫子岂病乎？”原宪曰：“吾闻之，无财者谓之贫，学道而不能行者谓之病。若宪，贫也，非病也。”子贡惭，不怿而去，终身耻其言之过也。子贡感到很惭愧，一辈子都为这次说错了话感到羞耻。原宪贫而无怨，穷不坠志，受到庄子及弟子的喜爱，在《庄子杂篇·让王》里专门渲染了居室简陋破败，“环堵之室，茨以生草，蓬户不完，桑以为枢而瓮牖，二室，褐以为塞，上漏下湿，匡坐而弦”。然后用道家的观点来回答子贡，为迎合世俗而做事，攀附周旋而交友，学习以求得夸赞，教诲来炫耀自己，仁义成为奸恶的遮羞，高车大马来武装自己，我原宪是不屑去做的。安贫乐道的隐士原宪受到后人尊敬，王维《山中示弟等》：“莫学嵇康懒，且安原宪贫。”杜甫《寄李十二白》之十二：“处士祢衡俊，诸生原宪贫。”唐代吴筠《咏原宪子》诗：“原生何淡漠，观妙自怡性。蓬户常晏如，弦歌乐天命。无财方是贫，有道固非病。木赐钦高风，退惭车马盛。”

总之，春秋时代的隐士生存环境恶劣，能够自由放言的机会很少。本来隐士“真正有力量的抗争是在辞官归故里，不再为五斗米折腰的时候。

这种情况，天子不得臣，诸侯不得友，读书人不依靠政治力量，全凭学问与良知针砭纠弹实际的政治”①。但是还没有等隐士隐居放言，已是风刀霜剑严相逼，隐士只有噤若寒蝉，匿迹山中了。到了战国时代，士人的地位得到空前提高，隐士才受到了高度重视。

① 许倬云：《历史分光镜》，上海文艺出版社1998年版，第88页。

第六章

仁者不忧　智者不惑　勇者不惧

——对管仲、子产、晏子、叔向、孔子的人格研究

子曰："君子道者三，我无能焉。仁者不忧，智者不惑，勇者不惧。"子贡曰："夫子自道。"（《论语·宪问》）理想的君子人格是智者、仁者、勇者三者统一。春秋时代，能够达到这个标准的也许是管仲、子产、晏子、叔向、孔子等人，本章着重对管仲、子产、晏子、叔向、孔子的人格进行分析。

一　管仲的君子人格

"举于士"的管仲是'士'的理想典型，但不符合儒家的道德规范。他识友，和鲍叔牙之间光明磊落，肝胆相照；他识君，对于齐桓公他因势利导，因祸为福，转败为功；他识人，察能授官，知人善任。他相齐四十余年，辅佐齐桓公励精图治、富国强兵，齐国首次成为中原霸主，率领诸国共担责任，开创了春秋霸主的大格局。在儒道之外，他树立了独特的典范。

余英时先生曾说："也许中国史上没有任何一个有血有肉的人物完全符合'士'的理想典型，但是这一理想典型的存在终是无可否认的客观事实；它曾对中国文化传统中无数真实的'士'发生过'虽不能至，心向往之'的鞭策作用。"① 其实这个问题在春秋时代曾被热烈讨论过，只不过由于这个"士"人不符合儒家所坚持的道德规范而未被树立起来，他就是"举于士"的管仲。

① 余英时：《士与中国文化》，人民出版社1987年版，第5页。

管仲（公元前723年—前645年），字夷吾，尊称仲父，谥号敬仲。拥有超越时代的大智慧和开放务实的大视野，是我国春秋时期乃至后来时代极为少见的，取得巨大成功的改革总设计师和总工程师。他深刻认识到春秋时代的变化，相齐四十余年，辅佐齐桓公励精图治、富国强兵，齐国一跃而成为中原霸主，率领诸国共担责任，保护了中原诸国人民，捍卫了春秋文化，"九合诸侯、一匡天下"；他的"民为邦本""礼义廉耻"、民本富国的理论和思想，启发并影响了儒、道及法家。孔子称之以"仁"。梁启超在《管子评传·自序》中说："一国之伟人，间世不一见也。苟有一二，则足以光其国之史乘，永其国民之讴思。百世之下，闻其风者，心仪而力追之。虽不能至，而或具体而微焉，或有其一体焉，则薪尽火传，犹旦暮也，国于是乎有与立。"①

作为管仲，他在国人心中有着什么样的人格魅力，他有别于诸子的独特内涵是什么？

（一）光明磊落，肝胆相照

春秋时代，礼乐崩坏，王室不王，诸侯不臣，人心浮动，社会混乱，年轻的管鲍二人尝试了所有能够尝试的各种升官发财之路。而管仲的表现是铩羽而归，差强人意，唯有鲍叔牙始终如一地信任管仲。

一是分红不均。对于初出茅庐的年轻士人来说，做生意比等待别人提携晋升更为妥当。但商人利字当头，锱铢必较，常常容易陷入认钱不认人的怪圈。《吕氏春秋》说，管鲍二人在南阳做买卖，管仲在自己负责分配时大包大揽，多拿多占。但鲍叔牙毫不在意，因为鲍叔牙知道管仲家有老母而且家徒四壁。

二是谋事不成。管仲曾经为鲍叔牙谋事，不仅没有达到雪中送炭，反而是雪上加霜，使鲍叔牙更加被动，成事不足，败事有余，但鲍叔牙不觉得他愚蠢，他明白时机的有利和不利，不能急于求成。

三是官场失意。他曾经在官场三上三下，三起三落，几次做官都被君主罢免，但鲍叔牙始终相信错不在他，他不是不忠不义，他的才干没问题，问题出在他没有得到那种君明臣贤的可遇而不可求的机遇。

四是战场逃遁。他曾经三战三走，别人跑五十步，他会跑一百步，别

---

① 梁启超：《管子评传》，中华书局重印本，饮冰室合集专集，第28页。

人认为他是胆小怕死，只有鲍叔牙理解他不是贪生怕死，而是因为家里有上了年纪的老母。

经商、做官、当兵，管仲事事失败，史书上没有向我们揭示他的失败经历和日后的成功之间的必然联系。我在此进行简要梳理，他能一箭中的，射中桓公的带钩，这是他在军队苦练的结果。提出寓兵于民的策略也是他从军以后思考出的智慧；“不把鸡蛋放在一个篮子里”的商人精明也让他借助鲍叔牙而平步青云；官场的屡屡失意促使管仲选择了让国君尊重又不被疏离的“仲父”这一独特职位。所有这些的关键是他学会了虚心学习，向实践学习。让一切生物的聪明智慧均为我所用。最典型的案例就是“老马识途”，这是他成为一代伟人的基石。“先民有言，询于刍荛。”(《大雅·板》)入山问樵，入水问渔。管仲、隰朋则是迷途问马，无水问蚁。“管仲、隰朋从于桓公而伐孤竹，春往冬反，迷惑失道。管仲曰：‘老马之智可用也。’乃放老马而随之，遂得道。行山中无水，隰朋曰：‘蚁冬居山之阳，夏居山之阴。蚁壤一寸而仞有水。’乃掘地，遂得水。以管仲之圣而隰朋之智，至其所不智，不难师于老马与蚁。”(《韩非子·说林上》)管仲的治国安邦已不再是一介书生纸上谈兵，而是有扎扎实实的实践经验支撑。

之后的管仲表现出智、仁、勇三者兼备，一代名相的风采。

智者不惑，表现在对抓住一个君臣风云际会的机会胸有成竹，他采取了先纳王储，可以亢宠的策略［宣公三年，(郑)石葵曾说：“今公子兰，姞甥也，天或启之，必将为君，其后必蕃。先纳之，可以亢宠”］这是一条士人乘势而起、飞黄腾达的捷径。后来的吕不韦亦采用类似的“奇货可居”策略，当上了宰相。管仲当时面临着不是公子纠就是小白的选择，此时胜负的天平倾向公子纠，但公子小白亦有翻身的机会。《吕氏春秋·不广》记载：“鲍叔、管仲、召忽，三人相善，欲相与定齐国，以公子纠为必立。召忽曰：‘吾三人者，于齐国也，譬之若鼎之有足，去一焉则不成。且小白则必不立矣，不若三人佐公子纠也。’管仲曰：‘不可，夫国人恶公子纠之母，以及公子纠，公子小白无母，而国人怜之，事未可知，不若令一人事公子小白，夫有齐国，必此二公子也。’故令鲍叔傅公子小白，管子、召忽居公子纠所。”鲍叔、管仲、召忽是好朋友，他们在一起商量辅佐一位公子，当时形势似乎对公子纠十分有利。管仲则分析了齐国人厌恶公子纠之母进而讨厌公子纠，公子小白母亲不在了，齐国人可怜他这样的心理基础，所以不同意孤注一掷地投向公子纠。还是管仲凡事考虑周全，做事留有回旋余地。韩非子记载了管仲与鲍叔牙有约在先，互相提携的“先达者相收”：“管仲鲍叔相谓曰：‘君乱甚矣，必失国。齐国之诸公子其可辅者，非公子纠则小白也。与子人事一人焉，先达者相收。’管仲乃从公子纠，鲍叔从小白。”（《韩非子·说林下》）但可以看出管仲也倾向于公子纠，当然他更无限信赖鲍叔牙。

由于齐襄公暴虐无道，数欺大臣，众人恐祸将殃及，于是管仲、召忽与子纠避祸于鲁，鲍叔与小白奔莒。公子小白自幼与大夫高傒结下友谊，当雍林人杀死齐无知，大臣商议确立新国君时，高子、国子暗地里通知了在莒的小白。鲁国听说无知死亡，也发兵送子纠，管仲于是率兵在莒国通往齐国的道路上拦截。

勇者不惧，是当机立断，敢于担当，射杀公子小白。当管仲与公子小白狭路相逢时，他拈弓搭箭射向小白。“射中小白带钩。小白佯死，管仲使人驰报鲁。鲁送纠者行益迟，至齐，则小白已入，高傒立之，是为桓公。桓公之中钩，佯死以误管仲，已而载温车中驰行，亦有高、国内应，故得先入立。”（《史记·齐太公世家》）管仲箭术很精准，一箭射中，公子小白竟然急中生智，马上倒下装死，骗过了聪明过人的管仲。

公子纠要作乱，桓公派使者探看。使者报曰：“笑不乐，视不见，必为乱。”乃使鲁人杀之。（《韩非子·说林下》）笑得皮笑肉不笑，看东西却视而不见，这样一种心里有事、心不在焉的要叛乱的状态。“遂杀子纠于笙渎。召忽自杀，管仲请囚。”（《史记·齐太公世家》）派人杀掉公子纠，召忽忠君自尽，管仲则主动请求囚禁。

管仲仁者不忧是公子纠被杀害，召忽自杀，他没有一死了之，而是气定神闲地等待鲍叔牙的营救，多年的管鲍之交，管仲比鲍叔牙自己都更了解叔牙的为人。齐桓公欲以鲍叔牙为相，鲍叔牙果然辞让而极力推荐管仲：“君将治齐，则高傒与叔牙足矣。君且欲霸，非管夷吾不可。”他认为他的能力可以辅佐齐桓公治理齐国，但是要称霸天下，非得管仲的雄才大略不可。他总结了自己五方面不如管仲：“宽惠柔民，弗若也；治国不失其柄，弗若也；忠信可结于百姓，弗若也；制礼义可法于四方，弗若也；执枹鼓立于军门，使百姓皆加勇焉，弗若也。”（《国语·齐语》）从鲍叔牙的自我总结看，他的水平确实还有提高的空间，因为他这五条其实可归纳为三条，一条是管仲能宽惠待民，忠信结民，第二条是治国不失其柄，制礼义行四方，第三条是善于宣传鼓动军人奋勇争先。他把三条拆成五条，目的是让齐桓公更依赖管仲。

管仲对于是否尽忠于子纠有自己的原则，而不是循规蹈矩地遵守礼节，不被当时事态所左右，在大是大非面前，拥有独立判断是非善恶的能力，这是真正的大智慧。“是是非非谓之知，非是、是非谓之愚。”（《荀子·修身》）。为了实现自己的远大抱负和理想，管仲在尽忠公子纠上不作为，也是把自己的人生价值放在拯救国家社稷，匡扶天下上。管仲曰：“夷吾之为君臣也，将承君命奉社稷以持宗庙，岂死一纠哉？夷吾之所死者，社稷破，宗庙灭，祭祀绝，则夷吾死之；非此三者，则夷吾生。”（《管子·大匡》）“夷吾生则齐国利，夷吾死则齐国不利。”（《管子·大匡》）士人不只是尽忠于昏庸君主的奴才，而是关涉社稷大业的栋梁，是国之重器，举足轻重。管夷吾成为君臣，是为了接受君命祀奉社稷维系宗庙这样的大事。不可能为一个公子纠就轻生了。管夷吾生存下来是为了有利于齐国，管夷吾如果一死了之则对齐国大大不利。管仲第一次把士人自身的价值看得如此之高，在春秋时代振聋发聩。

“鲍叔不以我为耻，知我不羞小节而耻功名不显于天下也。”（《史记·管晏列传》）显示出君子的独立人格和君子对于自身价值的高度重视。“君子之于天下也，无适也，无莫也，义与之比”（《论语·里仁》）。君子对于没有规定如何做和如何不能做的天下大事，根据道义，有所为也有所不为。“言不必信，行不必果，惟义是从。”（《孟子·离娄下》）

鲍叔牙鼎力推荐，桓公不计前嫌，管仲终于得以施展远大抱负。尽管管仲对发生的一切安之若素，却让后人困惑不已，争论不休。管仲的人格就引起了孔子和孔子弟子作为正反两方的质疑和争论。概括起来主要集中在以下三方面。

1. 仁不仁

子路曰：“桓公杀公子纠，召忽死之，管仲不死。”曰：“未仁乎？”“子曰：桓公九合诸侯，不以兵车，管仲之力也。如其仁，如其仁”；子贡曰：“管仲非仁者与？桓公杀公子纠，不能死，又相之。”子曰：“管仲相桓公，霸诸侯，一匡天下，民到于今受其赐。微管仲，吾其被发左衽矣。岂若匹夫匹妇之为谅也，自经于沟渎而莫之知也。”（《论语·宪问》）子路、子贡两个著名弟子都对“召忽死，管仲不死”能否达到“仁”表示强烈质疑（见《论语·宪问》），孔子认为管仲辅助桓公九合诸侯，不以兵车，达到了“不战而屈人之兵”的境界，“不称动甲兵之事，以遂文武之迹于天下”。（《管子·小匡》）尤其是不战而屈楚军，“盖终春秋之世，中原霸主以诸侯伐楚取其成者惟有此役”。[①] 所以孔子重复说“如其仁，如其仁”，以“仁”这一最高标准充分肯定齐桓公捍卫中原先进的经济和文化之功。子贡疑惑管仲“不能死，又相之”的行为能称为仁者吗？孔子强调，对于管仲不能要求他像普通的男人、女人那样忠贞死节，在河边上了吊，无声无息，什么功劳也没有，这样才对吗？孔子用“微管仲，吾其被发左衽矣”这样的句型来评价，要知道，这一句型是春秋人用于评价圣贤人物所特有的。如“微禹，吾其鱼乎！”（《左传·昭公元年》，刘定公语），并触发了后来的唐诗：“海内生灵微伯禹，尽应随浪化为鱼。”（周昙《三代门·夏禹》）

2. 俭不俭

或曰：“管仲俭乎？”曰：“管氏有三归，官事不摄，焉得俭？”（《论语·八佾》）关于俭，秉持中庸之道的孔子认为管仲坐享市租是其侈逼上，但如果像孙叔敖那样节衣缩食，孔子也不赞成。请看《韩非子·外储说左下》：“管仲父出，朱盖青衣，置鼓而归，庭有陈鼎，家有三归。孔子曰：‘良大夫也，其侈逼上。’‘孙叔敖相楚，栈车牝马，粝饼菜羹，枯鱼之膳，冬羔裘，夏葛衣，面有饥色，则良大夫也。其俭逼下’。”

司马迁提供了另一个评价标准，即尽管管仲富比公室，但齐人不以为奢侈。“管仲富拟于公室，有三归、反坫，齐人不以为侈。”（《史记·管晏列传》）；“问管仲，曰：人也，夺伯氏骈邑三百，饭疏食，没齿无怨言”（《论语·宪问》）。齐国伯氏认为自己被夺邑是罪有应得，他佩服管仲安定社稷之功，自己虽然粗茶淡饭却毫无怨言。管仲自己对于富也有清醒的认识。桓公问管仲：“富有涯乎？”答曰：“水之以涯，其无水者也；富之以涯，其富已足者也。人不能自止于足而亡，其富之涯乎！”（《韩非子·说林下》）

3. 礼不礼

“汰侈，无礼已甚。”（《左传·昭公二十年》，叔孙昭子语）奢侈被

① 童书业：《春秋左传研究》，人民出版社 1980 年版，第 52 页。

认为是无礼。孔子在回答哀公问礼时，提出“节其衣服，卑其宫室，车不雕几，器不刻镂，食不贰味，以与民同利。昔之君子之行礼者若此。”（《礼记·哀公问》）有人问“然则管仲礼乎?”子曰：“邦君树塞门，管氏亦树塞门；邦君为两君之好，有反坫。管氏亦有反坫。管氏而知礼，孰还知礼。”（《论语·八佾》）国君宫殿的门前，一定立一个塞门；管氏盖房子，也立了个塞门；国君设宴招待外国的君主，在堂上有放置酒杯的设备；管氏也有这样的设备。假若说他懂得礼节，那谁不懂得礼节呢?（按杨伯峻《论语译注》原文）

管仲在自己家镂簋、门屏、装饰等僭越礼法（《礼记·杂记》）；襄公十七年晏子父亲去世时，晏子“食鬻，居倚庐，寝苫，枕草”。行的是士人之礼。孔子认为他们一个僭上、一个偪下，都不足取。司马迁亦举管仲奢侈作为春秋时代礼废乐坏，士大夫僭越的佐证。“周衰，礼废乐坏，大小相逾，管仲之家，兼备三归。”（《史记·礼书》）但战国时期人们对此看法迥然不同：“齐桓公宫中七市，女闾七百，国人非之。管仲故为三归之家，以掩桓公，非自伤于民也。”（《战国策·东周策》）认为管仲坐拥市租的主要原因是为了分担国人对桓公的非议。

如果说孔子对管仲褒大于贬的话，孟子则继承子路、子贡的看法贬大于褒，“五霸者，三王之罪人也”。（《孟子·告子下》）“仲尼之徒无道桓、文之事者，是以后世无传焉。”（《孟子·梁惠王上》）荀子亦曰：“仲尼之门，五尺之竖子言羞称乎五伯。”（《荀子·仲尼》）荀子认为管仲不足是“管仲为政者也，未及修礼也”。（《荀子·王制》）但荀子对晏子、子产和管仲有一个评价排序：“晏子，功用之臣也，不如子产；子产，惠人也，不如管仲，管仲力功不力义，力知不力仁，野人也，不可以为天子大夫。”（《荀子·大略》）

经过几次争辩，管仲人格作为君子人格因不符合儒家确立的道德标准而未被树立起来，但历史并未因儒家话语而忽略管仲。倜傥扶义之士鲁仲连高度评价管仲不拘小节，不死小耻的行为：“昔管仲射桓公中钩，篡也；遗公子纠而不能死，怯也；束缚桎梏，辱身也。此三行者，乡里不通，世主不臣也。使管仲终穷抑幽囚而不出，惭耻而不见，穷年没寿，不免为辱人贱行矣！然而管子并三行之过，据齐国之政，一匡天下，九合诸侯，为五伯首，名高天下，光照邻国！”（《战国策·齐策六》）三国时，出现了一位无比推崇管仲的诸葛亮。诸葛亮“每自比于管仲、乐毅，时人莫之许也"[①]。诸葛亮的出现让儒家颇感为难，于是程颢称："诸葛武侯有儒者气象。"（《二程遗书》卷十八）清人朱璘一句"予以为孔、孟子之学，发明之者，宋先儒也，身体力行之者，诸葛武侯也"。（《诸葛忠武志》张鹏翮编卷八）试图为儒家摆脱窘境。

"吕望老匹夫，苟为因世故。管仲小囚臣，独能建功祚。"[②] 孔融直言不讳地对吕望、管仲那种君臣奇遇表露出无限羡慕。"射钩后呼父，钓翁王者师。"（杜牧《杜秋娘诗》）

总结管仲的人生传奇，事业的成功，所有这一切离不开一个人，即鲍叔牙，他是管仲的"伯乐"，千里马常有，而伯乐不常有。晚年，管仲病重之际不起。齐桓公前往探望，问起接班人的问题。桓公提出让鲍叔牙接任。这在常人看来本是顺理成章的，而且也还了鲍叔牙一个人情，管仲却认为鲍叔牙虽然是君子，却不可以为政。因为他疾恶如仇，"其人善恶过于分明。夫好善可也，恶恶已甚，人谁堪之？鲍叔牙见人之一恶，终身不忘，是其短也"。于是举荐隰朋继任。

此事被喜欢搬弄是非的人传到鲍叔牙那里，鲍叔牙听后发自内心地说，我之所以举荐管仲，正是因为"仲忠于为国，不私其友"。管仲感言："生我者父母，知我者鲍子也。"

鲍叔牙能够对管仲顺境、逆境不离不弃，始终如一，一是因为鲍叔牙心底无私，二是对管仲心悦诚服，乐于让贤。两千多年以来中国社会很难出现管仲、鲍叔牙这样光明磊落、肝胆相照的交往。道家尚有能让庄子运斤成风、岿然不动的惠施，儒家浩然正气的孟子则是一派盛气凌人，再往后更多的则是文人相轻的"既生瑜何生亮"偏狭小气。"管鲍之交"在儒道之外成了后代士人无限向往的一种境界。杜甫说"君不见管鲍贫时交，此道今人弃如土"，对这种人间至交给予了由衷的激赏和扼腕慨叹。

（二）因祸为福，转败为功

卑不谋尊，疏不谋戚，是士人施展抱负所遇到的难题。生活在齐国的管仲，对齐国创建者姜太公的事迹，他的雄才大略，更主要的是他登上政治舞台的路数应该是熟稔的：吕尚被西伯尊为太公望，又被武王尊为师尚

① 缪钺：《三国志选注》，中华书局 1984 年版，第 661 页。

② 孔融：《汉魏六朝诗选》，人民文学出版社 1978 年版，第 15 页。

父，非亲非故的太公是老师，君王才能虚心求教，又是尚父，君王才不会担心他功高盖主，自己的经天纬地之才就会得以施展。（《史记·齐太公世家》载：“迁九鼎、修周政、与天下更始，师尚父谋居多。于是武王已平纣而王天下，封师尚父于齐营丘”）

于是管仲一开始辅佐齐桓公时，就提出三个条件：一是“贱不能临贵”，桓公任他为上卿；二是“贫不能使富”，桓公赏赐给他齐国市租；三是“疏不能治近”，桓公立他为仲父。三者之中，仲父是关键，师尚父和仲父名称略有差异，意义和作用是相同的。桓公本来听从鲍叔“管夷吾治于高傒，使相可矣”的建议，欲拜其为相，管仲却既要权利，更要“仲父”这个名分。“管仲以贱为不可以治国，故请高、国之上；以贫为不可以治富，故请三归；以疏为不可以治亲，故处仲父。管仲非贪，以便治也。”（《韩非子·难一》）把自己定位于“仲父”恰恰是管仲最大的智慧。春秋时代依然是贵族世袭大行其道的时代，齐国的国子、高子作为世袭贵族任凭朝代更替，地位无人能撼动。管仲把自己定位为“仲父”，找准了切入点，既拉近了与国君的关系，又大权在握以推动改革，而且符合齐国尚贤的传统。管仲改革之初，并不是没有人反对。“管仲之始治也，桓公有武车，戒民之备也。”（《韩非子·南面》）管仲改革能够进展顺利，除了改革本身顺应民心外，正是因为管仲所处的“仲父”地位，齐桓公又言听计从。

桓公是一个优点和缺点都突出的国君，齐桓公自称“不幸而好田”“不幸而好酒”“不幸而好色”。当他问管仲“寡人有邪三，其犹尚可以为国乎”时，管仲向他分析这些毛病：“恶，则恶矣，然非其危者也，人君唯犹与不敏为不可，犹则之众，不敏不及事。”管仲则认为这些是次要问题，强调优柔寡断、当断不断才是主要问题。其实只要你对尚父言听计从，你尽可以无为而治。

桓公对管仲富之、贵之、敬之，称为“仲父”，桓公把国之大事全权委托给管仲“内事理焉，外事断焉，举国而归之”。（《韩非子·外储说右下》，苏代语）

管仲并未将这些缺点搁置不理，而是记在心里选择恰当的时机进行点拨。这个时机是桓公对自己行为不耻或怜悯之心产生之时，因势利导。桓公有一次酩酊大醉，把自己冠冕不知遗失在何处，酒醒以后深以为耻，他恨自己管不住自己，三天没脸上朝。管仲就借机劝他说，这算不上是国君的耻辱，你何不通过施政来雪耻呢？桓公幡然醒悟，真是好主意！打开仓库赈济贫穷，根据表现大赦罪犯，过了几天，老百姓都互相打听：桓公帽子怎么不再丢了呢！（《韩非子·难二》）管子还告诫桓公："沉于乐者洽于忧，厚于味者薄于行，慢于朝者缓于政，害于国家者危于社稷。"（《管子·中匡》）沉湎于享乐忽略忧患，懈怠朝政危害社稷，这样一个生于忧患，死于安乐的道理。

见桓公怜悯庶民年老乏养，则劝桓公把宫中怨妇嫁人。桓公有一次微服私访，发现一位老者自己赡养自己，问及原因，老者说家里穷，三个儿子都没钱娶妻。桓公把这个事情讲给管仲听，管仲说："畜积有腐弃之财，则人饥饿；宫中有怨女，则民无妻。"桓公就下令宫中那些无所事事的宫女出宫嫁人，并且下令："丈夫二十而室，妇人十五而嫁。"（《韩非子·外储说右下》）司马迁评价管仲："善因祸而为福，转败而为功。"

管仲对桓公的本性了如指掌，把国君左右的小人比喻为"社鼠"，提出了"社鼠"论，加深了人们对小人危害大而且难以根除的认识。桓公问管仲曰："治国何患？"对曰："最苦社鼠。"社庙里的神像，是用木头做成的并涂上油漆，老鼠以此为家。用火熏怕木头被焚烧，用水灌又怕木头被浸泡，这就是社鼠难治的原因。现在国君左右这些人，出去则仗势欺人搜刮民脂民膏，回来欺上瞒下，谄媚国君，"不诛则乱法，诛之则人主危。据而有之，此亦社鼠也"。（《韩非子·外储说右上》）管仲对桓公的不良嗜好及周围小人洞若观火，临终前语重心长地奉劝桓公远离易牙等小人。管仲有病，桓公往问之，曰："仲父病，不幸卒于大命，将奚以告寡人？"管仲曰："微君言，臣故将谒之。愿君去竖刁，除易牙，远卫公子开方。"管仲分析此三人之所以是包藏祸心的小人是因为他们行为乖谬，悖逆人性人情。"易牙烝其子首而进之"；"竖刁自宫以治内"；"开方弃其母，久宦不归。"管仲强调诡诈、虚伪都不能长久，终要暴露。"臣闻之：'矜伪不长，盖虚不久。'愿君去此三子者也。"管仲卒死，桓公弗行。及桓公死，虫出尸不葬。（《韩非子·难一》）让后来人不胜唏嘘，白居易《叹鲁》："毚肥因粪壤，鼠稳依社坛。"周昙《管仲·再吟》："社鼠穿墙巧庇身，何由攻灌若为熏。能知窟穴依形势，不听谗邪是圣君。"

"仲父"所起的作用在战国时期亦为人所称道。战国时代，（秦）昭王谓范雎曰："昔者齐公得管仲，时以为'仲父，'今吾得子，亦以为父。"（《战国策·秦策三》）；（齐）王曰："召相田单而来。"貂勃于是借

“仲父”之题而发挥：“齐桓公得管夷吾以为‘仲父’，今王得安平君而独曰‘单’！且自天地之辟，民人之治，为人臣之功者，谁有厚于安平君者哉？而王曰‘单’‘单’！”（《战国策·齐策六》）

孟子举管仲作为王者师的例证：“桓公之于管仲，学焉而后臣之，故不劳而霸。”（《孟子·公孙丑下》）进而提出了士为王者师的想法“有王者起，必来取法，是为王者师也”。他周游齐、宋、滕、邹、鲁等国，“后车数十乘，从者数百人，以传食诸侯”（《孟子·滕文公下》），欲以王者师身份为诸侯指点迷津，“欲正人心，息邪说，距诐行、放淫辞，以承三圣者”。（《孟子·滕文公下》）但始终未能“立天下之正位，行天下之大道”。（《孟子·滕文公下》）最后只好“不得志，独行其道”。也许是孟子无意中忽略了管仲是“仲父”而不是王者师。王者师是老师，仲父则是师父不是奴才。王者师是指导君主实现老师的理想，仲父则把自己利益和君主利益捆绑一起去实现共同的理想，老师发现君主难以改造则一走了之，孟子曰：“大匠不为拙工改废绳墨，羿不为拙射变其彀率。”（《孟子·尽心上》）王者师实质是以道事君，“道不行，则乘桴浮于海”。（《论语·公冶长》）仲父则要负责到底。即使君主毛病多多也得扶持。

（三）察能授官，知人善任

管仲主张：“因能而受禄，录功而与官。”（《韩非子·外储说左下》）“察能授官，班禄赐予，使民之机也。”（《管子·权修》）我们过于注重管仲之才，而忽略了他手下的精明强干的管理团队。管仲能够为相数十年，是因为他简能而任之，择善而从之，则智者尽其谋，勇者竭其力，仁者播其惠，信者效其忠。为政三个月，便推荐宁戚、隰朋、东郭牙、王子城父、弦章为农业、外交、谏议、军事、司法大臣。设官分职，任贤使能。

“天下无难能不可为之事，而有能为必可成之人。人诚能也，任之不专则不可以有成。”（辛弃疾《美芹十论·久任第九》）天下没有什么难做的事，而有什么都可做并什么都能做好的人。关键是充分信任，给他权力放手让他去干。管子对桓公说，“垦田辟土，尽地之利，臣不若宁速，请置以为大田；登降辟让，进退闲习，臣不若隰朋，请置以为大行；犯君颜色，进谏必忠，不辟死亡，不重贵富，臣不如东郭牙，请置以为大谏臣。车不接轨，士不旋踵，鼓之，三军之士视死如归，臣不若王子城父，请置以为大司马。决狱折中，不杀无辜，不诬无罪，臣不若弦章，请置以为大理”。“君欲霸王，则夷吾在此。桓公曰：‘善’。令五子皆任其事，以受令于管子。十年，九合诸侯，一匡天下，皆夷吾与五子之能也。”（《吕氏春秋·勿躬》）“桓公能假其群臣之谋，以益其智也。”（《管子·小匡》）这个管理团队的每个人都能够人尽其才，充分发挥自己的特长和优势。

樊迟问知，子曰：“知人。”强调知人善任，知贤而且善用贤是大智。管仲显然达到了“尊贤而容众，嘉善而矜不能”（《论语·子张》）的标准。

“尽知短长与身力所不至，若量能而授官。”（《管子·君臣上》）管仲根据各国国情的不同和齐国人才的不同特点相对应地选派使节，取其所长，弃其所短。“卫国之教，危傅以利。公子开方之为人也，慧以给，不能久而乐始，可游于卫。鲁邑之教，好迩而训于礼，季友之为人也，恭以精，博以粮，多小信，可游于鲁。楚国之教，巧文以利，不好立大义，而好立小信，蒙孙博于教，而文巧于辞，不好立大义，而好结小信，可游于楚。”（《管子·大匡》）结果，齐很快与卫、鲁、燕结成同盟，并与楚建立了关系。唐代的魏徵曾深有感触地说，知人之事，自古为难。若才力不及，不为大害。误用恶人，假令强干，为害极多。（《贞观政要》择官第七）国富兵强之后，管仲根据诸侯国家互相兼并土地的困扰，前无古人地提出“诸侯之君，不贪于土，”（《管子·大匡》）以土地换和平的理念。于是，向鲁“反其侵地棠、潜”；向卫“反其侵地台、原、姑与漆里”；向燕“反其侵地柴夫、吠狗”。进而盟会诸侯“故兵车之会六，乘车之会三，九合诸侯，一匡天下”。（《管子·小匡》）

管仲运筹帷幄，总揽了国家大事，但齐桓公并非无事可做，存三亡国，“纠合诸侯，谋其不协，匡救其灾”，一直受到春秋诸国的怀念，“无忘齐桓之德”。（《左传·僖公十九年》，陈穆公语）在国内，齐桓公把主要精力用于求贤若渴上。《韩非子·难二》载：“桓公曰：吾闻君人者，劳于索人，佚于使人。”“君人者，劳于索之，而休于使之。”（《荀子·君道》）君主主要是要寻找人才，找到之后怎么用那是管仲的事。

“圣人不亲细民，明主不躬小事。”（《韩非子·外储说右下》）而齐桓公恰恰是微服私访通过一件件求贤的小事树立起自己的形象。他五顾茅庐求贤若渴，《吕氏春秋·下贤》：“齐桓公见小臣稷，一日三至弗得见。从者曰：‘万乘之主，见布衣之士，一日三至而弗得见，亦可以矣。’桓公曰:'不然,士骜禄爵者,固轻其主。其主骜霸主者,亦轻其士。纵夫子骜禄爵,吾庸敢骜霸王乎?'遂见之,不可止。世多举桓公之内行,内行虽不修,霸亦可矣。"

虽然小臣稷未留下只言片语,但他却体现了士人"诸侯之骄我者,吾不为臣;大夫之骄我者,吾不复见"(《荀子·大略》,子夏语)的独立原则。虽然桓公之内行多为后人诟病,但他孜孜以求的招揽人才确是他称霸的关键。"三往何劳万乘君,五来方见一微臣。微臣傲爵能轻主,霸主如何敢傲人。"(周昙《春秋战国门·齐桓公》)

"愿君听扣角,当自识贤臣。"(唐·李峤《歌》)宁戚曾任齐国大司农,主管农业,为齐富国强兵,称霸天下提供了坚强后盾。宁戚欲干谒桓公,但是贫穷无钱打通关系,就夜宿城门之外。看见桓公正好送客人,却无法接近,于是击牛角疾歌。桓公闻之,抚其仆之手曰:"异哉!之歌者非常人也!"命后车载之。后与宁戚谈治国安邦之事,喜出望外,就要任命他职位。群臣忙劝说,卫国离齐国不远,不如先派人去摸一下他的底细,再用不迟。桓公曰:"不然。问之,患其有小恶,以人之小恶,亡人之大美,此人主之所以失天下之士也。"遂拜为大夫,以其为大田。(《吕氏春秋·举贤》)宁戚求仕无门,望着桓公悲从心起令人感慨,然后更令人击节叹赏的是桓公用人不疑,尤其"以人之小恶,亡人之大美,此人主之所以失天下之士也"。振聋发聩,受到后人歌颂。"宁戚之讴歌兮,齐桓闻以该辅。"(屈原《离骚》)后人添枝加叶地编撰了故事,说宁戚唱了一句:"浩浩乎白水!"管仲不知其所谓。其妾婧笑曰:"'人已语吾矣,君不知识耶!'古有《白水》之诗,诗不云乎'浩浩白水,悠悠之鱼,君来召我,我将安居?国家未定,我将焉知?'如此,宁戚之欲得仕国家也。管仲大悦,以报桓公。"(《列女传·辩通·妾婧传》)宁戚与众不同,一歌冲天的成功之路让后人艳羡、让后人感叹。李白《鞠歌行》:"听曲知宁戚,夷吾因小妻。"李咸用《秋日送严湘侍御归京》:"谁听宁戚敲牛角,月落星稀一曲歌。"还有人把宁戚敲牛角并与冯谖弹铗对举:"客里冯谖剑,歌中宁戚牛"(钱起《新丰主人》);"扣角干名计已疏,剑歌休恨食无鱼"(韦庄《东游远归》);"田子莫嫌弹铗恨,宁生休唱饭牛歌。"(姚岩杰《报颜标》)

《小雅·鸿雁之什·庭燎》是赞美周宣王勤政早朝的诗。"夜如何其""夜未央""庭燎之光,君子至上,鸾声将将。"齐桓公则把庭燎变成照亮春秋士人仕途的一盏明灯。据说“齐桓公设庭燎，为士之欲造见者”。但近一年的时间竟然没有人敢来，终于有一个会算九九的人自告奋勇前来自我推荐，他对桓公说：“夫九九薄能耳，而君犹礼之，况贤于九九者乎?”桓公曰：“善。”乃因礼之。期月，四方之士相导而至矣。[①] 一个君主求什么、好什么决定了国家的走向。齐桓公求贤若渴、用人所长的形象在春秋诸国中树立起来，为他的霸业奠定了广泛的人才基础。

齐桓公之所以能不计前嫌，重用管仲，招揽人才，称霸诸侯，是因为桓公还有内在动因。楚国白公子张总结说：“齐桓、晋文皆非嗣也，还轸诸侯，不敢淫逸，心类德音，以德有国。近臣谏、远臣谤，舆人诵，以自诰也。是以其入也，四封不备一同，而至于有畿田，以属诸侯，至于今为令君。”（《国语·楚语上》）非嗣的地位促使齐桓公不拘一格地用人才，倾尽全力建立功德来确证自己继位的合法性和合理性。昭公十三年，韩宣子和叔向同样探讨过此事，叔向也认为：“齐桓，卫姬之子也，有宠于僖。有鲍叔牙、宾须无、隰朋以为辅佐，有莒、卫以为外主，有国、高以为内主。从善如流，下善齐肃，不藏贿，不从欲，施舍不倦，求善不厌，是以有国，不亦宜乎?”

同时，我们也要了解，在齐国，管仲是受到齐桓公重用的宠臣，但其地位一直在世袭贵族国氏、高氏之下，僖公十二年，冬季，齐桓公派遣管仲主持戎人和周襄王和解。周襄王特意以上卿的礼节设宴招待管仲。管仲却辞谢说：“陪臣只是地位低贱之人。现在有天子所任命的世袭贵族国氏、高氏在那里，如果他们来聘问，又用什么礼节来待他们呢？天子这样高看我，陪臣不敢不辞谢。”天子说：“舅氏，我嘉许你的功勋，赞美你的美德，这是发自内心不能忘记的。去享受你的待遇吧，不要违逆我的命令!”但管仲最终还是接受了上卿的礼节而回国，得到君子的高度评价：“管仲世世代代受到祭祀确实是应该的！他始终谦让而不敢忘记爵位比他高的上卿。《诗经》上说：‘和蔼平易的君子，正是神明所要保佑的。’”这样的地位，实际上也影响和制约了管仲能力的充分发挥。

齐桓公与管仲的君臣事迹成为中国历史上明君和忠臣经常谈论和借鉴的话题。如贞观十四年，唐太宗和群臣宴会，席间魏徵提出要学习齐桓公与管仲、鲍叔牙、宁戚聚会时的祝愿，“愿公无忘出在莒时，使管仲无忘

① 许维遹校释：《韩诗外传》，中华书局1980年版，第108页。

束缚于鲁时，使宁戚无忘饭牛车下时”。太宗说：“朕必不敢忘布衣时，公不得忘叔牙之为人也。”（《贞观政要》君臣鉴戒第六）太宗把齐桓公、管仲君臣相得益彰视为榜样，尝谓魏徵曰：“卿罪重于中钩，我任卿逾于管仲，近代君臣相得，宁有似我于卿者乎？”（《贞观政要》任贤第三）

处于中国贫穷衰弱时期的梁启超给予管仲以最高的溢美之词：“管子者，中国之最大政治家，而亦学术思想界一巨子也。”① 早年的冯友兰评价比较公允：“他是中国社会第一次大转变时期的改革、进步路线的创始人。李斯、韩非的法家思想，是这条路线在思想战线上的发展的高峰。秦始皇统一中国的事业，是这条路线在政治路线上的完成。”②

二　子产的君子人格

春秋时代，晋楚两国争霸最重要的争取对象恐怕就是郑国了，而朝晋暮楚的郑国也在大国间疲于应付。顾栋高曾说，郑“其距晋楚道里俱各半”，“晋楚势处辽远，地非犬牙相犊，其兴师必连大众，乞师于诸侯，动必数月而后集事”③。晋、楚为争郑千里奔袭与相救，很难及时赶到，这是郑国能够左右摇摆，两面讨好的客观原因。一些小国如坚定地跟从晋国的许国被楚国灭国，陈国也未能幸免，反而是郑国生存下来，不能不说两强相争“唯强是从”适应了当时生存法则，在晋楚争霸中保存了实力。“小国在大国间，不两属无以自安。”④ 郑国在子产执政以后，郑国在春秋时代被动应付大国的局面终于为之一变，郑国依靠晋国，又结交楚国，子产或是指点楚国，或是批评晋国，让诸国心仪，让士人折服，春秋后半期，子产让春秋时代风生水起。孔子认为子产真正实现了君子之道“其行己也恭，其事上也敬，其养民也惠，其使民也义”。（《论语·公冶长》）称之为“古之遗爱也”。（《左传·昭公二十年》）子产的人格深深影响了中国历代贤相。

---

① 梁启超：《管子评传》，中华书局重印本，饮冰室合集专集，第28页。

② 冯友兰：《中国哲学史新编》（第一册），人民出版社1982年版，第112页。

③ （清）顾栋高、吴树平，李解民点校：《春秋大事表》，中华书局1993年版，第1893页。

④ 钱锺书：《管锥编》，中华书局1979年版，第213页。

（一）远见卓识，忧患长远

关于君子小人，后来的孔子曾和弟子一起从道德到为人等方面进行了多方面讨论，而孔子之前的君子与小人的区分则常被人所忽视。襄公三十一年（公元前542年），子皮就赞扬子产“吾闻君子务知大者远者，小人务知小者近者”。作为君子与小人有很多区别，但是作为一个贤相，必须登高望远，目光远大。正是因为子产的忧患意识，远见卓识，让他在当时的国际、国内环境中纵横捭阖，游刃有余。

执政之时，子产认为郑国国内是“族大宠多”，国际环境是“国小而逼”，晋楚两边围堵。所以子产内则团结强宗，外则接应大国。对楚国虚与委蛇，冷静观察，公元前538年，子产参与楚国主持的盟会，看到楚灵王刚愎自用，听不进劝谏，判断出他在位不会超过十年。对于晋国对诸侯的怠慢懈怠则毫不畏惧，据理力争。

国内“族大宠多”是说国内有很多强宗大族存在利益之争。子产对于强宗大族的纷争采取了早年郑庄公的做法，让其多行不义必自毙。大族伯有骄奢，又颐指气使，子皙不服，子产在与叔向交流中不无忧虑地判断，伯有奢侈，倔强而又固执，子皙喜欢高高在上，两人互不相让，结下的仇怨，不久就会爆发。两人果然爆发了激烈冲突，伯有被杀。只有子产为之痛哭，并厚葬伯有。子产对死者以礼相待，死者为大，赢得了伯有家族的尊敬，感动了当时执政的子皮。随后子皮坚定地授政子产。子皙后来企图作乱，因为身体有伤而未果，诸大夫想消灭子皙。子产听说后，急忙赶到，历数了子皙所犯的三项死罪，让他选择体面去死，子皙自感罪孽深重，自缢而死。几年后，民间传言伯有化为厉鬼回来向仇人索命，子产立子孔的儿子公孙泄、伯有的儿子良止为大夫，安抚了两大家族和厉鬼。伯有作乱而死，本不应立其后祀，今立良止，以安抚伯有之鬼，又恐怕百姓被鬼神蛊惑，于是兼立公孙泄，以取信于民。我们不必非议子产这种静观其变的做法，因为这些强宗大族连国君都无可奈何，听之任之。子产上台伊始，就利用城邑来笼络世卿巨室。把城邑赂给伯石，子太叔不解，子产引《郑书》：“安定国家，必大焉先。”先稳住世卿大族，才能顺利开展改革。（孟子后来也在《孟子·离娄上》里总结说：“为政不难，不得罪于巨室”，这是审时度势的现实主义态度）子产在国内对强宗大族隐忍、权变，得到了他们的支持，让自己的改革得以顺利进行。这也正是子产改革得以成功而孔子堕三都失败的一个重要原因。

子产对大夫要求很严，但如果出现差错则给予理解和包容。昭公十六年，三月，晋国的韩起到郑国聘问，郑定公设享礼招待他。子产事前告诫大家注意外交礼仪，不要失礼。大夫孔张有事迟到，就站在客人中间，主持典礼的人挡住他，他就走到客人后边，主持典礼的人又挡住他，他只好走到悬挂的乐器之间中等待。这样局促得无所适从，引发了客人笑话。宴请结束，富子认为，“孔张失位，吾子之耻也”。子产强调，孔张勤勤恳恳地工作，赢得了国人的尊敬。如果说政令不通，刑罚有误，外交失策等那才是我的耻辱。因此“子宁以他规我”，你不要拿这件小事来教训我。

子产执政期间，在处理国际关系时时刻保持忧患意识，不怕得罪大国。昭公元年，楚国的令尹公子围到郑国去聘问，同时迎亲。楚大夫伍举作为公子围的副使，快要进入郑国时，郑国人怀疑其中有诈，子产派行人子羽婉辞拒绝，于是楚国一行人就住在城外。公子围命令太宰伯州犁质问，如果让我们在野外举行仪式，这是把贵君的恩赐抛弃在草丛中去了，也让寡大夫不能享受卿的待遇。而且，也等于让我们欺骗了我的先君，恐怕也不能回去复命了。请你们慎重考虑！子羽不卑不亢地回答，小国没有罪过，但是只想依赖大国而不设防就是罪过。小国是担心大国包藏祸心来打小国的主意！如果郑国可以随意出入，那么敝邑就等于贵国的宾馆了。“伍举知其有备也，请垂櫜而入。许之。”伍举知道郑国有了防备，请求倒转弓袋子进入国都，这样郑国才同意。郑国以前一直苦于楚国和晋国“拉锯”式的欺凌，子产执政以后，时刻处于警戒状态，让大国再不会轻易出兵郑国了。

子产在该显示武力的时候绝不迟疑，该出兵的时候坚决出兵。虽然子产只实施了两次军事行动，却让各国不敢小觑。

一次是引而不发，示而不用。公元前524年夏季，由于狂风肆虐，所以宋国、卫国、陈国、郑国都相继发生了火灾。火灾发生的时候，各国多是仓促救火，自顾不暇。唯有子产处变不惊，迅速做出各种部署。安排人辞退了晋国的公子、公孙，派司寇把新来的客人送出去，禁止已住下的客人走出宾馆的大门；派人巡查许多祭祀处及大宫；派公孙登搬走大龟，派祝史搬走宗庙里安放神主的石匣；派府人、库人各自戒备自己的管理范围以防火；派人做好宫中戒备；指挥司马、司寇坚守在火道上，及时救火。给城里的人发武器列队登城；第二天，派徒役民工帮助祝史清除地面修筑祭坛，向水神、火神祈祷，又在四城祈祷。登记百姓被烧的房屋，减免他们的赋税，发给他们建材。第三天默哀，停止开放国都中的市场，派行人向诸侯报告。《左传》详细记录了子产有条不紊地安排各项救火及后续措施，是因为子产的做法应该成为各国救火防灾的示范，显示出卓越的治理国家能力。相反，陈国不及时救火，许国不知道慰问火灾，君子因此而知道陈国、许国将先被灭亡。特别是子产大张旗鼓登上城墙的矮墙给众人发放武器。子太叔害怕晋国要来问罪，子产说："小国忘守则危，况有灾乎？国之不可小，有备故也。"小国忘记防御就会危险，何况有火灾呢？国家之所以不会被轻视，就是因为有防备。子产防止了大国趁火打劫，乘虚而入。

还有一次是对陈国实施了一次闪电战，公元前 549 年冬季，陈哀公跟随楚王攻打郑国，在陈军经过的路上，水井被填塞，树木被砍伐，激起郑国人怨恨。公元前 548 年六月，子产等率领七百辆战车，夜间突然袭击陈国，很快攻进了城。教训了陈国，又秋毫无犯地撤军。须知当年城濮之战，晋文公就是率领七百乘；鞌之战，郤克认为自己的才能不如先辈，就请求派兵八百乘。子产出师七百乘，郑军无论规模、速度、能力、谋略都让各国不敢轻易挑战。

（二）敢作敢当，有理有利

公元前 532 年，子皮评论子产说，"非知之实难，将在行之"。并不是难于懂得道理，难在实行。晋国作为霸主，很少有别的国家敢当面直陈己见，批评晋国。但子产却做到了，且还能全身而退。子产不仅敢作敢当，而且有理有利。

有理，子产在处理与晋国的关系时，坚持摆事实，讲道理，以理服人。昭公十九年，郑国的大夫驷偃死了。驷偃曾与晋国大夫的女儿结姻，生了年幼儿子叫丝。于是驷偃家族商量立了家族里年长的驷乞做继承人。子产讨厌驷乞的为人，也认为不合继承规矩，所以不答应，也不制止。过了几天，小儿子丝把情况通报给了他在晋国的舅父。冬天的时候，晋国的大夫派人带了财礼来到郑国，询问立驷乞的缘由。驷乞害怕想要逃走，但是子产坚决不让走。大夫们商量着怎样答复晋国，子产不等他们商量出结果就直接回答晋国客人说："郑国未能得到上天保佑，寡君的几个臣下不幸遭遇夭折病死。现在又痛失了我们的先大夫偃。他的儿子年幼，他的几位父兄害怕断绝宗主，和族人商量立了年长的亲子”。寡君和他的几位大夫说：‘可能上天确实搅乱了这种继承规矩，我们怎么知道呢？’俗话说，‘不要走过动乱人家的门口’，百姓家里出乱子，大家都不敢经过那里，而何况这是上天所降的动乱？现在晋国的大夫却要武断地干涉他们的继承人，这等同于晋国把我们当作边境的小城了，郑国还算什么国家？”辞谢客人的财礼，回报了晋国使者，晋国人对这件事就不再过问了。驷偃家族这次继承确实不合规矩，但这是他们家族的私事，不宜过问，同样地，这也是郑国内政，晋国更不应该干涉郑国的这么小的内政。

晋国已经失去了对晋文公霸业的继承和坚守，但是对于郑国自作主张的冒险行动，还会引起霸主的不满。公元前 549 年，郑简公去晋国进贡。并且向范宣子提出因为陈国经常欺凌郑国，所以郑国准备教训陈国一下。但范宣子不置可否。公元前 548 年，子产等率兵突袭了陈国。他命令郑军不得侵扰焚掠，亲自守门防盗防乱。天明之后，举办了受降仪式，就班师回国了。教训了陈国只是成功了一半，如何应付晋国的问罪更为关键。随后，子产直接穿着军服到晋国奉献战利品。晋国的士庄伯质问陈国有什么罪过？为什么侵犯小国？为什么穿上军服？子产一方面引述历史说明郑国出兵的正当性、必要性，另一方面指出是晋国的不作为助长了陈国的嚣张气焰。让士庄伯反而理屈词穷，只好向正卿赵武回复。赵武说，子产的言辞顺理成章，言之成理，违背了情理不吉利。于是就接受了郑国奉献的战利品。孔子高度评价此事，认为“言以足志，文以足言”。言语可以实现意愿，文采能够完成言语。话不说出来，谁会理解你的志向？言语没文采，也不会流传下去。

子产之所以面对晋国能够毫不畏惧，仗义执言，因为子产所做的事情都是对晋国有利，对各国有利的事情。晋国霸业衰落，不仅仅是楚国的崛起，更主要的原因是晋国对诸侯的怠慢懈怠。公元前 542 年，鲁襄公去世的同月，子产陪同郑简公到晋国去朝贡，晋平公因为兄弟国家鲁国有丧事，没有接见他们。用于接待诸侯的宾馆门口进不去车子，又不能翻墙而入；不知道什么时候能够被接见，又担忧贡品日晒夜露变腐朽，权衡之下，子产命人将晋国宾馆的围墙全部拆毁，然后安放郑国的车马。这一举动自然引起了一场轩然大波，士文伯前来问罪，子产强调这是一个无奈的选择，比较了当年晋文公对诸侯的关心和体谅，那时候诸侯到了晋国就像到了自己家一样。现在晋国的宫殿高大巍峨，却让诸侯住在像奴隶住的屋子里。拆毁宾馆围墙实在是迫不得已，没有地方收藏财礼，反而要加重罪过了。如果能够奉上财礼，郑国愿把围墙修好了再走。这一回答把诸侯敢怒不敢言、想说又不敢说的话说了出来。士文伯回朝廷汇报。赵武反躬自省，认为子产说得对，实在是晋国不对，用容纳奴隶的房屋去接待诸侯，这是晋国的罪过。就派士文伯去表示歉意并说自己无能。晋平公接见郑简公，礼仪有加，举行了极隆重的宴会，赠礼更加丰厚。然后晋国重新建造接待诸侯的宾馆。叔向评论说："子产有辞，诸侯赖之。"子产善于辞令，诸侯因他而得利。

尤为难得的是子产对有理有利的主张敢于坚持到底，决不退让。昭公十三年（公元前 529 年），平丘之会，在结盟的时候，子产强烈要求按照国君爵位来确定进贡物品的多少，因为郑国是伯男的爵位，却被要求按照公侯的贡赋标准进贡，贡赋如果没有限制，小国很快就会灭亡。从中午开始争论，一直到晚上，晋国人才同意。结盟以后，子太叔责备子产怕得罪诸侯，子产指出晋国是"晋政多门"，自顾尚且不暇。此事受到孔子高度评价："合诸侯，艺贡事，礼也。"由盟主制定贡赋标准，但子产据理力争，不是无理取闹，而是符合礼的，并说，"子产于是行也，足以为国基矣"。子产在这次盟会中的表现，足以成为国家的柱石了。刘勰也赞扬子产："国侨以修辞捍郑。"（《文心雕龙·才略》）

重视盟誓约定，绝不强买强卖，对于大国执政者不合理的要求则坚决拒绝。如昭公十六年（公元前 526 年），晋国新执政者韩宣子出使郑国，韩宣子有一对玉环，其中一个在郑国的商人手里。韩宣子向郑国君请求得到那只玉环，子产予以拒绝。韩宣子后来在商人那里找到了玉环。商人强调，一定要报告君大夫。子产指出，郑国先祖与商人有盟约，尔无我叛，我无强贾，对商人不能强买强卖。现在您带着友好的目的光临我国，而让我们去强夺商人的东西，这是让我国背叛盟誓。如果得到玉环而失去诸侯，一定得不偿失。子产遵守盟誓，不凭借权势欺压商人，尊重国内的商人权利，赢得了韩宣子理解，他反而来感谢子产，这是让他避免祸患，送给他的金玉良言。宣子私觐于子产以玉与马，曰："子命起舍夫玉，是赐我玉而免吾死也，敢不藉手以拜？"

对于韩宣子其他方面的算计，子产则给予配合，包括韩宣子在内的晋国很多卿族都想要州地这个城邑，因为无法协调，最后韩宣子怂恿国君赏给了郑国的公孙段。昭公七年，子产把州地归还给韩宣子，说因为公孙段不幸早死，他的儿子不敢占有，又不敢告诉君王，所以私下送给您。韩宣子欣然接受，把情况报告晋平公。晋平公就把州地赏给了韩宣子。但是韩宣子还是有点儿心虚，就用州地跟乐大心交换了原县。

（三）苟利国家，生死以之

改革牵一发而动全身，涉及方方面面利益，不改革国家会陷入困境，改革会招致很多人的不理解乃至仇恨。子产对要解决的问题不回避，对不理解的非议不退缩，对重重阻力迎难而上，舍我其谁，排除万难，做出了三件功在当时，利在千秋的大事。

一是允许言论自由。能不能允许大家议论时政，是历史上政权存废的试金石。西周时代，召公谏厉王弭谤，就提出了著名论断“防民之口，甚于防川。”厉王弭谤，最后被流放。郑国的智者然明，看到郑国人在乡校，议论时政，就建议毁掉乡校。子产却说，“然犹防川，大决所犯，伤人必多，吾不克救也”。不如听到议论就及时疏导，把议论当作良药。孔子用“仁”这一标准高度评价此事，“以是观之，人谓子产不仁，吾不信也”。

中国历史上，面对诸多君主闭目塞听的弊政，子产不毁乡校成了人们评议政治文明的典型范例。一代文豪唐代韩愈，读了子产的事迹，大为感动，专门撰写了《子产不毁乡校颂》颂古非今：“我思古人，伊郑之侨。以礼相国，人未安其教；游于乡之校，众口嚣嚣。或谓子产：‘毁乡校则止。’曰：‘何患焉？可以成美。夫岂多言，亦各其志：善也吾行，不善吾避；维善维否，我于此视。川不可防，言不可弭。下塞上聋，邦其倾矣。’既乡校不毁，而郑国以理。在周之兴，养老乞言；及其已衰，谤者使监。成败之迹，昭哉可观。维是子产，执政之式。维其不遇，化止一国。诚率此道，相天下君；交畅旁达，施及无垠，于呼！四海所以不理，有君无臣。谁其嗣之？我思古人！”①

二是土地改革。襄公十年，子产父亲等曾推行土地改革，重新划分全国田地和沟渠，把那些非法侵占的土地收归国有，被没收土地的几个家族联合起来造反，杀死了当时的执政者包括子产的父亲。二十年后，襄公三

① 郭预衡、李道英评注：《唐宋八大家文集·韩愈文集》，人民日报出版社2000年版，第238页。

十年（公元前 543 年），子产执政，继续推进父亲未竟的改革。重新划分土地界限，确定各家的土地所有权，以制止贵族对土地的任意侵占和争夺。遭到很多人的反对，一些人放言："孰杀子产，吾其与之。"子产不为所动。三年后，改革初见成效，又有人歌颂："我有子弟，子产教诲他们；我有土田，子产让它增产。万一子产逝世，谁来接替他呢?"五年后，子产"作丘赋"，按丘（十六井）征收军赋，一丘出马一匹，牛三头。此为古法，久已不行，子产恢复这一制度是为了增强郑国军力。但这项改革却受到国人的强烈反对。国人谤之曰："其父死于路，己为虿尾，以令于国，国将若之何?"国人不满，把征收赋税害民比喻为蝎尾之毒。增加税收，充实军饷，是为了增强郑国自卫能力，子产认为只要有利于国家，就要坚定不移、毫不动摇地推行，并说："何害？苟利社稷，死生以之。"改革每一步都会遇到前所未有的阻力和威胁，但子产认为只要有利于国家，就勇往直前，无所畏惧，自己的生死可以置之度外了。子产的这一精神影响了很多后代士人为了国家利益，竭忠尽智，鞠躬尽瘁，死而后已。

三是法治建设。中国古代虽然有禹刑、汤刑、周朝九刑，但都没有流传下来。春秋时代尚未有系统的成文法典。对于广大平民来说，某一行为是否违法，如何处罚，一无所知，全凭贵族处置。公元前 536 年，子产把刑法铸在鼎上，这是中国历史上的第一部成文法。叔向坚决反对此事，引经据典，认为"民知有辟，则不忌其上，并有争心，以征于书"。主要是怕平民从此可以依据法条进行争讼，不再害怕贵族特权。二十多年后，赵简子铸刑鼎，孔子也极力反对，认为"贵贱无序，何以为国?"也是考虑贵族的特权受到影响。打破了"刑不上大夫"的传统。子产的回应是"侨不才，不能及子孙，吾以救世也"。是针对乱世，拯救当代。这是春秋社会从礼治变为法治的艰难蜕变，尽管过程漫长，但子产敢为天下先。北魏孝文帝曾和大臣元澄探讨此事："昔郑子产铸刑书而晋叔向非之。此二人皆贤士，得失竟谁?"对曰："郑国寡弱，摄于强邻，人情去就，非刑莫制，故铸刑书以示威。虽乖古式，合今权道。"① 元澄的回答颇有见地。

春秋时代的政治家，前期的管仲，后期的子产，竟然殊途同归地选择

① （唐）李延寿：《北史》，吉林人民出版社 1995 年版，第 361 页。

了法制，是因为他们从乱世的体验中得出明断，所以能够力排众议，毫不动摇地推进法制道路，变法图强，终于改变了国家的面貌。

（四）博物君子，任贤使能

子产生活的时代，大国有疑难问题向子产询问，都能得到满意答复，这也是子产作为圣贤人物的重要表现。一次晋侯有病，叔向问子产：“卜人曰‘是实沈、台骀作祟’。”晋国史官竟然也不知晓，只有请教子产。子产指出实沈、台骀乃是山川、星辰之神，和晋侯无关，晋侯之病是与同姓的四姬纵欲所致。晋侯叹服子产：“博物君子也。”既能讲出道理，又能切中要害。

子产熟悉礼乐同样获得了楚国的尊重。公元前538年，楚灵王在申地举行诸侯盟会，不知该用什么礼仪，就向“诸侯之良”宋国的向戌、郑国的子产问礼，子产献上伯爵、子爵、男爵会见公爵的礼仪六项。子产被评价为“善相小国”。子产善于辅佐小国。

子产不仅博物、知礼，而且能够正确运用礼。昭公十二年（公元前530年），郑简公卒，要在送葬路线上清除障碍，但子产既未毁掉“司墓之室”，也未拆掉“游氏之庙”，送葬的各国来宾只能绕路而行，时间也只好由早晨顺延到中午。子太叔怕诸侯之宾不满，子产却认为：“诸侯之宾能来会吾丧，岂惮日中？无损于宾而民不害，何故不为？”“君子谓子产于是乎知礼，礼，无毁人以自成也。”这是春秋时代关于礼的重要见解，礼是为人而设计的，但人不应被礼束缚住，让礼异化，体现了礼以人为本的精髓。

当时有文化底蕴深厚的国家是周王朝、鲁国，以及人才济济的大国晋国，为什么反而是文化底蕴相对薄弱的郑国子产被称为博物君子？为什么子产改革能够成功？子产的外交辞令从来没有过失误？

因为子产能够任贤使能，支撑子产的背后是历史上记载最早的智库、智囊团。“国虽小，其食足以食天下之贤者，其车足以乘天下之贤者，其财足以礼天下之贤者。”（《吕氏春秋·报更》）国家虽然小，但并不意味着人才不足，只要人才能够人尽其才，形成一个精明能干的智库，就能形成强大的合力，针对现实，前瞻未来，引领时代的潮流。区区小郑多君子，这一团队被孔子所激赏：“为命，裨谌草创之，世叔（子太叔）讨论之，行人子羽修饰之，东里子产润色之。”（《论语·宪问》）襄公三十一年，《左传》里细致记载了郑国大政方针出台过程：当郑国将要做出决策时，子产首先就向子羽了解各国情况，并且让他撰写各种外交文书，然后与善于计谋的裨谌躲到僻静的郊外去商量大计，做出预案请冯简子作最后决断。最后，子产才交给游吉既定的方案，以应对诸侯。这样处理各种大事，所以很少出现失误。“是以鲜有败事。”

“子产之从政也，择能而使之。”（《左传·襄公三十一年》）子羽、裨谌、冯简子、游吉等都能够人尽其才，发挥所长。还有一个大夫然明，虽然相貌丑陋，却机智过人。一次子羽到晋国聘问，晋国的程郑深得晋君的宠信，地位显赫，怕树大招风，引来祸患，就问子羽：“敢问降阶何由？”实际想问保身之计，子羽不明就里，一时难以回答，回来后，就向然明请教。然明认为程郑将死，或者程郑想逃亡。如果一个人登上高位，却觉得不称职而要求降低官位，这是明智之举。看来，程郑是有疑心病，他将要忧郁而死。第二年，程郑果然因为抑郁而死。子产听说后，就向然明请教如何处理政事。然明说，视民如子。子产不由感慨，以前我只是看到然明的外表，“今吾见其心矣”。游吉，字子太叔，公元前 522 年继子产执政。子产临终前交代他，提出“以宽服民”“以猛服民”的主张。在统治人民的方法上，子产第一个提出“宽”“猛”相济的策略。子太叔为政先宽后猛。流民结集在萑苻之泽，出入郑国盗窃，于是他发兵前往镇压，宽猛相济这一治理之策博得孔子的赞赏。

子产在国内有子皮的鼎力支持，国外是得到了晋国执政者赵武的赏识和韩宣子的理解。在晋国的每一次的据理力争都得到了赵武的理解和认可。襄公二十五年，赵武当上晋国执政者后，待人以德，力主息干戈致和平，与楚国订立和平盟约，襄公三十年，子皮授政子产，赵武执政了八年，然后是懦弱的韩宣子执政，春秋时代迎来安定祥和的四十余年，正是在这一阶段，士大夫得以追求人生诗意的栖居，使生活审美化、艺术化，赋诗就成为春秋时代的一种重要外交手段和方式。春秋赋诗观志在郑七子宴享赵文子时达到人数上、质量上、情感交流上的高潮，“七个大臣居然很恰当地找到七首适合于这个场合的诗歌，或称美赵孟，或表达自己的怀抱，或表达晋、郑两国的友谊。而赵孟也不愧为文化修养极高的使臣，居然能听出每首诗背后所表达的含义，马上做出恰当的反应”①。

① 胡晓明：《论春秋称诗的文化史意蕴》，《社会科学家》2000 年第 9 期，第 71 页。

子产的影响超越了郑国，也超越了春秋时代。史学家陈寿、裴松之常常把诸葛亮跟子产做比较；唐代房玄龄被誉为唐朝的子产；唐高宗、唐玄宗等曾派人祭祀子产墓。薛道衡十三岁读了《左传》中的子产事迹后，作《国侨赞》称赞子产。唐代诗人周昙的《春秋战国门·子产》称赞子产的宽猛相济：“为政何门是化源，宽仁高下保安全。如嫌水德人多狎，拯溺宜将猛济宽。”唐代诗人李夷简《西亭暇日书怀十二韵献上相公》：“文翁旧学校，子产昔田畴。”宋代诗人黄庭坚的《子产庙》对子产高度评价：“区区小郑多君子，谁若公孙用意深。监督执节诛腹诽，不除乡校独何心？”宋代诗人家铉翁的《陈子新前后十年叶赞府寮修明学政讲堂成以诗》盛赞子产：“子产存郑校，僖公修泮宫。彼皆在其位，夫岂难为功。”

三　晏子的君子人格

晏婴（公元前578年—前500年），字仲，谥平，习惯上多称平仲，又称晏子，夷维人（今山东高密）。晏婴是齐国上大夫晏弱之子。公元前556年，晏弱病死，晏婴继任为上大夫。历任灵公、庄公、景公三朝，辅政长达四十余年。春秋时期著名政治家、思想家、外交家。以有政治远见、外交才能和作风朴素闻名诸侯。司马迁非常推崇晏婴，将其比为管仲。

（一）江山社稷，任重道远

说到士人，有一句常说的话，即一朝国君一朝臣。这一规则基本上获得了士人认同，但很少有士人去进一步分辨士人是应该忠于国君还是忠于社稷？这其实是一个大问题，值得士人去思考。

虽然春秋时代出现“忠”字，但“忠”并不仅指向忠于君，而且在忠君问题上尚未形成一致的看法，传统的看法是：“策名、委质，贰而辟也。”（僖公二十三年）“事君以死，事主以勤，君之明令也。”（《国语·晋语八》）“忠君不贰是谓臣。”（《国语·晋语八》）《国语·晋语九》：“委质为臣，无有二心，委质而策死，古之法也。”韦昭注：“言委贽于君，书名于册，示必死也。”文公十八年，襄仲杀嫡立庶，矫以君命以召惠伯，其宰公冉务人极力劝阻："入必死。"惠伯却说："死君命可也。"公冉务人曰："若君命可死，非君命何听？"弗听，乃入，杀而埋之马矢之中。得到齐惠公同意的东门襄仲杀死了公子恶和公子视，又以国君公子恶的名义召见叔仲惠伯。叔仲惠伯的家宰公冉务人告诫进宫去必定会送死，劝他不要去，叔仲惠伯执拗地认为死于国君的命令是可以的。公冉务人请他辨别，若是国君的命令，可以死；不是国君的命令，为什么听从？但是叔仲惠伯不听，进宫而去，东门襄仲把他杀死后埋在马粪当中。惠伯忠君而死，却死得一文不值。

襄公二十三年，崔杼弑君，齐庄公因与崔妻通奸而被杀，"以崔氏之冠赐人"，崔杼愤而杀之。如此刚愎自用的昏君被弑，大臣们死的死，逃的逃。晏子立于崔氏之门外，其人曰："死乎？"曰："独吾君也乎哉？吾死也。"曰："行乎？"曰："吾罪也乎哉？吾亡也。""归乎？"曰："君死，安归？"当时现场是杀气腾腾，后来司马迁也很钦佩晏子这个举动，认为他具有大无畏的勇气，"岂所谓'见义不为无勇'者邪？"晏子固然勇气可嘉，但是当时他思辨的道理对士人具有更大的启示意义。左右问："您想自杀殉君吗？"晏婴说："就是我一个人的国君吗？我为什么要死？"左右又问："那逃走吗？"晏婴说："是我的罪过吗？我为什么逃？"左右再问："回去吗？"晏婴说："国君死了，我能去哪儿？"

晏婴提出："社稷是主"，"故君为社稷死，则死之；为社稷亡，则亡之。"门开后，晏婴进去，枕在尸首上大哭。又起来跳了三次后，凛然出去。晏子提出了一个士人要忠于社稷的重要理念，意味着士人不依附国君的独立人格，在选择上的自主性，不需要通过忠君来体现自己的价值。士人价值体现在要为社稷江山做贡献，自然任重道远。正是站在这样为社稷苍生负责的高度上，所以晏子深得民心，让崔杼也不得不有所顾忌，人谓崔子："必杀之！"崔子曰："民之望也！舍之，得民。"在当时剑拔弩张的氛围中，晏子从容不迫，镇定自若，后人因此编撰了故事："晏子趋出，授绥而乘，其仆将驰，晏子拊其手曰：'虎豹在山林，其命在庖厨，驰不益生，缓不益死，按行成节，然后去之。'"（《新序·义勇》）"正人徒以刃相危，贪利忘忠死不为。麋鹿命悬当有处，驱车何必用奔驰。"（周昙《春秋战国门·晏婴》）苏轼《和陶咏三良》："贤哉晏平仲，事君不以私。"称赞晏子以社稷为标准决定为君死与否。

晏子凡事都能站在为江山社稷负责的态度，对于国君进行劝谏。齐庄公崇尚武力，在崔杼的帮助下杀戎子而即位，不久就叛晋联楚，伐卫，伐晋，晏平仲劝谏：“君恃勇力以伐盟主，若不济，国之福也；不德而有功，忧必及君。”弗听。

齐景公时推行严刑峻法，但是大部分人不敢劝谏。昭公三年，公笑曰：“子近市，识贵贱乎？”对曰：“既利之，敢不识乎？”公曰：“何贵何贱？”于是景公繁于刑，有鬻踊者。故对曰：“踊贵屦贱。”既已告于君，故与叔向语而称之。景公为是省于刑。君子曰：“仁人之言，其利博哉。晏子一言而齐侯省刑。”因为齐景公推行残酷的刑罚，受到刖刑而被砍脚的人很多，因此市场上出现了假足涨价，真鞋降价的强烈反差。“踊贵屦贱”的市场行情揭示的是齐景公苛政的恶果。齐景公明白晏婴谲谏的用心良苦，下令减轻了刑罚。晏子对于齐国这样的现实并不忌讳，跟叔向也交流了此事。

（二）无党无派，保持中立

晋国的韩厥是公正无私的晋国军队执法官，赵盾在举荐他时曾提出了“比而不党”：“吾闻事君者比而不党。夫周以举义，比也；举以其私，党也。”以道义公正来举荐，就是比，为了私心举荐，就是党。

叔向也曾经提出了“比而不别”：“君子比而不别。比德以赞事，比也；引党以封己，利己而忘君，别也。”君子要并肩合作，互相帮助叫比；依靠朋党来实现自己富贵，专门利己却忽略了君王，就是别。可惜的是他的儿子并没有秉承这一原则，昭公二十八年，晋顷公杀了祁盈和叔向的儿子杨食我，杨食我是祁盈的党羽，参与帮助祁盈，所以受牵连被杀。祁氏、羊舌氏（叔向、杨食我都属羊舌氏家族）从此被灭族。杨食我刚生下来时，叫声凄厉，叔向母亲认为是豺狼的声音，这样的男子，一定有野心。他将会毁掉羊舌氏。孩子刚生下来叫声都比较响亮，叔向母亲是信口胡诌，杨食我之所以被杀，还是因为他参与了拉帮结派，站错了队。

晏子没有对君子是比、是党做过阐述，但是他的行动却充分体现了比而不党。襄公二十八年，庆封派析归父告诉晏婴自己的打算（庆封想杀子雅、子尾）。晏子就说，我手下这些人不足以使用，即使是聪明也出不了什么主意。但是绝不敢泄露这些话，可以盟誓。析归父说，您既然这样说了，哪里还用盟誓？

昭公十年，晏子再次面临艰难选择，异姓世族陈、鲍氏和世袭贵族栾、高氏发生了内斗，这次不是忠君与否的考验，而是看他选择站在那一派一边。晏平仲端委立于虎门之外，四族召之，无所往。其徒曰：“助陈、鲍乎?”曰：“何善焉?”“助栾、高乎?”曰：“庸愈乎?”“然则归乎?”曰：“君伐，焉归?”公召之而后入。晏平仲穿着朝服站在虎门外边，四个家族召见他，他都不去。他的手下人说：“帮助陈氏、鲍氏吗?”晏平仲问：“他们有什么善德值得帮助?”“帮助栾氏、高氏吗?”晏平仲问：“难道他们比陈氏、鲍氏好吗?”“那么回去吗?”晏平仲说：“国君被攻打，回哪里去呢?”后来齐景公召见他，晏子才有了选择。齐景公站在了陈氏、鲍氏一边。五月份，两派在稷地作战，栾氏、高氏战败，在庄地再次被击败。城邦内的人们追赶他们，又在鹿门再一次击败他们。栾施、高彊逃亡到鲁国去，陈氏、鲍氏分了他们的家产。

晏子告诫陈桓子说：“你一定要把获得的栾氏、高氏家产交给国君。谦让，才是德行的根本。有血气的人，都有争夺之心，但是利益积聚在一起就会产生祸害。姑且不要让它积聚吧！可以让它慢慢地生长。”陈桓子就把陈氏、鲍氏的家产全都交给齐景公，并请求在莒地告老退休。根据晏子的建议，陈桓子召见子山，私下准备了帷幕、器物以及衣服鞋子，并把棘地还给了子山。对子商也如此，把封邑也还给了子商。对子周也是这样，把封邑给了他。让子城、子公、公孙捷回国，增加了他们的俸禄。凡是公子、公孙中没有俸禄的，私下把封邑分给他们。对国内贫困孤寡的人，私下给他们粮食。陈桓子听从了晏子的建议，并且能够推而广之，大力施舍百姓的举动，晏子意识到了其中潜藏着一种发展趋势。

齐国执政一直有国、高氏世袭贵族来把持，晏子和陈桓子都是异姓宠臣。所以晏子和陈桓子关系很好，但并不是朋党。正是因为比而不党，晏子始终保持着中立，因此他做事光明磊落，一方面对得民心、顺民意的陈桓子多次指点；另一方面，也明确地告诉了叔向，告诫了齐景公，齐国的未来可能要由陈氏取代。昭公三年，叔向曰：“齐其何如?”晏子曰：“此季世也，吾弗知。齐其为陈氏矣！公弃其民，而归于陈氏。”后来他又谆谆告诫了齐景公：“陈氏虽无大德，而有施于民。豆、区、釜、钟之数，其取之公也薄，其施之民也厚。公厚敛焉，陈氏厚施焉，民归之矣。”（《左传·昭公二十六年》）当然齐景公没有晏子那么长远的眼光，他把晏子的话当成了一吹而过的耳旁风。

在实际政治生活中，做到无党无派，保持中立并不容易，就连晏子的儿子晏圉也身不由己，无法摆脱党派之争带来的危害。公元前490年，齐景公临终吩咐高张、国夏，辅佐自己宠爱的小儿子公子荼为国君，把其他公子们安置在莱地。景公死后，晏圉和高张、国夏一起拥戴公子荼为国君。陈乞与鲍牧想立景公另一子公子阳生为国君。哀公六年（公元前489年）六月廿三日，陈乞与鲍牧发动大夫们率兵攻打高、国两家。高张、国夏和公子荼的军队很快被打败，国内的人们追击国夏，国夏一直逃亡到莒国。然后和高张、晏圉、弦施逃到鲁国，陈乞等拥立公子阳生为国君，这就是齐悼公，齐国的晏氏不复存在。

晏圉和高张、国夏能够走到一起也是必然的，他们都是齐国历代世袭贵族，而陈氏家族则是外来的异姓贵族，鲍氏家族是后来崛起的异姓贵族，这是新老贵族之间的决裂，无法避免。

（三）和而不同，和实生物

子曰：“邦有道，危言危行；邦无道，危行言孙。”（《论语·宪问》）国家有道，要有忧患意识，提醒国君注意潜在危险；国家无道，还要提醒，但是说话要谨慎。孔子谈到了与国君谈话的一般原则，当然在侍奉国君的过程中，最保险的办法就是随声附和，不提反对意见。昭公十二年，楚灵王在在乾谿打猎阅兵，天上下起了大雪，楚灵王头戴皮帽子，身穿秦国的羽衣，披着翠羽披肩，脚穿豹皮鞋，手拿着鞭子不可一世，右尹子革求见，他脱去帽子、披肩，放下鞭子问道：“以前成周给齐、晋、鲁、卫四国都分赐了宝器，唯独没有楚国。现在如果我派人到成周，请求赏赐鼎，周天子会给我吗?”子革回答说：“一定会给君王的！现在是周朝和四国已经顺服侍奉君王了。将来都要听从您的命令，难道还能爱惜鼎?”楚灵王又问：“现在郑国人贪图这里的土地却不给我们。我们现在如果索求，他会给我们吗?”子革回答说：“一定会给君王的！周朝不敢爱惜鼎，郑国哪敢爱惜土地?”楚灵王说：“从前诸侯认为我国偏僻而害怕晋国，现在诸侯会害怕我们了吧！”子革回答说：“一定害怕君王啊！现在楚国力量这么强大，岂敢不怕君王呢?”这时有人进来打断了谈话，析父就对子革说，您是楚国有名望的人。但是现在和君王说话，应答竟然好像回声一样，那么国家将怎么办呢？于是子革讲了周穆王曾经狂妄自大后来接受劝谏得以善终的历史，结果楚灵王听了以后，茶不思、饭不想，郁闷了好几天。仲尼曰：“古也有志：‘克己复礼，仁也。’信善哉！楚灵王若能如是，岂其辱于乾溪?”克制自己的欲望回到礼上，这就是仁。楚灵王如果能够做到的话，还会在乾谿受到羞辱？但是面对狂妄自大的楚王，又会有多少人敢劝谏呢？

齐景公田猎回来，晏婴在遄台陪侍，梁丘据也急急忙忙赶来陪同。公曰：“唯据与我和夫!”晏子对曰：“据亦同也，焉得为和?”公曰：“和与同异乎?”对曰：“异。和如羹焉，水、火、醯、醢、盐、梅，以烹鱼肉，燀执以薪，宰夫和之，齐之以味，济其不及，以泄其过。君子食之，以平其心。”齐景公很喜欢在他身边忙前忙后的梁丘据，认为只有他与我相和啊！晏婴说，梁丘据与您只能算是同，怎么能说成和呢？齐景公不明白和与同有什么区别，晏婴就举了一个生活的例子来说明。和就好像烹制肉羹，需要水、火、醋、酱、盐、梅一起来烹调鱼肉，用薪火炖煮熬制，厨师用各种调料调味，口味才能鲜美，君子享用了，心火才能平和，这才叫作和。君臣的关系也是如此。如果国君认为对的但实际上不对，为臣就应该指出其不对；国君认为不对的但实际上是对的，为臣也应该坚持正确的。这样的政策就会平稳不出偏差，人民也不会有争心。现在梁丘据则是这样做的：凡是国君认为对的，他也说对；国君认为不对的，他也说不对。就像用水来调和水，用琴瑟总弹一个调，谁会去喝？谁会去听？这就是和与同的本质区别。

和而不同充满了哲学思考，体现了重要的人格实践意义。即不要附和别人的意见，要有自己独立的见解，客观规律面前要敢于坚持自己的独立人格；要能够包容别人的不同意见，善于吸纳别人意见，要有开放包容的胸怀。

晏子辅佐齐灵公、齐庄公、齐景公三代国君，针对每个国君不同的优缺点，及时查遗补缺，齐灵公本来缺乏勇敢，对外却一味逞强，五次攻打鲁国，挑战晋国，国内则重用佞臣，听信谗言昏聩不明，国家治理混乱，晏子主要是理顺乱政：“仲尼曰：‘灵公污，晏子事之以整齐’。”（《晏子春秋·外篇》）

对于齐庄公急于为父复仇，报复晋国，晏子也及时进行劝谏。襄公二十二年秋天，晋国叛臣栾盈投奔齐国，受到齐庄公厚待。晏平仲劝谏，已经和晋国盟誓，听命于晋国，“今纳栾氏，将安用之？小所以事大，信也。失信不立，君其图之”。但是齐庄公不听，第二年栾盈潜入晋国作乱，齐庄公先是攻打卫国，又从卫国出发攻打晋国，晏子站出来劝谏，君王凭借勇力，来进攻盟主。如果不成功，那是我们国家的福气。因为没有德行而却有功劳，忧患一定会降临君王身上。齐国偷袭得手，但因此得罪了晋国。

鲁国大夫臧纥逃亡到了齐国，齐庄公准备封给臧纥土地，齐庄公对臧纥吹嘘其攻打晋国的事情，臧纥不客气地说，齐国是建立了很多功勋，但是君王的行为却像老鼠，白天藏起来，夜里出动。君王看到晋国动乱就出兵，一旦晋国安宁又准备侍奉晋国，这不是老鼠又是什么呢？齐庄公听了很不高兴，就不赏赐臧纥田地了。但是齐庄公并没有认真听取晏子和臧纥的劝谏，妄自尊大，后来公然与崔杼妻棠姜私通，招致杀身之祸。

齐景公在位五十八年，是齐国君主中执政时间最长的国君之一。齐景公有励精图治的雄心壮志，又喜欢奢侈享乐，"好治宫室，聚狗马，奢侈，厚赋重刑"。（《史记·齐太公世家》）所以晏子对他的劝谏最多。《晏子春秋》里绝大部分篇章是晏子从各个方面劝谏齐景公的，有的劝谏被采纳，有的劝谏则被置之不理。

（四）平易近人，推荐贤才

孔子发现晏子有一个很大的优点："晏平仲善与人交，久而敬之"（《论语·公冶长》）。《史记·管晏列传》选取两个晏子重用人才的事例，一个是要求被尊重的越石父。一次晏子出使晋国，在路边看见一个肩背着柴草，头戴着破帽子，裘衣反穿的人在休息，晏子感觉他是个君子。这个人就是越石父，为了不想挨饿受冻给别人当了奴仆。晏子了解这些情况后，就毫不犹豫地解下左边拉车的马，把他赎了出来，一起乘车回家。到家以后，晏婴未向越石父道别，就走进了屋里。经过漫长的等待，越石父的心情逐渐由最初的感激到失望甚至绝望。等到晏子从屋里出来，越石父坚决请求与晏婴绝交。晏婴措手不及，就问，婴虽然算不上善良仁厚，但毕竟让先生幸免于困厄，为何先生这么快便要与婴绝交呢？越石父解释说，君子可以在不了解自己的人那里承受委屈，但是在了解自己的人那里一定会被重视。当我在困境之中时，先生不了解我这个人如何，却选择救了我，既然您救了我，那我便将先生视为平生最能够理解我的人生知己；但是作为知己却不愿对我以礼相待，那我还不如继续困苦下去呢。"向者子乘，不我辞也，吾以子为忘；今又不辞而入，是与臣我者同矣。"（《晏子春秋·晏子之晋》）敏感的越石父对于晏子不跟自己辞让就先上车，自己宽慰是晏子忘了；但是晏子不告别就独自进屋去了，这说明晏子跟那些把他当奴仆对待的人是一样的。晏子马上道歉说，之前我只是看到先生的外表而已，现在是见识到先生的志向了。于是晏子请他进屋尊为贵宾。“今晏子功免人于厄矣，而反屈下之，其去俗亦远矣。”（《吕氏春秋·观世》）晏子不仅让人免于困厄，而且还能够屈身道歉，晏子超越俗人实在太多了。

还有一个是变谦逊的车夫。晏婴一次坐车外出，车子经过车夫的家，车夫的妻子从门缝偷偷观看。她丈夫身材高大，替宰相驾车，大伞盖下，赶着四匹马，旁若无人，十分自得；晏子身材矮小，神情若有所思。车夫与晏子，一个高大、一个矮小，一个神气、一个沉思，对比的结果是，车夫回家后，妻子却要求和他离婚，车夫问什么原因，妻子说，晏子身高还不到六尺，但是他作为齐国相国，名声在各国诸侯那里如雷贯耳。今天妾看到他，志向那么远大，但态度那么谦恭。而你身高八尺，只不过是人家的车夫，但态度却无比骄傲，所以妾想离婚。从此，车夫就开始谦虚懂事起来。晏婴对车夫的变化感到诧异，问他原因，车夫就如实相告。晏婴于是推荐他为大夫。晏子能够察觉到车夫的细微变化，并由此发现他的可取之处，是难能可贵的。春秋时代不重视自己车夫，以致酿成大祸的大有人在，华元与郑军开战时，杀羊犒赏士兵，他的车夫羊斟没有吃到羊肉羹，就心里怨恨华元。等到两军交战，驱车直接冲进郑军军中，因此华元被活捉。

《史记》选择了这两个典型，一个是懂得尊重自己的人格，另一个是知道应该谦虚谨慎，这是士人重要的素质，见微知著，因此获得晏子的推荐。

晏子不仅善于识人，重用人，还曾经辞退了在自己手下做事三年的高缭，很多人劝谏晏子，高缭已跟你做了三年的工作，一直没有给他一个禄位，现在突然要辞退他，不合情理啊！晏子解释说，我是一个鄙陋浅薄的人，但是高缭在我身边工作了三年，从来没有说过一句纠正我失误的话，这就是我要把他辞退的原因。

（五）折冲樽俎，举重若轻

在《左传》里，没有见到晏子出使楚国的风趣故事，楚王确实总想羞辱一下中原士人，但是子产让人敬重，叔向为人正直，楚王与晏子交锋出彩在《晏子春秋·内篇杂下》里记载中。

春秋时代的楚王总为自己“蛮夷”的身份耿耿于怀，楚国先祖熊绎被周成王封在南方蛮荒之地，赐给他土地仅有五十里的子爵爵位。周人认为从虞人、夏人、殷人到周人是文明的代表，称为“华夏”，其余诸国诸族称为“诸夏”，诸夏之外的族群发展落后，称为“蛮夷戎狄”，周王朝对楚是“以蛮夷视之”，不得参与中原诸侯的会盟。历代楚君筚路蓝缕，开疆拓土，熊绎的玄孙熊渠曾以“我蛮夷也，不与中国之号谥”为借口，企图摆脱“子男”的卑微。到了春秋时代，雄心勃勃的熊通提出：“我有敝甲，欲以观中国之政，请王室尊吾号。”但是周天子拒绝了提高楚君的爵位名分。熊通干脆一不做，二不休：“王不加位，我自尊耳！”自立为楚武王，从此楚君都开始称王。因为有“蛮夷”这一心理阴影，所以楚王总想找机会羞辱中原诸国。但是子产作为博物君子，楚王不敢造次，叔向有礼有节，楚王无从下手。直到等来了晏子，晏子的身材矮小的缺陷让楚国人觉得找到了机会，晏子来访，他们就在楚国城门旁另开一个小门，请他从小门进去。晏婴不进去，说：“我如果出使狗国，那我就会从狗门进入，今天我是来出使楚国的，不应该走这个门。”接待的官员听了，赶紧改变路线，请他从大门进去。晏婴见到楚王，楚王问，为什么是选你来出使楚国呢？晏子解释说，齐国派遣使臣，都是选择合适的使臣派到适合的国家去。婴在齐国大臣中修养最差，所以被派来出使楚国。楚王想给晏子设个小门嘲笑他的身材，却不料等同于把自己变成了狗国；楚王想贬低晏子，却最后贬低了自己。

但是楚王有个特点就是不依不饶，不撞南墙不死心。楚王请晏子喝酒，正在酒酣耳热之际，有人绑着一个人送到楚王面前来，楚王明知故问，他犯了什么罪？回答说是齐国人，犯了偷窃罪。楚王得意地问晏子，难道说齐国人天生擅于偷东西的吗？晏子不慌不忙地离开座位答道：我听说淮南的甜橘，种到淮北，就只能结出苦枳，叶子相似，果实大小、味道却截然不同，是因为水土不同。同样，齐国人在齐国能够安守本分，一到楚国，就变成了盗贼，难道是楚国的水土让人变坏？楚王想拿一个齐国人盗窃证明齐国人这个种族有劣根性，但是晏子指出的是，是地理环境影响了种族的不同特性。

（六）廉洁从政，清白做人

晏子辅佐齐国三公，晏子生活一直十分俭朴，吃的是“脱粟之食”

“苔菜”，粗茶淡饭；穿的是“缁布之衣”；上朝坐的是弊车驽骊；住的是“近市湫隘嚣尘，不可以居”的陋仄之室。树立了勤俭、廉政的风范。

他的简朴思想与行动有以下三个发展阶段。

一是节俭丧礼。襄公十七年。晏子父亲晏桓子去世，晏婴穿着粗布丧服，头上和腰里系着麻带，执竹杖，穿草鞋，喝稀粥，住草棚，睡草垫，枕草枕。他的家臣劝说：“这不是大夫的丧礼礼仪。”晏婴谦虚地回答，只有卿身份的人才算是大夫，才能行大夫的礼仪，我还不是大夫。

二是不超幅利。襄公二十八年，庆氏逃亡后，齐景公封给晏子邶殿边上六十个城邑，晏子坚决不接受。子尾很奇怪，富，是人之所欲也，为什么你不想要呢？晏子解释说：“不受邶殿，非恶富也，恐失富也。且夫富如布帛之有幅焉，为之制度，使无迁也。夫民生厚而用利，于是乎正德以幅之，使无黜嫚，谓之幅利。利过则为败。吾不敢贪多，所谓幅也。”不接受邶殿，不是厌恶富有，而是怕失去富有。富有就像布帛一样有一定长度。规定的幅度，不能改变。富有不能过分，过分了就会衰败。我不敢贪多富有，就是不想超过幅度。此时晏子对于国君封给城邑的观点是富有不能超过一定幅度。

三是无欲无难。季札的出现让晏子的认识产生了飞跃。襄公二十九年，吴公子札来聘，故遂聘于齐，说晏平仲，谓之曰：“子速纳邑与政！无邑无政，乃免于难。齐国之政，将有所归，未获所归，难未歇也。”季札的出国聘问，是为了和新立的国君通好，一到齐国，就和晏平仲一见如故，季札旁观者清，直言不讳地告诉晏子，您赶紧交还封邑和权利。没有邑，没有权，才能免于祸难。齐国的政权将会有所归属，没有归属之前，祸难不会停止。所以晏子通过陈桓子交还了权利和封邑，也正因为如此，他免于栾氏、高氏发动的祸难。

昭公三年，齐景公要为晏子更换陈旧住宅，对他说，您的住房靠近市场，低湿狭小，喧闹多尘，不宜居住，一定要给您换成干爽明亮的房子。晏子辞谢说，您的先臣就住在这里，下臣才能还不足以继承祖业，住在这里已经太奢侈了。而且靠近市场，早晚能买到需要的东西，这是多大的便利，怎敢麻烦邻里乡亲为我造新房子呢？齐景公一番好意被拒绝，很不甘心。等到晏子前往晋国时，齐景公就派人改建了他的住宅。晏子从晋国回来后，新屋就已经建完。晏子拜谢以后，就拆毁了新房而恢复如原来的旧房，然后请原来的住户回来，俗话说不需要占卜住宅，却需要占卜邻居。

你们是占卜过得好邻居，违背占卜不祥。“君子不犯非礼，小人不犯不祥，古之制也。吾敢违诸乎?”齐景公开始说啥不同意，晏子通过陈桓子代为求情，齐景公才由他复原旧宅。

“晏子博闻强记，通于古今，事齐灵公、庄公、景公，以节俭力行，尽忠极谏道齐，国君得以正行，百姓得以亲附。”“谏齐君，悬而至，顺而刻。及使诸侯，莫能诎其辞，其博通如此。”（刘向《晏子叙录》）

四　叔向的君子人格

儒家对管仲“仲父”的角色颇不以为然。有人问:“‘然则吾子与管仲孰贤?’曾西怫然不悦，曰:‘尔何曾比予于管仲?管仲得君，如彼其专也;行乎国政，如彼其久也;功烈，如彼其卑也。尔何曾比予于是?’”（《孟子·公孙丑上》）但曾子却道出了管仲之后的士大夫再也没有人能得到如管仲这样充分施展才能的历史机遇和君臣遇合的机缘，这些人就包括子产、叔向、晏子和孔子等。

叔向一生共事悼公、平公、昭公三君，作为晋平公的太傅，成为上大夫，先是在赵孟等六卿领导下，后来在韩起、赵成、中行吴、魏舒、范鞅、知盈六卿之下，在祁午、张趯、籍谈、女齐、梁丙、张骼、辅跞、苗贲皇八大夫之上。又值晋国霸业衰落，晋国内又政出多门，“大夫崇侈”。叔向的政治才能让晋国在内政外交上保持了优势。

（一）守之以信

襄公二十七年，晋楚在宋举行弭兵大会，这本是寻求和平的大会，然而多年的对峙和隔膜，使晋楚互相戒备。楚国更是暗藏杀机，“楚氛甚恶”“楚人衷甲”，赵孟性格原本懦弱，见此情景更加惊慌失措。叔向从容自若，告诉赵孟不必担忧，“何害也?匹夫一为不信，犹不可，单毙其死。若合诸侯之卿，以为不信，必不捷矣。……与宋致死，虽倍楚可也，子何惧焉，又不及是。”您怕什么?匹夫一旦做出不守信用的事，尚且行不通，不得好死。如果一个盟会诸侯的卿士也想做不守信用的事情，就更不可能成功了。而且宋国会拼死助晋，如果晋国与宋国合力抵抗，不仅与楚国势均力敌，而且勇气远胜于楚国，更何况事情还不至于如此险恶。楚国在盟会上又节外生枝，与晋争先，叔向劝赵孟“子务德，无争先”，书先晋，晋有信也。于是就让楚国先歃血。《春秋》记载时则把晋国放在前面，因为晋国有信用。叔向以自己的大智大勇，终于促成弭兵之会。“楚人不敢谋，畏晋之信也。自是没平公无楚患。”（《国语·晋语》）

（二）示之以威

春秋后期，晋国的实力和威望已大不如从前，勉强维持伯业，晋侯又筑虒祁之宫，诸侯多轻视晋侯过分奢侈而渐生二心。叔向提出“诸侯不可以不示威”，欲通过展示武力，以威服诸侯。于是治兵于邾南，出甲车四千乘，与诸侯盟于平丘，以树立霸主之威望。然而“晋人将寻盟，齐人不可”。叔向于是先向周王室争取到支持，然后欲把废除盟约的责任归罪于齐国，“齐人惧，对曰：‘小国言之，大国制之，敢不听从。’”叔向认为：“诸侯有间矣，不可以不示众。八月辛未，治兵，建而不旆。壬申，复旆之，诸侯畏之。”于是举行军事演习，竖起军旗，除去飘带，后来又系上飘带，表示要采取军事行动，因此诸侯畏惧。邾人、莒人向晋国投诉鲁国朝夕侵伐，所以不能向晋贡赋。鲁人进行了辩解，叔向就告诉鲁国：“寡君有甲车四千乘，虽以无道行之，必可畏也。”如果因为莒人、邾人的缘故以诸侯之师讨伐鲁国，那么没什么问题不能解决，“鲁人惧，听命”。平丘之会，叔向充分展示了自己的政治才能，但却是用威而不是用德，与叔向信奉的务德主张南辕北辙，因为晋国已是强弩之末，叔向也是不得已而为之。

（三）比而不党

有一次叔向看到司马侯的儿子，抚摩着他哭了起来，说：“自从司马侯死后，再也没有人和我协力合作去侍奉国君了。以前他父亲在前面提议，我就在后面完成；我提议于前，他父亲完成于后，没有办不成的事。”这时籍偃在旁边就问，君子也关系密切吗？叔向曰：“君子比而不别。比德以赞事，比也；引党以封己，利己而忘君，别也。”君子是并肩合作，但不成为朋党。同德同心，遇事互相帮助，这叫作“比”。结党营私利己而忘记了君王，这叫作“别”。以前司马侯曾本着公心推荐了叔向。晋悼公曾与司马侯一起登上高台观看景色，说：“真快乐啊！”司马侯却说：“这只是居高临下观景的快乐罢了，谈不上德义的快乐。”悼公就问：“什么叫作德义？”司马侯回答说：“了解诸侯的所作所为，然后天天侍奉在国君的旁边，以他们的善行作为榜样，以他们的恶行作为鉴戒，可称得上德义了。”悼公问道：“谁能做到这样呢？”司马侯回答说：“叔向熟悉春秋等历史典籍。”于是悼公就召见叔向，叫他辅导太子彪。太子彪即位后，叔向走上了政坛。

襄公二十一年，晋栾氏之难，叔向家族受到株连，叔向被囚禁。后来乐王鲋主动提出要为他说情，但出人意料，“叔向弗应。出，不拜”。叔向坚信“外举不弃仇，内举不失亲”的祁奚会来救他，果然垂垂老矣的祁奚得到消息后立即亲自出马劝范宣子以社稷为重释放叔向，范宣子对祁奚崇拜有加，“宣子说，与之乘，以言诸公而免之”。结局很有意思：“（祁奚）不见叔向而归，叔向亦不告免焉而朝。”但二人心意相通，祁奚正直无私的君子人格已传给了叔向。“岂知晋叔向，无罪婴囚拘。临难俟解纷，独知祁大夫。举仇且不弃，何必论亲疏。夫子觉者也，其能遗我乎。”（萧颖士《仰答韦司业垂访五首》）

（四）举荐贤才

范宣子与和大夫争讼田地的边界，很久没有解决争端。就向各位大夫请教。叔向听说后，就去见宣子说：“听说您与和大夫的事没有平息，问遍了大夫们，仍没有一个解决办法，何不去询问訾祏。訾祏为人正直而且知识渊博，他正直就能公正地分辨是非，知识渊博才能上下进行比较，而且他又是您的老家臣。”经过訾祏劝说，范宣子心情愉快地多给了和大夫田地，而且与他和好。

昭公二十八年，魏献子在提拔贾辛去县里任职时讲起了叔向慧眼识然明的故事。从前叔向到郑国去访问，鬷蔑（然明）相貌丑陋，想要观察叔向，就跟着收拾碗碟器皿的人前去，站在了堂下，插嘴说了一句话，说得精彩。叔向正要喝酒，听到了鬷蔑的话，说：“一定是鬷蔑。”就走下堂来，拉着他的手上了堂，说了一个故事。从前贾大夫长得很丑，娶了个妻子却很漂亮，但是她三年不说不笑，对贾大夫很冷淡。一天贾大夫带着她驾着车子到了沼泽地，一箭射中野鸡，她见贾大夫箭法精湛，才开始笑着对贾大夫说话。贾大夫感慨地说：“才能真不能没有的，我要是不会射箭，她就不说不笑了啊！”现在您的外貌不扬，您如果再不说话，我几乎错过和您见面的机会了。难道你要像贾大夫一样吗？魏献子借这个故事向叔向致敬，学习他慧眼识才，提拔人才。

（五）古之遗直

《尚书·洪范》标举三德，第一项就是“正直”，而叔向就是“古之遗直也”。(孔子语）晋侯患病，子产引经据典，叔向由衷佩服：“善哉！肸未之闻也，此皆然矣。”子产毁坏晋国接待诸侯之馆的围墙，并讲出一番道理，为诸侯争得了利益，叔向作为晋国人，却能站在公正的立场赞扬子产。虽然叔向与子产惺惺相惜，但子产铸刑书，叔向却致书子产，直言不讳地表明自己的反对立场。

叔向虽然反对子产铸刑书，一旦遇到亲属犯法，却绝不徇私枉法。叔向有一个同父异母的弟弟叔鱼，从小娇生惯养，后来又跑到鲁国避难，韩宣子执政以后，叔鱼也凭借父兄的影响，当上掌管军权的代理司马。他的贪婪性格逐渐暴露出来，公元前529年，晋国主持平丘会盟，叔鱼率领军队进行演习，途经卫国时公然索要财物，卫国拒绝，他就放纵手下捣乱，卫国就派屠伯送给叔向羹汤和一箧锦缎，叔向接受了羹汤退回了锦缎，说：“晋国这个羊舌鲋，贪求财货不知满足，将要有祸难了。您如果以卫君的命令赐给他锦缎，事情就解决了。”屠伯照办，叔鱼马上下令不准捣乱了。后来叔鱼升任司寇，贪婪本性不改，审理了邢侯和雍子的土地边界纠纷案。雍子抢先获得了消息。为了打赢官司，他主动把自己年轻貌美的女儿嫁给了叔鱼。叔鱼得到雍子的女儿后，不管是非曲直，直接在堂上宣判刑侯有罪，把邢侯的土地强行划给雍子。刑侯一怒之下，拔出剑杀了叔鱼和雍子。

韩宣子就把棘手案件交给了叔向处理，叔向指出，雍子明知自己有罪，却通过美色来行贿；叔鱼贪赂枉法，邢侯杀人理应偿命，三人都是死罪。“贪以败官为墨。”贪婪而败坏职责就是不干净。从此有了名词叫“贪官墨吏”，因为墨就是玷污，所以后来也叫“贪官污吏”。叔鱼、雍子被暴尸于街，邢侯被处决，陈尸示众。

仲尼曰：“叔向，古之遗直也。治国制刑，不隐于亲，三数叔鱼之恶，不为末减，曰义也夫，可谓直矣！”（昭公十四年）

襄公二十六年，秦伯的弟弟鍼来晋国修好，叔向指派不当班的行人子员接待，当班的行人子朱受到莫大侮辱，“抚剑从之”。叔向首先指出子员公正无私，会促进两国和好，不再让三军暴骨喋血；而你子朱的看法常与子员相反，会激化两国矛盾。“奸以事君者，吾所能御也。”言毕，拍案而起，甩动衣裳与之相斗，这是春秋君子罕见的剑拔弩张的场面，表现了叔向的正直刚烈。

（六）谈笑讽谏

叔向的言语多是处理内政外交，常常引经据典，长篇大论，劝谏的很少，只在《国语·晋语》中有很少的记载，表现了叔向生活中的幽默风趣。一次晋平公射鴳雀，但没有一箭射死。他就叫身边的小臣襄快去捕捉，结果鴳雀跑了，没有抓着。平公很扫兴，就把襄扣押，还要杀他。晚间，平公愤愤不平地告诉了叔向，叔向直截了当说，你一定要杀了襄。从前我们的先君唐叔，猎射犀牛，一箭射死，然后把犀皮做了铠甲。因为才艺出众，被成王封爵为晋侯。现在，你射一只小雀，一没有射死，二没有捕到，简直就是宣扬你的耻辱了。你赶紧杀了襄，一定不要传扬出去。于是“君忸怩，乃趣赦之”。平公竟然忸怩起来，羞愧难当，赶紧赦免了襄。

董叔要娶范献子的妹妹祁为妻，叔向得知后劝他说：“范家富贵，何不取消这门亲事呢?”董叔说了心里话：“欲为系援焉。”想通过婚姻关系这个纽带攀亲附贵。婚后的某一天，董叔妻子到范献子那里告状说董叔对她不恭敬。献子就把董叔抓起来，然后把他绑在院里的槐树上。恰好叔向经过此地，董叔就请叔向给求个情，叔向很奇怪，对他说：“你想求‘系’，不是已经系上了吗？想求‘援’，不是已经绑上了吗？想得到的都得到了，还要我替你请求什么呢?”

（七）安之若命

城门失火，殃及池鱼，栾氏之难，叔向家族牵涉其中，叔向也被株连面临危险。有人对他说“子离于罪，其为不知乎?”讥笑其虽然充满智慧却不能摆脱囚禁，叔向却答曰：“与其死亡若何？《诗》曰：‘优哉游哉，聊以卒岁’，知也。”君子浮生于乱世，生死有命，这是明智的态度。

作为公族，叔向对自己家族和个人命运无法逆转的走向灭亡亦有达观的认识。“晋之公族尽矣。肸闻之，公室将卑，其宗族枝叶先落，则公室从之。肸之宗十一族，唯羊舌氏在而已。肸又无子，公室无度，幸而得死，岂其获祀!”（昭公三年）他不指望保族宜家，家族延续，只要善终就足矣，正因为对自己家族必然灭亡的命运有着清醒的认识，促使他更加坚持自己的正直人格。

叔向言行受到晋国士人的尊重，影响着他们的所作所为。昭公十五年，晋国荀吴领兵包围了鼓国。鼓国有人请求带着城邑里面的人叛变，荀吴不答应。他说“吾闻诸叔向曰：‘好恶不愆，民知所适，事无不济。’”喜好、厌恶什么都不要过分，百姓就知道行动的方向，事情就没有不成功的。所以要坚持原则，不能为了得到城邑而接近奸邪，这样丧失的会更多。哀公十七年的冬季，晋国攻打卫国，进入外城。将要进入内城，赵简子说：“止。‘叔向有言曰：怙乱灭国者无后。’”眼看胜利在望，但赵简子突然要求停止进攻。因为他想起了叔向说过，趁着动乱而灭亡别国的人没有后嗣。

五　孔子的君子人格

孔子（公元前551—前479年）是浸润历代中国士人精神家园的圣人，“三十而立，四十不惑，五十而知天命，六十耳顺”，规划了士人人生发展的路线图，《论语》更是熏陶了一代又一代士人。

（一）勇者不惧

仁者孔子也有勇者不惧的时候，这种勇者不惧体现在国家面临危急，需要孔子挺身而出的时候，孔子的勇者不惧又是建立在临事而惧，好谋而成者基础之上的。子路曰：“子行三军，则谁与?”子曰：“暴虎冯河，死而无悔者，吾不与也。必也临事而惧，好谋而成者也。”（《论语·述而》）孔子赞赏的是要面临任务知道恐惧谨慎，精心谋划而能成功的人。孔子不赞成一味逞勇使力，而主张遇事小心慎重，有勇气更有谋略，才能成功。这是继承“慎始而敬终，终以不困”（襄公二十五年），“慎终如始，则无败事”（《老子·六十四章》）的治国智慧而采取的明智态度。公元前501年，孔子终于迎来从政的机会，这一年孔子五十一岁，在鲁国当了中都宰，做了一年很有成绩，很多国家都想学习，于是孔子又升为司空，又由司空转为司寇。当了一年司寇之后，孔子就遭遇了最严重的外交危机。齐国发现孔子逐渐施展才能，此时，孔子在鲁国政坛平步青云，深得季氏器重。“孔子行乎季孙，三月不违。”（《公羊传》定公十年）鲁国开始出现上升趋势，就派人商定了齐鲁夹谷之会，夹谷在今天的山东莱芜，齐国打算在这次外交盟会上使鲁国屈服。定公十年，孔子作为司寇参加，行前他建议鲁定公外交场合要有军事做后盾，军事场合要有外交来协调。鲁定公于是带着左右司马及兵车与会。齐人认为：“孔丘知礼而无勇，若使莱人以兵劫鲁侯，必得志焉。”于是在盟会过程中突然有一队莱人进来舞枪弄棒，谁知孔子临危不惧，一边保护定公且退且走，一边果断决然命令武士抵挡莱人，并以义责之：“裔不谋夏，夷不乱华，俘不干盟，兵不逼好，于神为不祥，于德为衍义，于人为失礼，君必不然。”两君盟会根本不会影响莱人的利益，让莱人的捣乱最后蒙羞的只能是主盟的齐国，“齐侯闻之，遽辟之”。齐人在盟会上又横生事端，单方面在盟书强加上条件：如果齐师出境作战，鲁国要出三百乘车相助。孔子针锋相对，让大夫兹无还提出前提条件：如果齐国不返还汶阳之田，鲁国就不会遵奉齐国之命。

齐侯要在夹谷举行宴会，孔子担心宴会上齐人再施诡计，就做齐侯近臣梁丘据的工作，指出“事既成矣，而又享之”是多此一举，而且宴享在野外奏乐是弃礼，因为诸侯相见之礼，享在庙，燕在寝，不得行于野。如果宴享不备置牺象嘉乐，无异于用秕稗冒充嘉谷。这样的宴享会导致三方面后果：“君辱、弃礼、名恶。”梁丘据听孔子言之有理，于是劝齐侯取消了此次宴会。作为君子，孔子在盟会上面对齐国的威胁大义凛然，义正词严，私下里对梁丘据和颜悦色，婉言相劝，尊称梁丘据为“吾子”，以促成其事。孔子的大智大勇维护了日渐衰落的鲁国利益，让齐国不敢小视鲁国。

孔子能够在出仕不久就能在内政外交方面游刃有余，主要还是来自他几十年在基层工作的经验，三岁丧父，家道中落，世态炎凉，人情冷暖让他性格早熟，“吾十有五而志于学”，十五岁时立下了要好好学习各种知识和本领的志向，十七岁时母亲去世。“吾少也贱，故多能鄙事。”年少时候贫苦，所以不少鄙贱的工作都会做，“吾不试，故艺”，我不曾被国家所用，所以有机会习得了一些技艺。后来曾经当过“乘田”，管牛羊的官，结果他把牛羊养得肥肥壮壮；还当过“委吏”，做会计工作，结果他管的账没有一点儿差错。对艰难困苦，人之情伪都有了深切体验。又经过二十多年的对管仲、子产、晏子等案例探讨与推演，因此才能在夹谷盟会上一鸣惊人。

（二）智者不惑

子曰："不患无位，患所以立，不患莫己知，求为可知也。"（《论语·里仁》）不要考虑没有职位，要考虑一旦有机会要有成熟的想法和本事；不要怕没人知道，而要去追求足以使人知道自己的本事。当时鲁国由三家公族把持，分别为季孙氏、叔孙氏、孟孙氏，他们都是鲁桓公的子孙，故称为"三桓"。鲁僖公十六年，季友卒，东门氏公子遂（鲁庄公之子）执政，公子遂死后，其子公孙归父执掌征伐会盟大权，鲁宣公十八年，"公孙归父有宠，欲去三桓以张公室"，宣公卒，季氏遂逐东门氏，季氏开始专权。鲁襄公十一年，三家作三军。三家各有自己的采邑由家臣掌管。鲁昭公十二年，季氏家臣南蒯据费邑作乱，两年后，费人叛南蒯，南蒯奔齐国。鲁昭公二十五年，昭公伐季氏，结果被三家合力驱逐。于是季氏代行君权八年。鲁定公五年，季氏家臣阳虎囚禁季桓子，即陪臣执国命，鲁定公八年，阳虎作乱，不克奔晋国。鲁定公十年，叔孙氏家臣侯犯又作乱，不克奔齐。

定公十二年，孔子根据鲁国的现实提出"臣无藏甲，大夫毋百雉之城"，以尊公室而抑家臣，防止尾大不掉，维护君权，决定"堕三都"，要进行春秋时代最大规模的拆毁城邑行动，拆毁季氏等三家的采邑。目的是拆掉城邑去掉家臣盘踞的根据地，杜绝家臣据邑叛乱之祸。季氏鉴于家臣难以控制，也同意孔子的意见。定公十二年，"仲由为季氏宰，将堕三都，于是叔孙氏堕郈"。子路作为季氏的家臣之长，坚决贯彻执行孔子的命令，叔孙氏毁掉了郈邑。但费邑的公山不狃、叔孙辄率兵抵抗，公山不狃率领的武装打到鲁国都城，鲁定公躲进了季氏宅院里，公山不狃没攻进去，但是箭已经射到了鲁定公的跟前。孔子临危不乱"仲尼命申句须、乐颀代之"，申句须、乐颀反攻奏效，最后"二子奔齐，遂堕费"，费邑拆掉了。但在堕成邑时，却遇到孟孙氏抵制，虽然鲁定公率师围城，仍然难以攻克，处于僵持状态。此时，"齐人送女乐，季桓子受之，三日不朝，孔子行"。齐国人送来女子乐队，定公和季桓子天天观看，三天没有举行朝礼，孔子推行的改革搁浅了，孔子不得不离开鲁国。

（三）仁者不忧

孔子风尘仆仆地奔走于春秋诸国，求仕不遇，到处碰壁，弄得灰头土脸，累累如丧家之犬，途中还多次遭遇险情，但孔子并未灰心丧气，因为他以道自任，作为周代礼乐文化硕果仅存的继承者和传播者，这些困难危难等都是对他的考验。子畏于匡，曰：“文王既没，文不在兹乎？天之将丧斯文也，后死者不得与于斯文也；天之未丧斯文也，匡人其如予何？”周文王不在了以后，周代的礼乐文化不都承载在我身上吗？上天如果想要毁掉礼乐文化，那我就不可能有机会掌握这种文化了；既然上天不会灭掉礼乐文化，那么，眼前的这些匡人又能把我怎么样呢？他把自己放在一个连绵不绝的历史文化维度上，前能见古人，后能见来者，而匡人只能算一个小插曲了。对于有人诽谤和中伤（如公伯寮等），孔子表示了蔑视。子曰：“道之将行也与，命也；道之将废也与，命也。公伯寮其如命何！”（《论语·宪问》）公元前492年，孔子经过宋国时，在一棵大树下演习周礼，没想到桓魋砍倒了大树，企图加害孔子，孔子在弟子掩护下撤走，他自信地安慰弟子们：“天生德于予，桓魋其如予何？”

孔子重任在肩，任重道远，他蔑视一切艰难险阻，不惧任何挫折和失败，始终积极进取，乐观向上。

孔子不忧来自对知识探索和真理的发现。叶公问孔子于子路，子路不对。子曰：“女奚不曰，其为人也，发愤忘食，乐以忘忧，不知老之将至云尔。”“我尝终日不食，终夜不寝，以思，无益，不如学也。”（《论语·卫灵公》）“学而时习之，不亦说乎？”（《论语·学而》）在学习中勤于思考，“学而不思则罔，思而不学则殆”；学在其中，乐在其中。子曰：“十室之邑，必有忠信如丘者焉，不如丘之好学也。”（《论语·公冶长》）孔子曾感叹逝者如斯夫，但学习的乐趣却让他忘记了时间的无情。

（四）诲人不倦

孟子曰：“君子有三乐，而王天下不与存焉。”（《孟子·尽心上》）其一便是得天下英才而教育之。孔子与弟子教学相长，其乐融融，不知老之将至。子曰：“若圣与仁，则吾岂敢？抑为之不厌，诲人不倦。”孔子因人而异，因才而异，循循善诱，经常启发弟子举一反三，“不愤不启，不悱不发，举一隅不以一隅反，则不复也”。（《论语·述而》）

孔子和弟子不仅是师生关系，而且是朋友关系。孔子说话有差错，弟子会不客气地提出。子游在子武城当地方官时，高度重视孔子提倡的音乐教化作用。子之武城，闻弦歌之声，夫子莞尔而笑曰：“割鸡焉用牛刀？”

杀鸡这样的小事还用牛刀吗？子游当即提出夫子曾教育我们："君子学道则爱人，小人学道则易使也。"武城虽然是个小邑，但是依然需要礼乐教化，君子学于道会更懂得爱别人，小人学于道更容易听从指挥了。孔子不怕认错，马上更正自己："二三子，偃之言是也。前言戏耳。"（《论语·阳货》）

陈司败问昭公知礼乎？孔子曰："知礼。"而昭公知仪不知礼在春秋时代是定论（见昭公五年女叔齐语）。孔子是想为昭公掩饰，陈司败因此质疑君子亦党乎？孔子于是诚恳地自我批评："丘也幸，苟有过，人必知之。"（《论语·述而》）

（五）歌咏舞雩

孔子并不总是和弟子一味探讨学问，还很喜欢纵情歌唱。"子与人歌而善，必使反之，而后和之。"孔子和别人唱歌时，如果别人唱得好，一定让他再唱一遍，然后再一起尽情高歌。孔子曾经沉醉于音乐而竟然忘记了现实世界的物质享受，"子在齐闻《韶》，三月不知肉味，曰：'不图为乐之至于斯也'。"（《论语·述而》）

歌声成为孔子想说又不好直说的媒介，"孺悲欲见孔子，孔子辞以疾，将命者出户，取瑟而歌，使之闻之"。孺悲想求见孔子，孔子不肯见，托词有病，拒绝接待。传命的人刚走出门房，孔子就取下瑟弹了起来，边弹边唱，故意使孺悲知道。是非分明，爱憎分明正是君子的本色，"唯仁者能好人，能恶人"（《论语·里仁》）。

深厚的音乐基础让孔子充满自信地整理《诗经》乐章，子曰："吾自卫反鲁，然后乐正，《雅》《颂》各得其所。"（《论语·子罕》）"三百五篇，孔子皆弦歌之，以求合韶武雅颂之音。"（《史记·孔子世家》）孔子困于陈、蔡之野，处境极其艰难："不得行，绝粮，从者病，莫能兴。孔子讲诵弦不衰。"（《史记·孔子世家》）孔子在歌声中找到精神寄托，并通过讲诵和歌声来鼓励学生，也激励自己坚持下去，走出困境。孔子认同曾皙的志向"莫春者，春服既成，冠者五六人，童子六七人，浴乎沂，风乎舞雩，咏而归"。带着春天对夏天的企盼，酣畅淋漓地去沐浴，然后在风中起舞，惚兮恍兮，优哉游哉，在天地间歌唱。

（六）弘毅兴继

孔子以天降大任于己自任，寻找着社会发展的客观规律，子张问：

“十世可知也?”子曰:“殷因于夏礼，所损益可知也。周因于殷礼，所损益可知也。其或继周者，虽百世可知也。”(《论语·为政》)子张问孔子，现在可以预知未来十世以后的情形吗?孔子回答说，殷朝继承了夏朝，周朝又继承了殷朝。从夏到周的典章制度、风俗习惯、信仰观念等是继承了它们的前朝并有所发展，有所增减而形成的。察过往而可知未来，周朝以后的百世情形是可以预见的。

回国以后，孔子把完成“六艺”的《诗》《书》《乐》《易》《礼》《春秋》的编修作为自己的使命。整理《诗经》，“吾自卫反鲁，然后乐正，《雅》《颂》各得其所”。(《论语·子罕》)钻研《周易》，“加我数年，五十以学《易》，可以无大过矣”。(《论语·述而》)

撰写《春秋》，“乃因史记作《春秋》，上至隐公，下讫哀公十四年，十二公。据鲁，亲周，故殷，运之三代。约其文辞而指博”。《春秋》里，邾国的庶其，莒国的牟夷，邾国的黑肱带着领地逃亡，他们只是为了谋求生活而已，不求什么名声，但是《春秋》却不管他们的地位如何低贱也必定加以记载。齐豹做卫国的司寇，是世袭大夫，做事情不义，就被记载为“盗”。这样让君子行动就想到礼，办事就想到义，“《春秋》之义行，则天下乱臣贼子惧焉”。孔子为中华民族注入了历史感和使命感，同时也高悬了一面历史检验的镜子。

孔子对继承和发扬周文化充满极大的热忱和强烈的责任感，表现出先知的智慧和行为能力。内心自然充实愉快，虽然麒麟亡，孔子亦未能充分施展抱负，但他的事业后继有人、后生可畏，“焉知来者之不如今也?”(《论语·子罕》)孔子应该是含笑而逝了。

(七)荣辱与共

孔子及弟子们在周游列国过程中形成了一个独特的命运共同体，他们荣辱与共，休戚相关，他们以仁义为担当。仁义价值观已开始形成，并逐步获得人们认同。弟子们各具才艺，却能“以道事君，不可则止。弑父与君，亦不从也”。(《论语·先进》)并以各自的人生实践诠释仁者、勇者、智者的人格。

在孔门弟子中，仁者代表的是德行科的颜渊、闵子骞、冉伯牛、仲弓，他们的共同特点是注重修德，讷于言而敏于行。

孔子对仁者的标准要求很高，只有像管仲这样的人才获得孔子的称许。子曰："桓公九合诸侯，不以兵车，管仲之力也。如其仁，如其仁。"（《论语·宪问》）管仲辅佐齐桓公九次会盟诸侯，不靠炫耀武力，而是依靠仁德的力量。

按照这样的标准，孔子的弟子还很难达到。子曰："回也其心三月不违仁，其余则日月至焉而已矣。"（《论语·雍也》）颜回作为孔子最满意的学生，他的心可以坚持三个月或者更长时间不背离仁德，其余的学生则只能在短时间内偶尔做到了仁而已。

孟武伯问："子路仁乎？"子曰："不知也。"又问，子曰："由也，千乘之国，可使治其赋也，不知其仁也。""求也何如？"子曰："求也，千室之邑、百乘之家，可使为之宰也，不知其仁也。""赤也何如？"子曰："赤也，束带立于朝，可使与宾客言也，不知其仁也。"（《论语·公冶长》）子路能管理军事，冉求能管理内政，公西赤能办理外交，而且会做得很出色，至于能否做到仁，就不知道了。

能够做到仁者不忧的恐怕只能是颜回，颜回字子渊，亦称颜渊，比孔子小三十岁，鲁国人。子曰："贤哉回也，一箪食，一瓢饮，在陋巷，人不堪其忧，回也不改其乐。贤哉回也。"（《论语·雍也》）一筒饭，一瓢水，简陋不堪的深巷里，这般穷困，这般清苦，如何忍受，颜回却能一心向学，苦中作乐，让轻易不夸人的孔夫子特别欣赏，"贤哉回也"。颜回坚持追求大道，以苦为乐，不患人之莫知也，与孔子的精神追求相似："饭疏食饮水，曲肱而枕之，乐亦在其中。"（《论语·雍也》）但比孔子还能吃苦。

颜回"年十三，入孔子之门"时，孔子聚徒讲学已达十三年之久，但是孔子经过观察，发现最能继承自己衣钵的就是颜回。他听课从来都不懈怠，一直都是恭恭敬敬，"语之而不惰者，其回也与!"；颜回能够抓住主要问题，向孔子虚心请教，颜回问仁，孔子说："克己复礼为仁。"颜回请孔子说具体要求，孔子就说了"非礼勿视，非礼勿听，非礼勿言，非礼勿动"；他从不当面质疑孔子，总是背后消化吸收，孔子有时见他听课似懂非懂，就暗暗观察，发现颜回私下与别人讨论时，对孔子的话特别擅长发挥，不是举一反三，甚至达到了举一反十的程度，"吾与回言终日，不违，如愚；退而省其私，亦足以发，回也不愚。"当然，孔子也认识到颜回从来没有质疑过他，这样反而不利于教学相长，子曰："回也非助我者也，于吾言无所不说。"（《论语·先进》）

当时很多人已经认识到孔子是圣人，但是大多泛泛而谈，比如达巷党人曰：“大哉孔子！博学而无所成名。”（《论语·子罕》）称赞孔子伟大，因为他学识渊博；太宰问于子贡曰：“夫子圣者与？何其多能也？”（《论语·子罕》）太宰用反问来称道孔子，难道是圣人，他怎么会那么多才多艺；颜回在所有学生中眼光独到，慧眼识圣人，把孔子当圣人来崇拜，颜渊喟然叹曰：“仰之弥高，钻之弥坚，瞻之在前，忽焉在后。夫子循循然善诱人，博我以文，约我以礼，欲罢不能。既竭吾才，如有所立卓尔。虽欲从之，末由也已。”（《论语·子罕》）老师的道德从高度上看，越望越高；老师的学问从深度上看，越钻越深；看着好像在前面，忽然又像在后面，这是高山仰止、景行景止的真切感受。老师善于一步一步地引导我，以知识来让我广博，以礼节来让我节制，让人想停下来都不行，总是有一个高大伟岸的人格在召唤着我。孔子对被称为圣人是谦虚的，对诲人不倦是认同的。子曰：“若圣与仁，则吾岂敢？抑为之不厌，诲人不倦，则可谓云尔已矣。”（《论语·述而》）说到圣与仁，我岂敢当？说我学而不厌，诲人不倦还差不多。后人因此认为：“颜渊独知孔子圣也。”（《论衡·讲瑞》）孔子对颜回的进步看在眼里，喜在心上。子谓颜渊曰：“惜乎！吾见其进也，未见其止也。”可惜呀！只见他精进不休，没有看见他停下过。

正因为颜回对孔子的认识最深刻，所以在追随孔子周游列国遇到困难时表现得最坚决。据《史记·孔子世家》载：楚王听说孔子一行人住在陈国和蔡国的边境上，就派人去聘请孔子来楚国。陈、蔡两国大夫得知消息，就怕孔子已经了解陈、蔡两国存在的问题，一旦被楚国重用，对他们不利，便派一些服劳役的人围追堵截。孔子师徒为躲避侵扰，他们就选择在旷野中摸索前进，结果陷入了无路可走，无粮可吃的困境，跟从的弟子有人饿病了，站都站不起来。为了鼓舞士气，孔子就不停地给大家讲学，弹着琴一起唱诵诗歌。子路沉不住气来见孔子：“君子难道也有困窘的时候吗？”孔子不客气地批评他：“君子遇到困窘时毫不动摇，小人遇到困窘就崩溃了。”看到大家信心动摇，孔子开始做思想工作，分别召见子路、子贡、颜回，问他们一个相同的问题，《诗经》上说，不是老虎，不是犀牛，徘徊旷野，什么缘由？难道是我们主张错了吗？怎么会沦落到如此地步呢？子路回答：是我们的仁德不够吧？人们不信任我们；还是我们的智谋不够呢？人们不让我们通过。子贡认为：夫子之道太博大了，所以天下没有一个国家能容纳得下。夫子您何不稍稍降低一些您的要求呢？颜回也认同夫子之道非常博大，但是主张绝不能因此而妥协。颜回曰："夫子之道至大，故天下莫能容。虽然，夫子推而行之，不容何病，不容然后见君子！夫道之不修也，是吾丑也。夫道既已大修而不用，是有国者之丑也。不容何病，不容然后见君子！"夫子欣然而笑曰："有是哉，颜氏之子！使尔多财，吾为尔宰。"颜回认为夫子之道博大，天下诸国不能容纳。尽管如此，老师还是要坚定地推广，不被接受有什么关系，不被接受才显出君子的本色！如果我们的"道"没有修炼好，那是我们的耻辱；但是我们的"道"非常完善而却不被采用，那是各国掌权者的耻辱。不被所用有什么关系，不被所用才显出君子的本质！颜回知道此时老师最需要支持和打气，所以他重复了"不容何病，不容然后见君子！"为老师和弟子鼓与呼，让孔子由衷地赞扬，颜氏小子，你有种！有一天你要是发了财，我愿给你去当管家。

说到颜回的志向，孔子曾要他和子路"各言尔志"时，子路答："愿车马、衣轻裘，与朋友共，敝之而无憾。"子路回答得铿锵有力，哥们义气跃然纸上；而颜回则弱弱地回答："愿无伐善，无施劳。"（《论语·公冶长》）颜回不愿夸耀自己有什么长处，但也不推辞应该承担的辛劳，注重自己的修养培养。由于鲁国朝政被季康子把持，所以颜回没有出仕，而是甘于清贫。子谓颜渊曰："用之则行，舍之则藏；惟我与尔有是夫！"（《论语·述而》）公元前481年，颜回先于孔子而去世。没能有机会展现他的仁德。孔子对他的早逝感到难过，连声悲叹："噫！天丧予！天丧予！"颜渊死，子哭之恸。从者曰："子恸矣。"曰："有恸乎？非夫人之为恸而谁为？"（《论语·先进》）学生劝孔子说，您悲痛过度了。孔子哭着说，我悲痛过度了吗？我不为这个人悲伤过度，又为谁呢？

冉耕字伯牛，世称"冉伯牛"或"冉子"，出身"贱人"。孔子任鲁国司寇时，其任中都宰。他接人待物礼节周到，受到称赞，为人端庄正派。在孔子的弟子中，以德行与颜渊、闵子骞并称。后来伯牛得了恶疾，孔子前去探望他，从窗户外面握着他的手，连声说："斯人也而有斯疾也！斯人也而有斯疾也！"这样的好人竟会得这样的病啊，这样的好人竟会得这样的病啊！

闵子骞，名损。比孔子少十五岁，闵子骞以孝顺著称，"孝哉闵子骞！人不闻于其父母昆弟之言"。（《论语·先进》）闵子骞确实是孝顺！

他父母兄弟赞美他的话，人们没有任何异议。闵子骞为人稳重，轻易不开口乱说，一开口就很中肯。他崇尚节俭，反对浪费，鲁国要翻建新库房，闵子骞说，照老样子延续下去不是还可以吗，何必翻建呢？孔子给予高度评价：“夫人不言，言必有中。”这个人平时不乱说，一说就说到点子上。季氏派人请闵子骞去做费邑的长官，闵子骞（对来请他的人）说，请你好好替我推辞吧！如果再来召我去，那我一定跑到汶水那边去了。后来经孔子劝说，还是做了费邑宰，治理费地很有成绩，但看不惯季氏行为，最后毅然辞职。由此可见，其不肯趋炎附势，视富贵如浮云，正直狷介的品格。

因为孔子称赞闵子骞孝顺，所以就逐渐有了闵子骞孝行的故事，宋元时期有《闵子骞单衣记》、元代的《二十四孝》和明朝的《二十四孝图》，叫作《单衣顺母》，亦即俗称的《鞭打芦花》。

冉雍，字仲弓，仲弓的父亲，是个地位卑微的人。为此，孔子特意打个比方说，耕牛产下的这头小牛犊长着红色发亮的毛，牛角峥嵘，你不想用它，山川神灵也不会舍弃它的。或曰：“雍也仁而不佞。”（《论语·公冶长》）有人说，冉雍这个人有仁德但不善言辞。孔子为仲弓辩护，何必一定要能言善辩呢？喜欢辩论，常常惹人讨厌，这样的人不知道他能否做到仁，能言善辩有什么意义？体现了孔子的一贯主张“君子耻其言而过其行”。（《论语·宪问》）仲弓为季氏宰，问政。子曰：“先有司，赦小过，举贤才。”曰：“焉知贤才而举之？”曰：“举尔所知。尔所不知，人其舍诸？”（《论语·子路》）首先各级官吏各负其责，出现小过错要赦免，选拔贤才来任职。如何来选拔贤才，就是选拔你所了解的，至于你不了解的贤才，别人难道还会埋没他们吗？

孔子还发现冉雍宽宏大量，具有国君素质，这是孔子弟子中罕见的评价，子曰：“雍也可使南面。”（《论语·雍也》）

勇者代表是子路、冉求。

在孔子弟子中，子路最喜欢勇武，也喜欢就这一问题经常问孔子。

子路曰：“君子尚勇乎？”子曰：“君子义以为上。”（《论语·阳货》）君子崇尚勇武吗？孔子指出，君子一定要以义作为最高标准，君子有勇无义就会作乱，小人有勇无义就会偷盗。子曰：“由也好勇过我，无所取材。”（《论语·公冶长》）有一天孔子感叹，如果我的主张行不通，我就乘着筏子到海上去。能跟随我的大概只有仲由吧！子路听了很高兴。孔子马上强调，子路好勇超过了我，其他没有什么可取的。孔子周游列国，子路和颜回等人始终跟随孔子，由于他勇武有力，有力地保护了孔子，所以故孔子曰："自吾得由，恶言不闻于耳。"自从我有了仲由后，我就没有再听到那些恶意的话语了。

"子路，行行如也。"（《论语·先进》）子路平时总是雄赳赳、气昂昂的样子，孔子有些担忧地说，像仲由这样，只怕不得好死吧！他日，子路又问："子行三军，则谁与？"子曰："暴虎冯河，死而无悔者，吾不与也。必也临事而惧。好谋而成者也。"（《论语·述而》）您如果统率三军，那么您会选择和谁在一起呢？孔子告诉子路，那种赤手空拳就敢打老虎，徒步就敢涉水过河，死了都不会后悔的人，我是不会选择和他在一起的。我要选择遇事能谨慎对待、精心谋划才成功的人。

子路以信守承诺闻名于诸国，哀公十四年，小邾国一名叫射的人，带着句绎这个城邑投奔鲁国，指名道姓说："派子路和我约定，可以不用盟誓了。"鲁国派子路去，子路坚决拒绝。季康子就派冉有对子路说："一千辆战车的国家，不相信盟誓，反而相信您，您还有什么屈辱呢？"子路回答说："鲁国如果和邾国发生战事，我不用问是非曲直，战死在城下就行了。但是现在他不尽臣道，背叛国家，我如果去见他，就把他的不义变成正义了，我不可能那么办。"

"柴也愚，由也喭。"（《论语·先进》）高柴愚直，仲由鲁莽。但子路却很赏识高柴，他身长不足五尺，但子路提拔他去作费地的长官。孔子认为高柴还没怎么学习，这样做是害了高柴。子路认为治理百姓和祭祀神灵都是学习，难道一定要读书才算学习吗？孔子说，我讨厌花言巧语狡辩的人。后来子路担任卫国大夫孔悝采邑的长官。公元前480年，孔悝被前太子蒯聩被胁迫，子路为了救孔悝要冲进城去，遇到了子羔从城里逃出来，劝子路说，你也回去吧，不要白白送死。但是子路强调"食其食者不避其难"，于是奋不顾身地进城，慷慨赴难。

子路不是真正的勇者，因为他只想着信义，没有做到临事而惧，好谋而成。

真正的勇者是冉求，但是他平时个性谨慎，做事考虑再三，所以孔子要求他遇事知道了就要马上行动。

十一年春季，国氏、高氏率兵攻鲁。季孙问计冉求，冉求给出的上策是季孙、叔孙、孟孙有一个留守，其余两位跟着国君在边境抵御；季孙不同意；中策是三家就在境内近郊抵御，叔孙、孟孙不同意；下策是季孙一人带领军队，背城作战，不参加战斗的就不能算是鲁国人。冉求还对季孙使用了激将法：政权掌握在季氏手里，所以他们两位不想作战是很自然的，但是季孙一家的战车也比齐军多，齐国人打上门来，鲁国不敢迎战，这是您的耻辱。上朝时叔孙询问冉求作战的想法，他避而不答，孟孙逼问他，他回答说："小人是考虑了才干而说话，估计了力量才出力的。"叔孙告诉孟孙："这是说我们成不了大丈夫啊！"于是回去就检阅部队。

孟氏让孟孺子泄统率右师。季康子让冉求率领左军，管周父为他驾驭战车，樊迟作为车右。季孙看到樊迟说，樊迟年纪太小了。冉求强调他能够听从命令。冉求相信打仗亲兄弟，上阵父子兵，所以带着三百个武城人作为自己的亲兵。齐军从稷曲攻击鲁军，鲁军不敢过沟迎战。樊迟告诉冉求："大家不是不敢，是不相信您，请您把号令申明三次，然后带头过沟。"冉求照他的话办，众人就跟着他过沟。鲁国右师不战自败，溃不成军。但是左师冉求勇猛非常，身先士卒，带樊迟等将士砍了甲士的脑袋八十个，齐人因此军心动摇。夜里，齐师偷偷地撤退了。冉求三次请求追击，季孙没有允许。冉求用矛攻杀齐军，起到了关键作用。受到孔子的高度赞扬："义也。"正是这次胜利，让季孙对孔子弟子另眼相看，冉求趁机请求季孙请回孔子，在外漂泊十四年的孔子及弟子终于得以回国。

智者代表是子贡。

孔门弟子中的智者首推子贡。孔子认为"赐也达"，子贡通达事理，适合从政。季康子遇到棘手的外交问题时，就让子贡出来协调解决问题。

子贡善于从对方那里找论据。哀公七年夏季，鲁哀公和吴国人在鄫地会见。吴国要求鲁国奉献牛、羊、猪一百头为享宴品。鲁国不敢得罪吴国，只得照办。吴国无礼，让鲁国上下很不满，吴国的太宰伯嚭召见季康子，康子不想去参加会见，就让子贡去辞谢。太宰伯嚭说，鲁国国君可以长途跋涉来参会，但是鲁国大夫却不跟来，请问这是什么礼仪？子贡回答说，岂敢把这作为礼仪，只是因为害怕大国。大国要用礼仪来要求诸侯，如果不用礼仪，那小国只能不计后果了。寡君既已奉命前来了，他的老臣岂敢丢下国家不管呢？当年吴太伯是穿正装来执行周礼的，后来的继承者仲雍却剪掉头发，身上刺青，裸体上场，敢说是依礼做事吗？都是因为事出有因才这样做的。子贡从对方的历史找到证据，吴国到了蛮夷之地就不依礼行事，到了现在对鲁国提无礼要求，都是不合礼的，以子之矛，攻子之盾，太宰伯嚭也无话可说。

子贡善用比喻。哀公十二年，哀公在橐皋会见吴国人，吴王派太宰伯嚭请求重温过去的盟约。哀公不愿意，派子贡去斡旋，子贡提出，盟誓要注重信用。寡君认为既然有了盟约，就不能更改了。如果可以改，盟誓又有什么意义？现在您说一定要重温过去的盟约，如果可以重温，它同样可以变凉下去的。于是就没有重温盟约。重温过去的盟约等于不信守盟约，既然可以重温，也就可以变凉，子贡用一种通感的比喻，化解了吴国的无礼要求。

子贡善于分析。在哀公十二年的盟会上，因为卫出公姗姗来迟，吴国人围住了卫出公的馆舍。鲁大夫子服景伯请子贡通融一下，子贡去见吴太宰伯嚭，太宰伯嚭解释说，寡君本来愿意结交卫国国君，但是他来晚了，所以要把他留下。子贡说就给太宰伯嚭做了一个分析，卫君前来，一定和他的臣下们商量，有的同意他来，有的不同意，所以才来晚了。那些同意的人，是您的朋友。那些不同意的人，是您的仇人。如果软禁了卫国国君，毁掉了朋友，帮助了仇人，又让诸侯恐惧，这么做的话，吴王也难以称霸吧！子贡深入浅出地分析吴国的做法是亲者痛、仇者快，让太宰伯嚭心悦诚服。

子贡善于因势利导。哀公十五年，陈成子拥立了新国君，子服景伯和子贡去拜见陈成子，陈成子说："寡君说：'我愿意对待贵君就像对待卫君一样。'"子服景伯让子贡来应答，子贡指出，这也正是寡君的愿望。从前齐国为了卫国，攻打晋国，然后给了卫国土地。后来，吴国人侵略敝邑，齐国也乘机占取了鲁国土地，寡君因此而寒心，如果能像卫君那样侍奉贵君，那本来就是我们所希望的。陈成子提出要像对待卫君一样对待哀公，子贡抓住这一观点引申出齐国为了卫君而侵占鲁国土地一事，子贡的说辞让陈成子感到愧恨，就把成地归还给鲁国。

哀公十六年（前 479 年）孔子去世后，弟子皆服丧三年，"唯子贡庐于冢上，凡六年，然后去"。哀公二十七年，越王派人来协商鲁、邾两国的边界。鲁、邾在平阳结盟，季康子等三位都跟随前去。季康子对结盟结果感到不满意，想起了子贡，说："如果他在这里，我不会到这地步的！"孟武伯说："对呀。为什么不召他来？"季康子说："本来是要召他的。"叔孙文子说："过些时候请记着这件事吧。"《史记・仲尼弟子列传》说子贡"常相鲁、卫"。"子贡一出，存鲁，乱齐，破吴，强晋而霸越。"

子贡是言语科的代表，但是他的外交辞令水准只能说升堂，还没有到达入室的水平，没有精彩的词语流传开来。但是他解决问题的能力是毋庸置疑的，在通达的子贡面前没有解决不了的问题，可谓智者不惑。

还有很多孔子的弟子也堪称智者，比如，卜商，字子夏。比孔子小四十四岁。孔子逝世后，子夏定居河西教授学生，成了魏文侯的老师。

曾参，比孔子小四十六岁。孔子认为他能通达孝道。他撰写了一部《孝经》。

澹台灭明，是武城人，字子羽。比孔子小三十九岁。他相貌很丑陋。跟孔子学习以后，就致力于修身实践，处事光明正大，不走邪路，不是为了公事，从来不去会见公卿大夫。他往南游历到长江，追随他的学生有三百多人，他的声誉传遍了四方诸侯。孔子听到这些事曾说：“我单从相貌上判断人，对子羽就判断错了。”

《韩非子·显学》：“自孔子之死也，有子张之儒，有子思之儒，有颜氏之儒，有孟氏之儒，有漆雕氏之儒，有仲良氏之儒，有孙氏之儒，有乐正氏之儒。”还有子夏之儒、子游之儒等。《郭店楚墓竹简》《上海博物馆馆藏楚竹书》等出土资料展示了孔子以后至战国晚期儒家弟子的分化、发展、流变，他们一起构成源远流长、影响深远的儒家学派。

第七章

士族崛起

——对晋国赵氏家族及韩、魏氏代表人物君子人格的研究

春秋时代的晋国，成为一代强国，主要原因是打破了公族对政权的垄断，异姓、异氏成为卿族，宣公二年，“初，骊姬之乱，诅无畜群公子，自是晋无公族”。在六卿执政的过程中，每个家族都会涌现一个或几个杰出人士。随着时间的推移，诸多强宗大族在国内斗争中枝叶飘零，相继衰亡，反而是异姓的赵氏家族几经磨难，屡次胜出，最后与韩、魏三家分晋，成为战国七雄之一。在晋国，赵衰作为士，与重耳患难与共，富贵与共，一举成为晋国异姓世族。赵氏在家族内部继承上，摆脱了世袭贵族的立子宗法继承制，而代之以立子以贤；赵氏重视诗书礼乐的传承和发扬，在赵武的主导下，春秋时代的赋诗言志达到高潮；赵氏对待士人是不拘一格地任用重用。赵衰对士人是让贤再让贤，赵盾对士人是提携又重用，赵武举贤无私，赵简子求贤若渴，赵毋恤用贤不疑，士人的支持使赵氏在晋国长盛不衰。

一　赵氏家族君子集聚的成因

赵氏的大宗赵衰之兄赵夙为太子申生御戎，后赐赵夙耿，以为大夫。作为小宗的赵衰面临着复杂的选择，在选择跟随哪位公子时，赵衰颇多考量，踌躇再三，最后决定以占卜来定。“赵衰卜事晋献公及诸公子，莫吉；卜事公子重耳，吉，即事重耳。”（《史记·赵世家》）当时太子申生手下有狐突、先友、梁余子养、罕夷、杜原款等，皆股肱忠贞之臣，但申生心慈手软，不忍弃君出逃，最后缢于新城。夷吾手下有郤芮、阴饴男、

庆郑，郤芮之助，阴饴男之忠，庆郑之直，皆栋梁之材。然而夷吾“背施无亲，幸灾不仁，贪爱不祥，怒邻不义”。（僖公十四年，庆郑语）贪婪无信，以致内外交困。与申生、夷吾相比，重耳为人忠厚，又知权变。晋人伐蒲城，蒲城人欲战，重耳不可，曰：“保君父之命而享其生禄，于是乎得人。有人而校，罪莫大焉。吾其奔也。”

赵氏一门的繁荣壮大离不开追随重耳（晋文公）的赵衰，在齐桓公之后称霸的晋文公，是春秋时代晋国强大的开创者，赵衰作为君王之师，“狐偃、赵衰皆以士之身分从大夫身份之公子重耳为臣以出亡，其地位犹鲍叔牙之于公子小白，管夷吾、召忽之于公子纠也”①。晋公子“父事狐偃，师事赵衰”。狐偃“惠以有谋”，赵衰“文以忠贞”。（《国语·晋语四》宋国司马公孙固语），地位举足轻重，狐偃、赵衰力劝重耳联姻秦国以结缘，“秦伯归女五人，怀嬴与焉”。怀嬴捧着盛水的器具让重耳洗手，重耳洗完便挥挥手让怀嬴走开。怀嬴生气地说：“秦国和晋国是同等的，你凭什么瞧不起我？”重耳害怕了，赶紧脱去衣服把自己关起来表示谢罪。重耳于是征求狐偃、赵衰的意见，狐偃说：“将夺其国，何有于妻，唯秦所命从也。”赵衰引用了“礼志有之曰：‘将有请于人，必先有入焉。欲人之爱己也，必先爱人。欲人之从己也，必先从人。无德于人，而求用于人，罪也。’今将婚媾以从秦，受好以爱之，听从以德之，惧其未可也，又何疑焉？”经过二人劝导，重耳“乃归女而纳币，且逆之”。（《国语·晋语四》）重耳君臣回到晋国时，狐偃与赵衰采取了截然不同的处事方式。“及河，子犯以璧授公子曰：‘臣负羁绁，从君巡于天下，臣之罪甚多矣。臣犹知之，而况君乎？请由此亡。’”公子：“所不与舅氏同心者，有如白水！”投其璧于河。《史记》记载了介子推的评论：“天实开公子，而子犯以为己功而要市于君，固足羞也。”（《史记·晋世家》）后人评论：“夫舅犯见利而不顾其君，其仁不足称也。”（《国语·晋语八》）在台北故宫博物院收藏的“子犯和钟”也铭刻着子犯辅佐文公的赫赫功绩，以传颂子孙流芳千年。赵衰则选择了“为而不恃，功成而不居”（《老子·第二章》）的态度和行为。但是他的所作所为让人难以忘怀，晋文公拿下原国这个地方后，向寺人勃鞮咨询谁是镇守原地的人选。勃鞮回答说：“从前流亡时，赵衰背着水壶并携带了干粮追随您，当他一个人落

① 童书业：《春秋左传研究》，上海人民出版社1980年版，第60页。

在后面，走在小道上时，饿得很难受也不去吃它。”于是晋文公让赵衰作为原地的地方官。

赵衰回国前是文以忠贞，文而有礼，回国则是“守之以让”。赵衰及后代在国事、家事上均做出不同凡响的举措，深刻影响了国家和家族的走向和发展。

（一）高瞻远瞩，把握大势

赵氏一门能够登高望远，及时把握天下大势，率先做出决策和行动。首先是尊周求霸。司马迁总结：“文公所以反国及霸，多赵衰计策。”（《史记·赵世家》）远见卓识的赵衰与狐偃英雄所见略同，给晋国提出一个基本国策，那就是尊周求霸。“求霸莫如入王尊周，周、晋同姓，晋不先入王，后秦入之，毋以令于天下。方今尊王，晋之资也。”（《史记·晋世家》）晋国赶在秦师之前发兵围温，迎回周襄王，文公独力勤王，匡扶周室，迎襄王复位，周襄王赐给晋国阳樊之地。这个国策奠定了晋国在春秋时代的霸业基础，后来晋国多次帮助历代周王，晋、周互相依靠，互相支持，维持了春秋时代晋国霸业。

大力推行改革。赵氏能够顺应形势，积极推行变革。赵盾主持国政后，大刀阔斧进行改革，一是制定赵宣子之法。宣子于是乎始为国政，制事典，正法罪，辟狱刑，董逋逃，由质要，治旧洿，本秩礼，续常职，出滞淹。既成，以授大傅阳子与大师贾佗，使行诸晋国，以为常法。“这些措施的具体内容，由于史料缺乏，现已无可考了。但是可以看出，这是一次全面的改革，是晋文公所作的大改革以后的又一次大改革。”冯友兰先生推测，在“夷之搜”大演习中赵宣子是总的主持人，而分任制定刑法的则是范宣子。于是隔了一百多年，昭公二十九年，晋国以一鼓铁铸刑鼎。著“范宣子所为刑书焉”。冯先生认为这是“一部地主阶级的新法”①。做了一个铸有刑法条文的大铁鼎，震动了天下，孔子认为此举让“民在鼎矣”，将出现“贵贱无序”的乱局，反映了保守的孔子对依法治国的抵触。二是开启礼乐征伐自大夫出的先例。文公七年，秋八月，齐侯、宋公、卫侯、郑伯、许男、曹伯会晋赵盾，盟于扈，开大夫主盟先河。“自此而晋国政权渐移，大夫专政，以致内政多门，霸业不竟，卒致

① 冯友兰：《中国哲学史新编》，人民出版社1982年版，第121页。

三家分晋之局。”① 三是以卿族代替公族。丽姬之乱，诅无畜公子，自是晋无公族。他在成公即位之际，让非公室后裔的卿族子弟充任公族，以赵括为公族，使屏季以其故族为公族大夫，以掌管公族。“此直以异姓、异氏代公族，晋公室之卑始此。”②

充分认识到“社稷无常奉，君臣无常位”这一客观规律。当时鲁国鲁昭公与季氏对抗，被逐出鲁国流亡在外七年之久，并客死他乡。赵简子向史墨求教，史墨不动声色地说：“物生有两、有三、有五、有陪贰。……社稷无常奉，君臣无常位，自古以然。……是以为君慎器与名，不可以假人。”陈来先生认为：“这种冷静的历史理性乃是一种完全现实的对历史辩证法的认可，而全然摒弃对传统秩序和传统价值的任何温情。”③ 史墨认为鲁君世代安逸享受，不关心百姓，季氏世代注重民心，最后“民忘君矣”。这一“三后之姓，于今为庶”的社会巨变规律让赵简子如梦初醒。

（二）再三让贤，举贤任能

君臣回国后，赵衰选择了“为而不恃，功成而不居”（《老子·第二章》）的态度和“守之以让”的行为。他没有因为和重耳的密切关系而恃宠而骄，反而是一再让贤。僖公二十七年，商量谁可以做三军元帅。赵衰推荐了郤縠。可惜郤縠英年早逝，未能建功。赵衰让贤是以社稷为重，希望更多的人才能够为晋国贡献才智。后来赵衰又让于栾枝、先轸。“‘栾枝贞慎，先轸有谋，胥臣多闻，’皆可以为辅佐，臣弗若也。”（《国语·晋语四》）特别是先轸，在城濮之战、崤之战充分发挥了统帅作用，为晋国霸业立下汗马功劳。这样的一而再，再而三地让贤，晋文公大加赞赏。公曰：“赵衰三让。其所让，皆社稷之卫也。废让，是废德也。”因为赵衰的缘故，把三军扩大到五军。使赵衰将新上军。公曰：“夫赵衰三让不失义。让，推贤也。义，广德也。”（《国语·晋语四》）

赵衰先后让贤于先氏、郤氏、栾氏、胥氏、郑氏，对于当时几乎所有的大家族都有恩惠。对于晋国，他推荐了股肱人才，和谐了群臣关系，为

---

① 方朝晖：《春秋左传人物谱》，齐鲁书社 2001 年版，第 409 页。

② 童书业：《春秋左传研究》，上海人民出版社 1980 年版，第 329 页。

③ 陈来：《古代思想文化的世界》，三联书店 2002 年版，第 78 页。

晋国霸业提供了有力的支撑。对于家族，他为赵家后人创造了源远流长的人脉关系。后来晋平公问师旷曰："咎犯与赵衰孰贤？"对曰："阳处父欲臣文公，因咎犯，三年不达，因赵衰，三日而达。"（《说苑·善说》）从此，阳处父在晋国青云直上，晋襄公时，阳处父曾率师追孟明、侵蔡、退楚师，在晋国举足轻重。文公六年，正是"成季之属"的阳处父利用自己的影响力把赵盾推上了执政的舞台。文公六年，春，晋蒐于夷，舍二军。使狐射姑将中军，赵盾佐之。阳处父至自温，改蒐于董，易中军。阳子，成季之属也，故党于赵氏，且谓赵盾能，曰："使能，国之利也。"是以上之。在《公羊传·文公六年》中，阳处父谏曰："射姑，民众不说，不可使将。"于是废掉狐射姑，举荐赵盾。

赵氏孤儿赵武继承并发扬了赵衰让贤的品德，大公无私地举荐了数十士人。平公和叔向谈论群臣谁贤？叔向认为是赵武。"所举士也数十人，皆得其意，而公家甚赖之。及武子之生也不利于家，死不托于孤，臣敢以为贤。"（《韩非子·外储说左下》）赵武推荐的四十多人在朝廷要害岗位任职，成为国家的栋梁。赵武在世，并不与他们私交牟利；去世时，也没有托付这些人关照自己的后代。在赵武去世的时候，他们到赵家吊唁时都到宾客的席位上就座，与赵武没有私人之恩情。赵武还举贤不避仇，举荐刑伯子可做中牟县令，晋平公很疑惑，赵武回答："私仇不入公门。"（《韩非子·外储说左下》）

接纳天下人才，不仅是楚才晋用，而且形成了天下人才皆为晋用的氛围。因内部争斗，许多国家流亡之贵族都来到了晋国。赵武与当时各国杰出人才如齐乌余、高强，卫孙林父，楚国公子弃疾、郑羽颉、公孙侨、丰卷等都有密切交流，更为重要的是，如郑国子产、鲁国叔孙豹的言行受到了赵武的高度认可和重视。

（三）诗书礼乐，赋诗言志

诗书礼乐传家，是赵氏家族能在政坛长期存在的内在原因。僖公二十七年，君臣商量谁可以做三军元帅。赵衰推荐了郤縠："郤縠可。臣亟闻其言矣。说礼乐而敦诗书。诗书，义之府也；礼乐，德之则也；德义，利本也。"乃使郤縠将中军。赵衰在春秋历史上第一次把将帅精通诗书、礼乐提升到前所未有的高度，饱读诗书礼乐，才能统揽全局，决胜千里。从此，"诗书""礼乐"成为春秋士人君子的重要标志。赵武执政八年，春秋时代迎来祥和安宁的时期，正是在这期间，襄公二十七年，赵武与郑国七穆一一赋诗言志，对所赋之诗逐一进行应答和评析，事后他认为伯有在宾客面前公开表示出对国君的怨恨，家族在郑国不会长久，其余六位卿大夫能忧国忧民，在郑国政坛能够长久。襄公二十九年，吴国季札到鲁国观乐，文化在短暂的和平时期焕发出诗情诗意，士人赋诗言志达到了高潮。与赵氏家族重视诗书礼乐相反，很多家族不甚重视诗书礼乐，各个家族可能偶尔会有一个体现出诗书礼乐的修养如叔向等的出现，但没有一家如赵氏家族这般重视。

（四）立子以贤，重在才干

围绕赵氏家族兴衰荣辱，有一个女人起着举足轻重的作用。即晋文公之女，僖公二十四年，文公把女儿嫁给赵衰，深明大义的赵姬发现非己所生的赵盾比自己的三个儿子更贤能，于是“固请于公”，立赵盾为嫡子，并主动让叔隗做正妻，为赵氏家族开创了立嫡以贤的先例。

这一先例在后代得到继承。为了赵氏家族兴旺发达，赵简子经过广泛咨询和考察，打破惯例，选择了出身卑贱的赵毋恤做接班人。赵毋恤是婢女所生，在诸子中名分最低。一天，简子召诸子前来，请姑布子卿看相，子卿对别的公子都没看上，唯独相中了毋恤。但是其母贱，翟婢也。子卿曰：“天所授，虽贱必贵。”于是，赵鞅开始重视毋恤。（《史记·赵世家》）等到诸子长大成人，赵鞅又对他们进行更深入的考察。一天，他召见儿子们说，我将一宝符藏于常山之上，先得者有赏。诸子乘骑前往，寻宝符于常山。然而，他们都空手而归。只有毋恤说：“我得到了宝符。”赵鞅听闻便让他解释。毋恤说：“凭常山之险攻代，代国即可归赵所有。”赵鞅听罢高兴异常，觉得只有毋恤明白自己的良苦用心，是赵氏大业难得的继承人。遂废掉太子伯鲁，破例立毋恤为太子。简子去世，毋恤未除服，请代王（代王乃毋恤姊夫），阴令宰人击杀代王及从官，遂兴兵平代地，实现了简子的夙愿，也暴露了其不顾亲情的残忍。董安于曰：“毋恤不才，今以为后，何也?”简子曰：“是其人能为社稷忍辱。”某一天，智伯和襄子喝酒，智伯把酒灌到襄子头上，左右想杀智伯，襄子却说：“先君之立我也，曰能为社稷忍辱，岂曰能刺人哉!”（《说苑·建本》）赵氏家族两个关键人物赵盾、赵毋恤均是通过立嫡以贤而不以长而产生的，贤能成为赵氏选择继承人的最高标准，这也是赵氏能够长盛不衰，能够实现三家分晋的一个重要原因。

赵毋恤即赵襄子果然不负众望。当时智伯在晋国权倾一时，专横跋扈，他无理向韩、魏索要土地，韩康子不想给，谋臣段规劝说："请地而弗与，则移兵于韩必矣。不如与之，则韩可以免于患而待事之变。"韩康子于是同意给地，魏宣子经过赵葭劝说也同意给地。智伯又令人向赵氏索要蔡、皋狼之地，襄子始终未忘智伯的醉酒之辱，坚决不给，智伯就联合韩、魏一起攻赵。襄子和谋臣张孟谈不约而同地选择了晋阳。张孟谈曰："夫董阏于，简主之才臣也，其治晋阳，而尹铎循之，其余教犹存。君其定居晋阳而已矣。"（《韩非子・十过》）"其晋阳乎！先主之所属也，尹铎之所宽也，民必和矣。"（《国语・周语九》）乃走晋阳，到了晋阳，却发现"城郭不治，仓无积粟，府无储钱，库无甲兵，邑无守具"。张孟谈曰："圣人之治，藏于臣，不藏于府库；务修其教，不治城郭。"（《韩非子・十过》）没有箭杆，却发现公宫围墙的楛杆比普通箭杆更坚硬；没有箭头，又发现厅堂的铜柱足够冶炼。三国之兵围而灌之，"城中巢居而处，悬釜而炊"。（《韩非子・十过》）人们在高处筑鸟窝似的棚屋居住，把锅挂起来烧饭。"沈灶产蛙，民无叛意。"（《国语・晋语九》）青蛙在淹没的锅灶里活蹦乱跳，百姓却毫无叛心。赵襄子已坚持到了即将崩溃的边缘。"城且拔矣，襄主钻龟筮占兆，以视利害，何国可降。"（《韩非子・初见秦》）而韩、魏与智氏之间却出现了裂痕。"智伯出行水，韩康子御，魏桓子骖乘。智伯曰：'始吾不知水之可亡人之国也，乃今知之。汾水利以灌安邑，绛水利以灌平阳。'魏桓子肘韩康子，康子履魏桓子，蹑其踵肘，足接于车上，而智氏分矣！"（《战国策・秦策四》）正当智伯以为晋阳指日可待时，张孟谈潜出城与魏、韩之君商议，"唇亡齿寒"的危机感使三家走到一起，"至于期日之夜，赵氏杀其守堤之吏而决其水灌知伯军。知伯军救水而乱，韩、魏翼而击之，襄子将卒犯其前，大败知伯之军而擒知伯。"（《韩非子・十过》）"大败智伯，漆其首以为酒器。"（《说苑・建本》）

突围之后，襄子论功行赏，意在树立权威，操纵群臣。围于晋阳中，出围，赏有功者五人，高赫为赏首。张孟谈曰："晋阳之事，赫无大功，今为赏首，何也？"襄子曰："晋阳之事，寡人国家危，社稷殆矣。吾群臣无有不骄侮之意者，惟赫子不失君臣之礼，是以先之。"仲尼闻之曰："善赏哉！襄子赏一人而天下为人臣者莫敢失礼矣。"（《韩非子・难一》）

“这种尊主的态度，正是绝对君权所必具的要件。”① 张孟谈于是见好就收，功成身退，告老还乡。“今臣之名显而身尊，权重而众服，臣愿捐功名、去权势以离众。”（《战国策·赵策一》）

（五）求贤若渴，养士成风

赵简子曾羡慕：“鲁孟献子有斗臣五人，我无一，何也?”如果是良臣，哪怕他曾是仇人手下的也不计较，“吾愿得范、中行之良臣”；又曾问贤于壮驰兹“东方之士孰为愈?”（《国语·晋语九》）只要是贤才，哪怕他远在天边也要招来。他如此强烈的求贤若渴，一大批栋梁之材很快聚集到赵简子身边。当时不仅在晋国，而且在各诸侯国，也没有任何一个家族的士人如此众多，而且各有擅长。

冷静睿智、公正无私的史官史黯、史墨。赵简子曾到晋君田猎的蝼地去打猎，史黯带着猎犬佯装也要入园打猎，促使简子幡然醒悟，以免授他人以口实，招来杀身之祸。吴王夫差曾问简子派来的使臣：“史黯何以得为君子?”对曰：“黯也，进不见恶，退无谤言。”吴王当时身陷重围，却问史黯的君子人格，一定是叹息身边缺乏史黯这样的君子。史黯在朝为官，不为人所厌恶；退职闲居，也无人对他诽谤，说明他为人正直无私。

忠心耿耿、舍身救主的才臣董安于。董安于从小即为简子端砚拿笔，熟知礼仪，“立义于诸侯”，年长后治理晋阳，赏罚分明，“民无二心”。“董安于之心缓，故佩弦以自急。”（《韩非子·观行》）董安于性情和缓，办事有条不紊，不慌不忙，所以特意佩带绷紧的弓弦来鞭策自己尽量敏捷一些。于是就有了这样的故事：赵简主从晋阳之邯郸，中路而止，引车吏进问何为止，简主曰：“董安于在后。”吏曰：“此三军之事也，君奈何以一人留三军也?”简主曰：“诺。”驱之百步又止，吏将进谏，董安于适至，简主曰：“秦道之与晋国交者，吾忘令人塞之。”董安于曰：“此安于之所为后也。”简主曰：“官之宝璧吾忘令人载之。”对曰：“此安于之所为后也。”简主可谓内省外知人矣哉！（《说苑·臣术》）董安于姗姗来迟，是为了把事情安排妥当，而简子宁可三军延迟也要等待安于，因为千军易得，一士难求。定公十三年，赵简子因误会而执杀邯郸午，引起邯郸叛乱，邯郸午的亲属范氏、中行氏准备向简子发难，董安于提醒简子早作准

① 许倬云：《历史分光镜》，上海文艺出版社 1998 年版，第 46 页。

备，先发制人。赵简子却顾虑“晋国有命，始祸者死，为后可也”。安于主动提出要承担由此引发动乱的罪责：“与其害于民，宁我独死，请以我说。”赵简子坚决不同意，决定按兵不动。等到范氏、中行氏发动攻击，简子就躲到了晋阳，韩氏、魏氏于是“以始祸者死”的罪名讨伐范氏、中行氏，范氏、中行氏竟然获胜，并索性一不做，二不休，攻打晋侯，终于引发众怒，“国人助公，二子败”。赵简子经过韩氏、魏氏的说情，回到绛都，成为执政卿之一。然而知氏的宠臣梁婴父怕赵氏从此坐大，劝知氏提前折其羽翼。于是借口挑起事端的范氏、中行氏已被消灭，却唯独董安于没有受到惩戒。赵简子不会杀安于，又不想得罪执政的知氏，一时处于两难境地。董安于却从容自若，视死如归。安于曰：“我死而晋国宁，赵氏定，将焉用生？人谁不死？我死莫矣！”乃缢而死。赵孟尸诸市，而告于知氏曰：“主命戮罪人安于，既伏其罪矣，敢以告。”知伯从赵孟盟。而后赵氏定，祀安于于庙。赵简子将忠贞不渝、舍生忘死保全赵氏的董安于牌位立于赵氏宗祠，以享陪祀。

斗臣涉佗、成何。定公七年，齐侯、郑伯盟于咸，齐侯、卫侯盟于沙。晋国主导的联盟经由齐国拉拢出现裂痕，简子怒不可遏，就想折辱卫侯，问“群臣谁敢盟卫君者？”涉佗、成何曰：“我能盟之。”卫人请执牛耳，成何曰：“卫，吾温原也，焉得视诸侯？”将歃，涉佗捘卫侯之手，及捥。卫侯受此奇耻大辱，更坚定了他叛晋的决心。后来晋人把卫国叛晋的归咎于涉佗、成何，遂杀涉佗，成何奔燕。简子想羞辱卫侯不假，但简子更希望和卫结盟和好。涉佗、成何好勇斗狠，只知其一，不知其二，鲁莽行事，自然成事不足，败事有余，最后只能成为替罪羊。“今上无仁义之理，下无替罪诛暴之行，而徒以勇力立于世，则诸侯行之以国危；（大）夫行之以家残。”（《晏子春秋·内篇谏上第一》）

他国之良臣。鲁阳虎被认为是长有“反骨”的人，“他逐于鲁，疑于齐，走而之赵，赵简主迎而相之”。（《韩非子·外储说左下》）仲尼曰：“赵氏其世有乱乎？”似乎阳虎到哪里都会惹是生非，颠覆一切。其实阳虎是壮志未酬的士人，阳虎欲去三桓，孔子要堕三都，都是为了维护公室，巩固君权。阳虎有自己的原则：“主贤明，则悉心以事之；不肖，则饰奸而试之。”赵简子也有降龙伏虎之术，“遂执术而御之。阳虎不敢为非，以善事简主，兴主之强，几至于霸也”。（《韩非子·外诸说左下》）哀公二年，赵简子与齐、郑军遇于戚，阳虎曰：“吾车少，以兵车之旆与罕、驷兵车先陈，罕、驷自后随而从之。彼见吾貌，必有惧心，于是乎会之，必大败之！”简子在兵车和人数上处于劣势，阳虎建议先摆成阵势，虚张声势，让郑人不知虚实，心生惧怕，简子听从了阳虎之计。哀公九年，赵简子卜救郑，阳虎以《周易》筮之，简子最后采纳了阳虎和史赵的意见。

谔谔之臣周舍。“千人之诺诺，不如一士之谔谔。”典出于周舍，遗憾的是周舍英年早逝，但关于周舍这句评价已成为谏臣作用的最好注释。赵简子有臣曰周舍，好直谏。周舍死，简子每听朝，常不悦，大夫请罪，简子曰：“大夫无罪。吾闻千羊之皮不如一狐之腋。诸大夫朝，徒闻唯唯，不闻周舍之鄂鄂，是以忧也。”（《史记·赵世家》）据说赵简子对劝谏采取的是不管对错，先承诺下来再说的态度。或谓赵简子曰：“君何不更乎？”简子曰：“诺。”左右曰：“君未有过，何更？”君曰：“吾谓是诺，未必有过也，吾将求以来谏者也，今我却之，是却谏者，谏者必止，我过无日矣。”（《说苑·君道》）赵简子纳谏的态度与孟子对不纳谏之人绘声绘色的描述形成了鲜明对比：“夫苟不好善，则人将曰：‘訑訑，予既已知之矣。’訑訑之声音颜色，拒人于千里之外。”（《孟子·告子下》）

股肱之臣尹铎。“逆命而利君谓之忠。”（《荀子·臣道》）虽然违背君命，却有利于君主，更是忠诚。尹铎的特点是不盲从赵简子，因为赵简子常意气用事，尹铎认准的事情就坚决去干。赵简子让尹铎治理晋阳并告诉他一定要拆掉晋阳箭痕累累的城墙，因为看到这城墙就勾起了简子对仇敌围攻晋阳时的痛苦回忆。尹铎看到城墙却产生新的想法，他不仅没有拆掉城墙，反而是增高加厚。简子如晋阳，见垒，怒曰：“必杀铎也而后入。”大夫纷纷劝谏，简子不答应，因为尹铎的做法刺痛了他内心的伤痕。此时，与尹铎有宿怨的邮无正站了出来：“……夫尹铎曰：‘思乐而喜，思难而惧，人之道也。委土可以师保，吾何为不增？’是以修之，庶曰可以鉴而鸠赵宗乎！若罚之，是罚善也。罚善必赏恶，臣何望矣！”简子听邮无正言之有理，知错就改，曰：“微子，吾几不为人矣！”以免难之赏尹铎。尹铎把奖赏诚心诚意地要送给邮无正：“子免吾死，敢不归禄。”没料到邮无正却说：“吾为主图，非为子也。怨若怨焉。”（《国语·晋语九》）正是尹铎的修建让晋阳固若金汤。后来“三国攻晋阳，岁余引汾水灌其城，城不浸者三版”。（《史记·赵世家》）尹铎把晋阳变成了铜墙铁壁，而且通过减户税等赢得了民心，形成众志成城。赵简子以尹铎为晋阳。请曰："以为茧丝乎？抑为保障乎？"简子曰："保障哉。"尹铎损其户数。减少赋税，臧富于民，于是晋阳"少税而民优"。(《战国策·赵策一》）百姓从心里拥护赵氏。当时卿大夫一方面争地夺田，另一方面改变百步为亩的旧制。范、中行氏以一百六十步为亩；韩、魏氏以二百步为亩；赵氏则以二百四十步为亩。但范氏、中行氏、知氏、韩、魏氏等皆收取十分之二实物税，唯赵氏"公无税焉"[①]。于是简子戒襄子曰："晋国有难，而无以尹铎为少，无以晋阳为远，必以为归。"（《国语·晋语九》）

尹铎为人耿直，常当众不客气地指出赵简子的失误，让赵简子当众出丑，促使简子改过。(君子）"正义直指，举人之过，非毁疵也。"（《荀子·不苟》）赵简子曰："厥也爱我，铎也不爱我。厥之谏我也，必于无人之所。铎之谏我也，喜质我于人中，必使我丑。"尹铎对曰："厥也爱君之丑也，而不爱君之过也；铎也爱君之过也，而不爱君之丑也。臣尝闻相人于师，敦颜而土色者忍丑。不质君于人中，恐君之不变也。"（《吕氏春秋·达郁》）赵简子虽然不满尹铎让他当众出丑，但他却能闻过则改。"人谁无过，过而能改，善莫大焉。"（宣公二年）仲尼曰："能补过者，君子也。"(昭公七年）

还有知贤而让的少室周。少室周为赵简子右，闻牛谈有力，请与之戏，弗胜，致右焉。简子许之，使少室周为宰，曰："知贤而让，可以训矣。"少室周虽然失败，但却没有嫉贤妒能，而是坦然让贤，他勇于争胜，又真心服输，乐于让贤，是豪爽豁达的性情中人，于是受到简子的提拔重用。

与齐景公爱马死而欲杀圉人不同，赵简子有两匹白骡而甚爱之。一天深夜，有人叩见简子说，主君之臣胥渠有疾，医生说只有白骡之肝能治此病，否则必死。董安于正坐在简子身旁，愠怒地说："小小的胥渠竟然想吃白骡，请允许我去处置他。"简子却说："杀人以活畜，不亦不仁乎？杀畜以活人，不亦仁乎？"于是让庖人杀白骡，取出肝送给阳城胥渠。不久，赵简子兴兵攻打翟狄。胥渠率领左队七百人，右队七百人，皆先登而获甲首。(《吕氏春秋·爱士》）

"优笑侏儒，左右近习，此人主未命而唯唯、未使而诺诺，先意承旨，观貌察色以先主心者也。"（《韩非子·八奸》）佞幸小臣虽为君子所

① 山东临沂银雀山汉墓出土竹简：《孙子兵法·吴问》，文物出版社1976年版，第94页。

不齿，但他们善于奉迎，常受到君主关爱。申侯就是这样的例子。楚文王将死，与（申侯）之璧，使行。曰：“唯我知女。女专利而不厌，予取予求，不女疵瑕也。”宋元公为太子时曾被寺人柳陷害被迫逃亡，他继位之后，必欲杀寺人柳而后快，但“及丧，柳炽炭于位，将至，则去之。比葬，又有宠”。寺人柳费尽心机奉承宋元公，宋元公很受用他的侍候，已经离不开寺人柳了。简子则毅然决然对佞臣鸾徼采取沉河惩戒，春秋时代因为不进贤而严惩佞臣，赵简子大概是第一人。赵简子沈鸾徼于河，曰：“吾尝好声色矣，而鸾徼致之；吾尝好宫室台榭矣，而鸾徼为之；吾尝好良马善御矣，而鸾徼来之。今吾好士六年矣，而鸾徼未尝进一人也。是长吾过而绌善也。”（《吕氏春秋·骄恣》）

赵襄子也继承了赵氏家族重视士人的传统，而且他对手下推荐的士人不用考察就毫不犹豫地予以重用，在当时产生了轰动效应。王登为中牟令，他向襄子推荐：“中牟有士曰中章、胥已者，其身甚修，其学甚博。”襄子一听，当机立断地告诉王登接见他们，并任命他们为中大夫。襄子臣子们劝谏说中大夫不能无功而授，更何况你连他们长什么样也没有看见就下达了任命。襄子却坚信王登的为人，也相信王登的眼力。“王登一日而见二中大夫，予之田宅。中牟之人弃其田耘、卖宅圃而随文学者，邑之半。”（《韩非子·外储说左上》）

二 赵氏家族的君子人格表现

仁者不忧的赵衰。文质彬彬、忠心耿耿，拥有仁者之风的赵衰被重耳视为老师，他的从容淡定、仁者不忧是重耳在外流浪漂泊多年的精神依赖，被称为冬日暖阳“冬日之日也”（贾季语《左传·文公七年》）。在重耳的流亡十九年的漫长等待中，赵衰不抛弃重耳，也不放弃对重耳的塑造。

除了舅舅狐偃，重耳最倚重的是赵衰。赵衰善于在绝望之时发现希望。在五鹿这个地方，他们向乡下人乞食，乡下人送给他们一个土块儿，“公子怒，欲鞭之”。子犯曰：“天赐也。”（《左传·僖公二十三年》）赵衰曰：“土者，有土也，君其拜受之。”（《史记·晋世家》）两个人堪称重耳的左膀右臂，互相配合，支持重耳。重耳一行在狐偃老家狄国一待就是十二年。这期间，狄人攻打赤狄，俘虏了姐妹叔隗和季隗送给了公子重耳。重耳娶季隗，把叔隗送赵衰为妻。拉近了与赵衰的关系，显示了赵衰在其心中的地位。

赵衰掌管一行人的补给。“赵衰以壶飧从径，馁而弗食。”（僖公二十五年）重耳走大道，赵衰走小路携带食物，他宁肯饿着也不吃，留着给重耳。经过多年的艰苦磨难，卫、曹、郑等小国的不断无礼让重耳对自己丧失了信心，赵衰一番点拨让重耳在受到楚王礼遇时振作起来，当仁不让才是国君的本色。“赵衰曰：‘今楚大国而固遇子，子其毋让，此天开子也。’”并引出了一个退避三舍的典故。

赵衰的知书达礼到了秦国终于有了用武之地。他日，秦伯宴请重耳，公子使子犯从，子犯曰：“吾不如衰之文也，请使衰从。”遂改命赵衰。秦伯享公子如享国君之礼，子余相如宾。赵衰运用深厚的诗书礼乐修养指导重耳俯仰揖让，恭敬谦卑，彬彬有礼，赢得了穆公尊重，他提醒秦大夫也要学习礼仪修养“二三子敬乎！”宴会上，秦伯赋《采菽》，子余使公子降拜，使公子赋《黍苗》。赵衰用干涸禾苗盼望一场及时雨之迫切，用河水回望大海之感恩，打动了秦穆公。秦伯赋《鸠飞》，公子赋《河水》，秦伯赋《六月》，子余使公子降拜，秦伯降辞。赵衰致辞：“您把辅佐天子匡正天下的重任交给了我们公子，他岂能不感激下拜呢?”反应敏捷又得体。穆公赋的每一首诗，赵衰都理解到位，并让重耳一再降拜，恭敬有礼，既奉承了穆公，又不失体面。重耳或许当时只是感到赵衰善于外交辞令，回到晋国之后，赵衰让重耳撇开秦国独自勤王，秦穆公有想法也不好说什么，到了此时，晋文公才明白赵衰更是一个远见卓识的战略家。后来，文公得到周天子南阳的土地，想起了赵衰所做的一切，就把原地（在今河南省济源市）赏赐给他，赵衰做了原地的大夫。此次秦晋外交大获成功。这是春秋历史上第一次赋诗言志，从此，赋诗言志在春秋时代开始流行，并在赵武时达到了高峰。后来智武子称赞赵衰精通前代典章，熟悉法令来辅佐晋文公，可称为“文”来勉励赵武：“夫成子导前志以佐先君，导法而卒以政，可不谓文乎！”（《国语·赵文子冠》）

赵衰之子赵盾之仁则体现在以德报怨，而不是赶尽杀绝。文公六年，贾季派人杀害了阳处父。事情败落后，贾季奔狄。赵盾并未对贾季赶尽杀绝，反而让臾骈护送贾季妻儿到狄，臾骈与贾季本有宿怨，但臾骈不想公报私仇，更不想向仇人的妻儿报仇。臾骈曰：“夫子礼于贾季，我以其宠报私怨，无乃不可乎?”把贾季妻儿和家里财产器用完好无损地送给了贾季。对于赵盾做法，贾季心存感激，并为促进狄国与春秋诸国的和平相处发挥了作用。文公七年，狄侵犯鲁国西鄙，赵宣子就通过贾季去责备狄国的侵略。

臾骈本是狐氏家臣，他的才能得到赵盾的欣赏，虽然出身卑微，在世卿把持的三军六卿中，直接被赵盾提拔为上军佐，超越了朝中世卿栾氏（栾盾）与胥氏（胥甲）。文公十二年，秦伯伐晋，大兵压境。赵盾将中军，臾骈佐上军。臾骈审时度势地认为秦军长途远来，不能持久，建议："秦不能久，请深垒固军以待之。”晋军于是坚守不出，后来臾骈发现秦使者声色俱厉，但言不由衷，心神不宁。又建议：“使者目动而言肆，惧我也，将遁矣。薄诸河，必败之。”果然秦军趁黑夜逃遁。

赵盾之仁还体现在仁厚地对待可怜的人。赵盾有一次打猎的时候，发现昏死过去的灵辄，原来是三天没吃饭了，给他食物，他吃一半，留一半，问他原因，解释说出来做事已经三年了，不知道母亲是否还在，现在这里离家很近，就想留一半给母亲。赵盾让他尽管吃饱，另外为他准备了食物和肉，放在一个口袋里给他。灵辄后来做了晋灵公的卫士，他在关键时刻挺身而出，反戈一击帮助了赵盾。赵盾对他救自己疑惑不解，灵辄回答是：“翳桑之饿人也。”然后就逃亡了（《左传·宣公二年》)。《吕氏春秋·报更》补叙灵辄饥饿的原因：“宣孟问之曰：‘女何为而饿若是?’对曰：‘臣宦于绛，归而粮绝，羞行乞而憎自取，故至于此。’”灵辄体现了君子穷不堕志，不食嗟来之食的人格。作为春秋时代的晋国执政者，赵盾能够撇开等级差距，关心一个衣衫褴褛、穷困潦倒的人，没有悲天悯人之心是不可能做到的。

赵盾之忠是后人争议最多的问题。一些学者认为晋灵公多次欲杀赵盾不成可看出后来赵穿弑君实出于赵盾之谋，至少是为了保护赵盾而为。然而孔子却说：“赵宣子，古之良大夫也，为法受恶。惜哉，越境乃免。”(《左传·宣公二年》）孔子认为赵盾是良大夫，只是因为史家笔法背负恶名，如果当时能够逃出国境就不会被如此记载了。也许智武子对赵盾的评论可以代表春秋人对赵盾的看法。“夫宣子尽谏于襄灵，以谏取恶，不惮死进，可不谓忠乎!”(《国语·晋语六》)

赵盾的智者不惑首先体现在忠君不困惑。“事君慎始而敬终，故君子虽自卑，而民敬重之。”(《礼记·表记》）赵盾的“温恭朝夕，执事有恪”（《商颂·那》）感动了刺客鉏麑。灵公因为赵盾屡次劝谏，不胜其烦，认为是心头之患。于是派鉏麑刺杀赵盾。鉏麑起早去杀人，发现赵盾家门大开。赵盾打扮整齐准备上朝，因为时间还早，就坐着打盹儿，“盛服将朝。尚早，坐而假寐”。鉏麑退，叹而言曰：“不忘恭敬，民之主也。贼民之主，不忠，弃君之命，不信。有一于此，不如死也。”触槐而死。在《公羊传·宣公六年》中，鉏麑入赵盾之大门，则无人焉；入之闺，则无人焉；入之堂，则无人焉。赵盾为人磊落不设防，让如入无人之境的鉏麑反生不忍之心。在忠与信艰难的选择面前，他勇敢选择了自杀。后来豫让吞炭虽然有名，但豫让显然不能与鉏麑相比，豫让只是一个偏执愚忠的典型，而鉏麑却能明辨是非，不盲从君命，不枉杀贤臣。灵辄、鉏麑二人的抉择显示了灵公暴虐无道，赵盾忠诚正直。

赵盾的不惑还体现在用人不疑，正直无私。赵盾在举荐人才上提出“比而不党”，强调举荐人才以义，不以私，以避免结党营私。赵盾举荐韩厥作为司马。司马掌军法，“其职甚小，并无实权”。河曲之战前，赵宣子手下的人乘坐他的车子干扰了军队，韩厥抓住并斩了赶车人，大家都认为韩厥一定要倒霉了。没想到赵盾对韩厥以礼相待：“吾闻事君者比而不党。夫周以举义，比也；举以其私，党也。”皆告诸大夫曰：“二三子可以贺我矣！吾举厥也而中，吾乃今知免于罪矣。”（《国语·晋语五》）后来叔向也提出：“君子比而不别，比德以赞事，比也；引党以封己，利己而忘君，别也。”君子和人合作却不结成朋党，并肩合作，互相帮助叫比；依靠朋党来让自己富贵，利于自己却忘了君王，就是别。韩厥秉公执法，在晋国诸卿中深孚众望。韩厥并不讳言赵家对其抚育之恩，因此在后来赵氏被灭族时坚决不肯对赵氏用兵。也没有忘记宣子的提携之恩，后来，德高望重的韩厥向晋侯郑重推荐了赵武，正是由于韩厥出言相助，才使赵武能够顺利进入晋国政坛，从而复兴赵氏家族。

赵武之仁体现在致力于寻求和平。“其政闷闷，其民淳淳；其政察察，其民缺缺。”（《老子·第五十八章》）赵武不是雷厉风行，南征北战，而是审时度势，致力于化解干戈，因此受到诸侯国的欢迎。襄公二十五年，赵武主政后他厌倦战争，力主和平。赵文子为政，令薄诸侯之币，而重其礼。他告诉穆叔心中的理想：“武也知楚令尹，若敬行其礼，道之以文辞，以靖诸侯，兵可以弭。”展现了热爱和平，不愿生灵涂炭的仁者情怀。襄公二十七年，经过宋向戌穿针引线，晋、楚同意举行弭兵大会。在大会上，楚人暗藏杀机，并与晋争先，叔向劝赵武务德勿争先促成了和平会盟。从此至定公四年，春秋时代迎来祥和安宁的四十多年，正是在这期间，士人赋诗言志达到了高潮。赵武“服齐、狄，宁东夏，平秦乱，城淳于，师徒不顿，国家不罢，民无谤讟，诸侯无怨”。（昭公元年祁午语）

勇者不惧的赵简子。赵简子的勇者不惧是被逼出来的。“弗躬弗亲，庶民弗信。”（《诗经·小雅·节南山》）赵简子攻卫，远远站着，自己躲在犀蔽屏橹之下。擂鼓助威但是士兵并没有冲锋陷阵。简子很是困惑不解，行人烛过告诉简子说晋献公、晋文公均是用这样的战士，战士没有问题，问题出在您身上。简子于是撤去犀蔽屏橹，立于矢石之所及，士兵于是奋勇向前，取得大胜。简子曰：“与吾得革车千乘也，不如闻行人烛过之一言也。”（《吕氏春秋·贵直》）简子从此明白只有身先士卒，冲锋陷阵，才能赢得胜利。

赵简子（赵鞅）之勇更体现在善于利用“重赏之下必有勇夫”，通过重赏来激发部下的积极性。范氏、中行氏公开反叛晋室，齐侯、卫侯率兵增援范氏、中行氏，企图颠覆晋国。哀公二年，赵简子在与范氏、中行氏及支持者齐人、郑人遭遇了铁之战。敌强我弱，赵简子许下掷地有声的誓言：范氏、中行氏违背天命，斩杀百姓，欲专权晋国而灭亡晋侯。成败在此一举，如战胜敌人，上大夫得县、下大夫得郡，士得良田十万亩、庶人工商可为官，奴隶可获得自由。铁之战的誓师影响深远，开启了战国中后期秦国的军功爵制度。师直为壮，更何况是在重赏之下，晋军虽少，但已是摩拳擦掌，奋勇争先。然而赵简子率领的晋军毕竟比郑、齐军要少很多，卫太子作为车右，看见郑国人多势众，吓得从战车上掉下来。赵简子巡视了全体战士，告诉大家，魏氏之祖毕万，只不过一匹夫，但他经历七次作战均有斩获，后来拥有一百匹战马，最后是老死在自家窗下。生死有命，勇者胜，大家努力冲吧。话音未落，赵罗又瘫倒了，车右宋勇就把他绑在车上，有人疑惑不解，就解释说因为疟疾发作所以趴在车上。郑军向赵简子冲过来，并一箭中肩，简子倒在车上，车上的蜂旗被敌人缴获。卫太子挥戈冲向郑军，将赵鞅救起，赵鞅重新站起来，继续率军作战。晋国军队看见主帅如此视死如归，士气高涨，迅猛向前冲击郑军，郑军被赵家军压制得喘不过气，节节败退，死伤大半。公孙龙原为简子仇家范氏的家臣，为范氏收税时被简子手下抓获，简子宽以待人，认为他是为了自己主人，不能归罪于他，把税还给他并释放了他，铁之战，公孙尨率族人500多人异军突入，冲乱了敌军阵脚，夹击了敌人。晋军终于以少胜多大败郑军（《左传·哀公二年》）。

三　韩、魏氏家族代表人物人格的主要特点

说到赵氏家族的崛起，不能不谈与韩氏、魏氏家族的关系，特别是韩氏家族的密切关系。早年丧父的韩厥，由赵盾抚养长大，并被赵盾推荐为晋军司马。正是后来韩厥的出手相助，才让赵武登上了政坛，让赵家逐渐恢复了元气。考察韩氏、魏氏家族的代表人物韩厥、魏绛，他们有着共同的君子人格，正是这样的人格魅力，让韩氏、魏氏家族能够在春秋后期的晋国生存下去。

（一）铁面无私

春秋时代的晋国，有两个人以公正无私而闻名，一是韩厥，一是魏绛。晋灵公时，赵盾推荐韩厥任司马之职，执掌军中刑律，统管上、中、下三军的军法。秦、晋河曲之役，赵盾担任中军元帅，他派出手下人驾着他的战车横冲直撞，扰乱了行军序列，韩厥当即将驾车的人逮捕，依法处斩，震动了全军，也受到了赵盾的夸赞。韩厥的铁面无私让他的军中司马地位无人可以撼动，齐、晋鞍之战时，郤克为中军元帅。韩厥又遇到违法乱纪之人，他依然按律斩人，郤克知道后马上驱车赶去，想求个情救下来。等他赶到时，为时已晚，死刑已被执行完毕，郤克没有怪罪韩厥，因为韩厥无可指责，他反而下令把尸体示众。并对手下说："吾以分谤也。"我要承担责任，分担他面临的指责。

魏绛后来也担任了军中司马。襄公三年，晋悼公大会诸侯，悼公借此炫耀晋国实力，但是他弟弟杨干却扰乱了军队的行列。为严肃军纪，魏绛冒死处死杨干的驾车人。但晋悼公非常生气，认为魏绛侮辱杨干，就是侮辱了自己，让自己颜面扫地，所以一定要杀魏绛。魏绛为了忠于晋国，将自身生死置之度外。他侍奉国君不避危难，有罪过不逃避惩罚，特意修书向悼公陈情："君合诸侯，臣敢不敬？君师不武，执事不敬，罪莫大焉。"在晋国霸业衰退，诸侯盟会之际，如果不严格执行军纪，则军心涣散，后

果不堪设想。对杨干之仆行刑，确实是情非得已，下臣不能够事先教导全军，以致动用了斧钺，下臣的罪过很重，愿以死谢过。魏绛把信交给仆人，准备抽剑自杀。士鲂、张老劝阻了他。晋悼公阅后幡然悔悟，急忙赤足而出，向魏绛道歉：“寡人之言，亲爱也。吾子之讨，军礼也。寡人有弟，弗能教训，使干大命，寡人之过也。子无重寡人之过，敢以为请。”寡人说的气话，是出于对兄弟的亲爱；大夫杀杨干仆人，是按军法从事。寡人有弟弟，没能教导好他，让他触犯了军令，这是寡人的过错。您不要加重寡人的过错，谨以此作为请求。晋悼公通过此事认识到魏绛能够用刑罚来治理百姓，盟会之后将其提拔升新军副帅。韩厥、魏绛公正执法，既需要严明的法纪意识，责任重大，更需要过人的魄力，不畏强权。公道自在人间，他们因此赢得了人心。

（二）主张和谐

晋国的赵婴齐和侄媳（赵朔的遗孀）赵庄姬私通让家族蒙羞，赵同、赵括就把赵婴齐发配齐国。赵庄姬记恨在心，成公八年，赵庄姬突然向哥哥晋景公诬告赵同、赵括要谋反。栾书、郤锜作伪证，晋景公号召诸卿出兵攻打赵氏，唯有韩厥顶住国君的压力，不惜与诸卿反目，坚持不出兵。赵氏几乎被灭。无私无畏的韩厥站出来仗义执言，以赵衰的功勋、赵盾的忠诚，在晋国竟然没有继承他们爵位的后人，今后为国家做好事的人谁不寒心？《周书》都说，不敢欺负鳏夫寡妇。于是赵武被立为赵氏家族继承人。成公十七年，栾书、中行偃囚禁了晋厉公，召唤韩厥加入，被韩厥义正词严地拒绝，古人说，“杀老牛没有人敢作主”，何况是国君呢？您几位既然不能侍奉国君，又哪里用得到厥呢？14 岁的晋悼公即位后，起用了曾经侍奉灵、成、景、厉四朝的忠直老臣韩厥做中军将来执政，超然于权力斗争之外，忠心耿耿，坚持原则的老臣成为正卿，八卿和谐相处，稳定了政局，为霸业中兴奠定了基础。

七年后，韩厥告老退休，长子韩无忌有残疾，请求立弟弟韩起为卿。晋悼公认为韩无忌知道谦让，具有仁德，就让他做首席公族大夫。

作为新军统帅，魏绛远见卓识地提出了“和戎有五利”，晋悼公听了很高兴，派遣魏绛与各部戎人讲和。晋悼公与大家商量如何让百姓休养生息，魏绛一心为公地提出一个前所未有的建议：“魏绛请施舍，输积聚以贷。自公以下，苟有积者，尽出之。”他提出，自晋悼公以下，私家若有积蓄，就应该全部拿出来贡献给国家。群臣竟然无异议，回家都把自家多余的财产拿出来上缴国库。国内没有不流通的财物，也没有困乏的百姓；公家不禁止百姓牟利，也没有贪婪的百姓。祈祷用财币代替牺牲，招待宾客只用一种牲畜，新的器物不添置，车马服饰只要够用就行了。这些措施推行一年，晋国府库充盈，兵强马壮，粮草充足。经过一年的韬光养晦，晋悼公三次出兵征伐，楚国无力和晋国抗争。晋悼公重用韩厥、魏绛、赵武、韩起、叔向等一批谋臣能士，韩无忌、祁午、师旷、籍谈、羊舌赤、栾豹、箕襄、史赵、女齐为股肱。君贤臣能，君臣和谐，史称“如乐之和，无所不谐”。

四　影响

春秋社会是贵族的世袭社会，赵氏虽然也在晋国被称为贵族，但实质上是代表着新生事物的士族，赵氏立子以贤。对待手下士人都是不拘一格地任用和重用，顺应了士人举贤任能的诉求，在当时非常突出，影响深远。

（一）君子人格成就了赵氏家族

在晋国世卿中，每一世族都间或出现一个具有君子人格的人，如羊舌氏的叔向等，但是除了叔向，其余族人多是飞扬跋扈之人，导致了羊舌氏被灭。赵氏从赵衰开始，就体现对君子人格的追求，赵衰是“仁者”，赵盾是“智者”，赵武又是“仁者”，赵鞅则是“勇者”。而且围绕赵氏家族的士人个个堪称君子，从此，以诗书礼乐为底蕴，成为德才兼备的君子成为后代士人的追求。比如，孔子就对自己的儿子鲤强调：“不学诗，无以言。”“不学礼，无以立。”（《论语·尧曰》）

（二）开创战国时代养士之风

赵简子手下有冷静睿智、公正无私的史官史黯、史墨；忠心耿耿、舍身救主的才臣董安于；斗臣涉佗、成何；他国之能臣阳虎；谔谔之臣周舍；不盲从赵简子的股肱之臣尹铎；知贤而让的少室周；等等。不仅在晋国，而且在各诸侯国，也没有任何一个家族的士人如此众多，而且各有擅长。由此开启了战国四公子养士之风。

（三）赵简子诛杀贤良开了恶劣先例

《史记·孔子世家》里记载了孔子来到黄河边，听到窦鸣犊、舜华被赵简子杀害的消息，就不再渡过黄河。孔子跟子贡解释说，窦鸣犊、舜华两人，本是晋国有才德的大夫，当赵简子还没有得志的时候，依靠这两个人；等到他得志以后，就杀了他们来巩固政权。这一事件让我们从一个侧面了解了赵简子对人才的重用并不是真正的爱才，而是当成了工具。“飞鸟尽，良弓藏；狡兔死，走狗烹。”是士人无法摆脱的宿命。

（四）对后世的影响

赵氏家族与士人的关系引发后人不断感慨赞叹，如诗人庾信作《鉏麑见赵盾赞》：“赵盾将朝，端衣整笏。鉏麑受命，冲冠怒发。惆怅贤臣，顾瞻城阙。利剑不抽，青槐先绝。”① 还有唐代诗人周昙作诗《春秋战国门·灵辄》：“失水枯鳞得再生，翳桑无地谢深情。朱轮未染酬恩血，公子何由见赤诚。”《乐府诗集·相和歌辞十一·瑟调曲一》：“惭无灵辄，以报赵宣。”赵氏家族君子人格的感召力和忠烈千秋的程婴、公孙杵臼，使赵氏临大难而不绝，挽狂澜于既倒，并产生了流传世界的《赵氏孤儿》。

① （北周）庾信：《庾子山集注》，中华书局1980年版，第642页。

参考文献

左丘明、杜预、孔颖达：《春秋左传正义》（全四册），北京大学出版社2000年版。

顾栋高：《春秋大事表》，中华书局1993年版。

童书业：《春秋左传研究》，上海人民出版社1980年版。

顾颉刚：《春秋三传及国语之综合研究》，巴蜀书社1988年版。

杨伯俊：春秋左传注（全四册），中华书局1981年版。

钱穆：《国史大纲》，商务印书馆1994年版。

王国维：《王国维文集》，中国文史出版社1997年版。

余英时：《士与中国文化》，上海人民出版社1987年版。

张高评：《春秋书法与左传学史》，上海古籍出版社2005年版。

高士奇：《左传纪事本末》，中华书局1979年版。

杨伯峻、徐提：《春秋左传词典》，中华书局1988年版。

吴闿生：《左传微》，黄山书社2015年版。

洪亮吉：《春秋左传诂》，上海古籍出版社1994年版。

陈戍国：《春秋左传校注》，岳麓书社2005年版。

鲁毅：《左传考释》，湖北人民出版社2009年版。

黄丽丽：《左传新论》，黄山书社2008年版。

孙绿怡：《春秋左传研究》，中华书局2009年版。

沈玉成、刘宁：《春秋左传学史稿》，江苏古籍出版社1992年版。

赵伯雄：《春秋学史》，山东教育出版社2004年版。

赵生群：《〈春秋〉经传研究》，上海古籍出版社2000年版。

何新文：《〈左传〉人物论稿》，中国社会科学出版社2004年版。

方朝晖：《春秋左传人物谱》，齐鲁出版社2001年版。

潘万木：《〈左传〉叙述模式论》，华中师范大学出版社2004年版。

黄鸣:《左传与春秋时代的文学》，中央民族大学出版社 2009 年版。

徐仁甫:《左传疏证》，四川人民出版社 1981 年版。

张端穗:《左传思想探微》，台湾学海出版社 1987 年年版。

曾勤良:《左传引诗赋诗之诗教研究》，台湾文津出版社 1993 年版。

傅隶朴:《春秋三传比义》，中国友谊出版公司 1984 年年版。

谢秀文:《春秋三传考异》，台湾文史哲出版社 1984 年版。

浦卫忠:《春秋三传综合研究》，台湾文津出版社 1995 年版。

杨伯峻:《春秋左传注》，中华书局 1981 年版。

朱东润:《左传选》，上海古典文学出版社 1956 年版。

沈玉成:《左传译文》，中华书局 1981 年版。

瞿蜕园:《左传选译》，上海古籍出版社 1982 年版。

林新樵:《左传选》，福建教育出版社 1985 年版。

李宗侗:《春秋左传今注今译》，台湾商务印书馆 1984 年版。

王守谦:《左传全译》，贵州人民出版社 1990 年版。

陈彦辉:《春秋辞令研究》，中华书局 2006 年版。

陶鸿庆:《读礼制疑　左传别疏》，中华书局 1963 年版。

马骕:《左传事纬》，齐鲁书社 1992 年版。

李新霖:《从左传论春秋时代之政治伦理》，文津出版社 1991 年版。

单周尧:《左传学论集》，文史哲出版社 1980 年版。

赵敏俐:《先秦君子风范——中华民族文化人格的历史探源》，东方出版社 1999 年版。

陈来:《古代思想文化的世界：春秋时代的宗教伦理与社会思想》，三联书店 2002 年版。

郭沫若:《中国史稿》，人民出版社出版 1977 年版。

李济:《安阳》，中国社会科学出版社 1990 年版。

列・谢・瓦西里耶夫:《中国文明的起源问题》，郝镇华等译，文物出版社 1989 年版。

钱钟书:《管锥编》，中华书局 1979 年版。

列维・布留尔:《原始思维》，丁由中译，商务印书馆 1987 年版。

陈来:《古代宗教与伦理：儒家思想的根源 》，三联书店 1996 年版。

李学勤:《李学勤集——追溯・考据・古文明》，黑龙江教育出版社 1989 年版。

陈寅恪：《陈寅恪诗集》，清华大学出版社 1993 年版。
许倬云：《历史分光镜》，上海文艺出版社 1998 年版。
顾炎武、黄汝成点校：《日知录集释》，岳麓书社 1994 年版。
冯友兰：《中国哲学史新编》，人民出版社 1982 年版。

后　　记

本书在撰写过程中，曾得到老师傅道彬先生的中肯点拨，李索老师提出了建设性修改意见，编辑任明老师一直耐心地等待本书的完成，在此一并表示感谢。本人才疏学浅，谬误之处，敬请专家学者批评指正。